T0283424

CALDO DE POLLO PARA EL ALMA

Caldo de Pollo para el Alma

UN LIBRO DE MILAGROS

Caldo de Pollo para el Alma

UN LIBRO DE MILAGROS

101 historias verdaderas sobre
curación, fe, intervención divina
y plegarias atendidas

Jack Canfield
Mark Victor Hansen
LeAnn Thieman

OCEANO

CALDO DE POLLO PARA EL ALMA: UN LIBRO DE MILAGROS
   101 historias verdaderas sobre curación, fe,
   intervención divina y plegarias atendidas

Título original: CHICKEN SOUP FOR THE SOUL: A BOOK OF MIRACLES
   101 TRUE STORIES OF HEALING, FAITH, DIVINE INTERVENTION, AND
   ANSWERED PRAYERS

Traducción: Enrique Mercado

Diseño de portada: Departamento de Arte de Océano
Imagen de portada: shutterstock.com/es/g/jeka84

El editor agradece a todas las editoriales y personas que autorizaron
a CHICKEN SOUP FOR THE SOUL/CALDO DE POLLO PARA EL ALMA
la reproducción de los textos citados.

D. R. © 2021, Editorial Océano de México, S.A. de C.V.
Guillermo Barroso 17-5, Col. Industrial Las Armas,
Tlalnepantla de Baz, 54080, Estado de México
info@oceano.com.mx

Tercera edición: 2021

ISBN: 978-607-557-436-3

Impreso en México / Printed in Mexico

Índice

4

Mensajero del cielo

5

Gracia redentora

6

Favores concedidos

7

Ángeles entre nosotros

8

Milagros de todos los días

9

Cita divina

Introducción

Hace años, estando en un retiro espiritual, mi madre le preguntó al pastor:

—El Antiguo Testamento está lleno de historias de milagros realizados por Dios, y Jesús hizo docenas más en el Nuevo Testamento. ¿Por qué Dios ya no hace milagros en la actualidad?

El pastor contestó:

—Los hace todos los días, pero nosotros los ignoramos, los subestimamos o les buscamos explicación como ciencia o coincidencia.

Después de leer las casi tres mil historias recibidas para *Caldo de pollo para el alma. Un libro de milagros*, propongo que las coincidencias no existen. Aunque algunas personas contaron curaciones milagrosas, y hasta visiones de Dios y los ángeles, otras relataron "milagros de todos los días" que muchos podrían "explicar objetivamente".

He comprobado que cuando "explicamos" milagros con ciencia, química o coincidencia, no rendimos honor a quien lo merece. Dios podría estarnos hablando, revelándose, bendiciéndonos.

Creo que mi abuela tenía razón. Decía que la mejor prueba de que los milagros existen es el crecimiento de una planta y el latido de un corazón.

Sí, Dios hace milagros todos los días. Espero que leer estas historias te ayude a identificarlos en tu vida. La próxima vez que veas un arco iris, una mariposa, una moneda o un ave en un momento muy oportuno, rinde honor a quien lo merece.

Mira al cielo, sonríe y dale gracias a Dios por sus milagros.

~LeAnn Thieman

Caldo de Pollo para el Alma

CAPÍTULO

Señales de lo alto

Y dijo Jehová:
*"Si aconteciere que no te creyeren ni obedecieren a la voz
de la primera señal, creerán a la voz de la postrera".*

~ÉXODO 4, 7-8

1

Mariposa amarilla

D e niña soñaba con ser madre. Siempre decía que quería tener cuatro hijos, dos niños y dos niñas. Ya adulta, tuve la suerte de que ese sueño se hiciera realidad. Quería a mis hijos más que a mi vida. Muchas veces me paraba en la puerta a verlos jugar en el patio y pensaba en lo afortunada que era, y siempre me maravillaba que todos ellos fueran míos.

Como la mayoría de las madres, en el fondo tenía miedo de que algo les pasara. Por desgracia, ese temor se volvió realidad.

Una tarde de junio tocaron a la puerta.

Cuando mi esposo llegó a darme la noticia, no tuvo que decirme nada. Al mirarlo esa noche a los ojos, le vi el alma. Josh, nuestro hijo mayor, de catorce años de edad, acababa de morir atropellado por un coche.

> ¿Por qué te abates, oh, alma mía, y te conturbas en mí? Espera a Dios; porque aún le tengo de alabar.
>
> ~SALMOS 42, 5

Los años siguientes parecieron acumularse sin sentido mientras nosotros tratábamos de aprender a vivir sin él.

Años más tarde, un bello día de primavera, mi hija Chelsea y yo fuimos a pescar. Éste era nuestro pasatiempo favorito, y siempre ansiábamos que volviera a hacer calor para poder salir. El olor a fresco de la hierba nueva inundaba el ambiente, y los narcisos estaban en plena floración. Todo en torno nuestro parecía volver a la vida, inclusive nosotras, así fuera por un solo día.

Esa mañana tomamos nuestras cubetas y cañas de pescar, atravesamos la antigua cerca y cruzamos el campo en dirección al arroyo. Al volverme hacia Chelsea, que se había atrasado un poco, vi al menos treinta mariposas blancas danzando a su alrededor. Fue una visión celestial, y me pregunté si mi Josh podía comunicarse con nosotras desde el lugar donde se encontraba. Así que lo llamé varias veces:

—Josh, si estás aquí con nosotras, ¡mándanos una mariposa amarilla!

Me detuve a esperar a mi hija, y cuando me alcanzó le dije:

—Si ves una mariposa amarilla, quiere decir que Josh está con nosotras.

Ella me preguntó:

—¿Cómo lo sabes?

—Porque acabo de pedirle que nos mande una si está aquí.

Entonces las dos nos pusimos a llamarlo:

—¡Josh, mándanos una mariposa amarilla para que estemos seguras de que estás con nosotras!

—¡Señor, que Josh nos mande una mariposa amarilla, por favor!

De repente, como salida de la nada, ¡una enorme mariposa amarilla de alas redondeadas pasó volando a menos de cinco centímetros de mí! Nos miramos boquiabiertas, y al voltear, la mariposa ya no estaba; se había ido tan pronto como llegó. No la hallamos por ningún lado, pero ya no hacía falta; teníamos la respuesta que necesitábamos. Sintiendo una paz infinita, reanudamos nuestro camino al arroyo, diciendo:

—Anda, Josh, ¡acompáñanos a pescar!

~Deborah Derosier

2

Milagro en la pista de baile

De chica soñaba con ser artista, y cantar, bailar y actuar. Irónicamente, nací inválida, y contraje polio a los diez años, así que estaba "impedida para la danza". Desafinaba tanto al cantar que a la gente le daba pena ajena. Poco a poco, mi exuberante alegría y entusiasmo por las artes fueron remplazados por inseguridad y baja autoestima. Aspiraciones sofocadas y plegarias de la infancia se guardaron en una polvorienta repisa.

> Fíate de Jehová de todo corazón, y no estribes en tu prudencia.
>
> ~PROVERBIOS 3, 5

Medio siglo después, y habiendo remediado ya múltiples problemas de salud y amor propio, mi apagada oruga creativa emergió, y acepté incluso impartir un curso de teatro en mi iglesia.

Al acercarse mi cumpleaños número cincuenta y dos, mis amigos me tentaron a acompañarlos al Seminario de Artistas Cristianos que cada año se celebra en las Rocallosas, en el que se reúnen miles de artistas para participar en competencias, cursos y espectáculos nocturnos a cargo de celebridades de primera.

Me entusiasmé mucho. Era una gran oportunidad para aprender de actores experimentados. Pero había un pequeño problema: el seminario era económicamente prohibitivo para mí.

Recé: "Señor, si es tu voluntad que yo aprenda más sobre las artes religiosas, ¡necesito asistencia financiera!".

Menos de una semana más tarde, ¡recibí inesperadamente cheques que me aportaron todo el dinero que necesitaba!

Caí de rodillas, agradecida: "¡Señor, tu generosidad me agobia! Ya que me has abierto esta puerta, ¿puedo saber cuál es tu plan?".

No estaba preparada para la respuesta inmediata que percibí en mi mente: "Baila para mí". Tampoco para el eco que resonó en mi corazón: "Baila para mí en la competencia".

No entendía. Mi limitada experiencia de baile se reducía a la privacidad de mi sala. La idea de bailar en público, a mi edad y con mis dimensiones, era ridícula. "Me gustaría obedecerte, Señor, pero no te entiendo."

Luego de mucho meditarlo en la oración, recibí la inspiración de una rutina de baile y me fui a Colorado. El paisaje de Estes Park recordaba un folleto de viajes pintorescos, con lagos centellantes y pinos aromáticos. Era un paraíso.

Muy a mi pesar, el lunes en la mañana hice frente a mis adversarios de baile. La mayoría eran adolescentes. Al verlos calentar, pensé que eran tan hábiles que seguramente habían bailado desde el vientre materno. Ataviados con bonitas y ajustadas mallas, ejecutaban pasos exquisitos que yo no sabía siquiera que existían. El paraíso se convertía rápido en pesadilla.

Los cuatro jueces eran bailarines profesionales.

Hacían tres minutos de críticas constructivas al terminar la rutina de cada competidor. Mientras esperaba mi turno, sentí que las cosas se me complicaban, vestida con un traje improvisado hecho con viejas cortinas transparentes de color beige.

Cuando me llamaron, avancé tímidamente, tratando en vano de ocultar mi físico de medio siglo. "¿Qué estoy haciendo aquí, Señor?", grité en mi interior. "¡Vaya si tengo que tragarme mi orgullo para poder bailar para ti en público!"

Comenzó la música. Bailé. Terminó la música.

Mientras esperaba vulnerablemente sola en la pista a que los jueces llegaran a una conclusión, me sentí desanimada e indecisa.

La juez principal se levantó al fin, luego de lo que pareció una eternidad. Me preparé para la evaluación; su silencio retumbaba en mis oídos. Por fin susurró:

—Muy bien.

¿Dos palabritas y ya? ¿Ella no sabía qué decir porque nada podía ayudar a esta vieja patética? ¿Los jueces no iban a reconocer al menos mi valor y esfuerzo?

Enrojecí de humillación mientras bajaba la cabeza y me escurría de la pista, desanimada.

Para poder participar en la competencia, teníamos que asistir a todas las clases de baile que se impartirían durante la semana. Yo no sabía qué hacer: las clases de baile serían a la misma hora que las de teatro. Quería hacer lo que Dios me pedía, pero esto resultaba cada vez más inconveniente.

Con lágrimas de desaliento, decidí que dejar la competencia era mejor que perpetuar esta farsa pueril. Así estaría en libertad de asistir al curso de teatro. Esperaba que Dios entendiera que lo que nos pide es a veces demasiado difícil de cumplir, e implica muchos sacrificios.

Pero una vez más, una demanda intensa y persistente llenó mi cabeza: "Baila para mí".

Con renuencia, me di por vencida.

Participar en las clases obligatorias de baile estiró no sólo mi capacidad, sino también mis piernas, en incómodas contorsiones. Músculos que no había oído mencionar en años amenazaban con rebelarse por completo.

Seminconsciente de fatiga, el jueves en la noche me desplomé sobre mi asiento en el auditorio. Sin embargo, algo que oí cuando el maestro de ceremonias anunció a los finalistas me obligó a enderezarme: ¡mi nombre! ¿Era un error… o un milagro? No importaba. Iba a poder decirles a todos los que me habían apoyado con dinero, oraciones y aliento que su fe en mí no había sido totalmente inútil.

En mi cuarto antes de la final del viernes, mi corazón desbordaba gratitud: "¡Gracias, Señor, por el favor concedido! Por primera vez me siento toda una bailarina. ¿Hay algo más que pueda hacer por ti?".

Una respuesta instantánea llenó mi ser: "Baila para mí… sin peluca".

El terror se apoderó de mi corazón, y retrocedí como atacada por una víbora de cascabel. "¡Me sentiría desnuda sin mi peluca, Señor! No puedo hacerlo. ¡Pídeme cualquier cosa, pero eso no, por favor!"

Llevaba diecisiete años usando peluca. La operación de un tumor y dos infartos en 1980 hicieron que mi abundante y rizada cabellera rojiza se me cayera a madejas. El escaso pelo lacio y cenizo que creció en su lugar era de dar vergüenza. La idea de ir a cualquier lado sin mi "manto de seguridad" era sencillamente fulminante.

Me consumió entonces una confusión abrumadora, porque no comprendía. ¿Por qué Dios seguía pidiéndome lo imposible?

"Confía en el Señor con todo tu corazón, y no te atengas a tu entendimiento", destelló en ese instante en mi mente. Quería confiar, obedecer, pero me estaba costando demasiado trabajo.

Exhausta, cedí por fin. Hice a Dios las concesiones más difíciles: obediencia, sumisión y confianza. Volvería a casa transformada, vencedora, fuera cual fuese el resultado de la competencia. Me quité despacio la peluca y, en "humildad rendida", me dirigí a la final.

Terminadas las ejecuciones, sentí un alivio enorme y, en voz baja, declaré cumplido mi compromiso. Lo había dado todo. Esta vez dejaba el auditorio con la frente en alto.

La juez principal se me acercó en ese momento:

—¡Me encanta tu nuevo peinado, BJ! Estuviste muy bien el día de hoy.

Sonreí de buena gana.

—Tengo el honor de informarte que, por votación unánime, fuiste elegida ganadora de la competencia de baile.

En medio de mi aturdimiento, lo único que pude pensar fue: "Mi copa rebosa... ¡Gracias, Señor, por tus milagros!".

—También ganaste el Gran Premio de las artes. Esta noche bailarás en el centro del escenario durante la ceremonia de clausura.

Mis ojos se anegaron en llanto. ¡Dios había hecho un milagro para contestar las plegarias de una hija inválida y desentonada! Premió mi obediencia y valor mucho más allá de lo que yo habría podido imaginar nunca.

Esa noche, esta abuela liberada de peinado gris de duende al natural apareció ante seiscientos concursantes y tres mil espectadores para dar testimonio, con su baile, de que es posible sobreponerse a las adversidades de la vida.

¡Qué increíble experiencia la de la cumbre!

~BJ Jensen

3

¿Cuál es tu pluma?

Cerré la llave de la cocina y ladeé la cabeza para escuchar la televisión. El tema del programa de entrevistas de esa tarde era "¿Cuál es tu pluma?", y desde la cocina de la casa de mi padre, donde me hallaba, oí la ovación del público y la introducción del conductor. Tras la muerte de mi madre ese mismo año, yo venía a diario a esta casa saliendo de la oficina, para cocinar, hacer el aseo y ayudar en general a mi anciano padre y mi hermano inválido, igual procedimiento que cada noche repetía más tarde en mi casa. Decir que estaba cansada es quedarse corto, así que decidí salir de la cocina y sentarme en la mesa de centro de la sala para ver ese programa —y descansar— un momento.

> ¿Cuál es mi fortaleza para esperar aún? ¿Y cuál mi fin para dilatar mi vida?
>
> ~JOB 6, 11

La invitada, una mujer madura cuyo esposo había muerto luego de una corta batalla con el cáncer, describió una experiencia que había tenido meses después. Al pasar por uno de sus lugares preferidos, un parque en el que había compartido paseos cotidianos con su esposo, el dolor la consumió a tal punto que pidió una señal del amor de su marido y un indicio de que él la seguía cuidando. Sentándose en una banca del parque y llevándose las manos a la cara, se puso a sollozar inconsolablemente. En ese momento, una perfecta pluma blanca cayó del cielo y se posó a sus pies. Había recibido la señal solicitada y, sorprendida por el favor concedido, llevó la pluma a casa, la enmarcó y la conservó en su sala como recordatorio del amor de su esposo.

"¡Ay, qué cursi!", pensé. "Fue una coincidencia y nada más."

La invitada añadió que había escrito al conductor del programa sobre la enfermedad y deterioro de su esposo, su periodo de dolor y su increíble experiencia con la pluma. Él y su equipo se conmovieron tanto con su historia que, poco después, el programa envió una cuadrilla a redecorar su sala en torno al objeto enmarcado. En seguida se presentó un video sobre esa hermosa remodelación, y la audiencia aplaudió a rabiar. Se pidió entonces al público que compartiera sus propias "experiencias con plumas", lo que dio lugar a un desfile de anécdotas. Algunas personas hablaron de notas especiales, fotos o poemas (todos ellos descubiertos *post-mortem*) que representaban a un difunto especial y ocupaban un lugar valioso en su paso por el dolor y la recuperación. El conductor invitó después a los televidentes a identificar su "pluma" durante la pausa comercial.

Me levanté fatigosamente de mi sitio y volví a la cocina, para continuar con mis deberes. En un momento de agotamiento extremo, me pregunté por qué nadie iba a mi casa a ocuparse de una carga de ropa o a hacer compras. Mientras trabajaba, seguí considerando la invitación del conductor a definir mi "pluma".

¿Mi pluma? No se me ocurría ninguna. Tras cuidar a mi madre en los cinco años de lo que los doctores llamaron su etapa final, yo no tenía una sola pluma, sólo malos recuerdos de llamadas telefónicas a altas horas de la noche seguidas de visitas apresuradas a la sala de urgencias, interminables horas de espera en consultorios e incomprensibles explicaciones médicas. Y ahora, dadas mis responsabilidades adicionales con los miembros restantes de mi familia, no disponía siquiera de un momento para respirar.

Mi autocompasión siguió en aumento mientras recordaba lo mucho que mi madre y yo nos habíamos querido. Disfrutábamos enormemente nuestra mutua compañía, e incluso habíamos pasado juntas varias vacaciones. En mi opinión, habíamos intimado más que la mayoría de las madres e hijas que yo conocía. Pero cuando llegó el momento de irme de casa y hacer mi vida, ella tuvo el tino de dejarme ir. Aun después de que me casé, sin embargo, seguimos siendo muy importantes la una para la otra. Nos hablábamos por teléfono todos los días y solíamos vernos para comer, encorvadas sobre nuestras hamburguesas y papas a la francesa hablando de cosas de mujeres. A lo largo de los años, continuamos siendo una fuente de fuerza entre nosotras, ella ayudándome a no perder la calma durante una amenaza de cáncer poco antes de iniciar mi treintena, yo auxiliándola en sus muchos años de enferma. En esos últimos tiempos, ella siempre me palmeaba la mano al despedirnos. "Recuerda", me decía, "que no vas a llorar cuando me vaya. La pasamos muy bien aquí en la tierra".

Camino a casa esa noche, clamé contra los recuerdos, buenos y malos. ¿Acaso no merecía yo también una pluma? Luego de todo lo que mi madre y yo habíamos pasado juntas, de todo lo que había hecho por ella, sin duda yo también merecía un mensaje de aliento y una confirmación de amor desde el más allá. Sacudí la cabeza al tiempo que rompí a llorar.

Llegué a casa y estacioné el coche como cada noche. Antes de bajar, enjugué mis lágrimas y respiré hondo, y luego recorrí lentamente el sendero, con la cabeza hundida. Al llegar al peldaño más alto, me detuve, maravillada: una perfecta pluma blanca reposaba en el suelo.

~Monica A. Andermann

4

El ángel de las semillas de mostaza

Nunca imaginé que me vería convertida en una joven madre con un hijo gravemente enfermo, y mucho menos en un hospital pediátrico y de investigación de renombre mundial. Pero ¿acaso una madre o un hijo puede suponer algo así?

Como muchas otras familias en ese sitio, nosotros nos vimos confortados de inmediato por las atenciones del personal y las facilidades para los allegados, que incluían alojamiento para los hermanos sanos del paciente. ¿La misión de ese hospital? Descubrir curas y prolongar vidas. Y, en efecto, ahí ocurrían milagros como ésos. Aunque también ocurrían otros, a menudo invisibles para los adultos pero, por fortuna, reclamados y atestiguados por los niños.

Durante una de nuestras estancias en el hospital, sentí un vivo deseo de tener una conversación franca con otra joven madre en una situación parecida a la mía. Los hermanos sanos jugaban, bajo supervisión, en un área próxima mientras nuestros hijos enfermos recibían tratamiento. Me sinceré entonces conmigo misma: "No me vendría nada mal platicar con alguien lejos de aquellas orejitas".

Fue muy liberador compartir preocupaciones y aliento con un espíritu afín. Pronto, mi interlocutora y yo hablábamos de la fe del tamaño de un grano de mostaza y de lo que Jesús había dicho en las Escrituras: "Porque de cierto os digo que si tuviereis fe como un grano de mostaza, diréis a este monte: 'Pásate de aquí allá', y se pasará. Y nada os será imposible" (Mateo 17, 20).

De repente, mi nueva amiga fue interrumpida a media frase por su hijo sano, en edad preescolar, quien salió de la cocina colectiva de junto azotando una de las puertas abatibles. El niño sonreía de oreja a oreja y tendió a su mamá, emocionado, un frasco pequeño. Aún no tenía edad para leer la etiqueta, que, para nuestra incredulidad, decía así: "Semillas de mostaza".

—¿De dónde sacaste esto, Mateo? —preguntó ella.

—El ángel grande de la cocina me dijo que te lo diera.

Nos quedamos sin habla, temporalmente inmóviles, boquiabiertas y azoradas. Yo me sentí invadida al instante por una alegría indescriptible.

Segundos después, Mateo nos llevó al lugar vacío donde había visto al ángel, una de cuyas paredes lucía un mural de manos hecho por niños tratados ahí. Un escalofrío nos sacudió a ambas. Al ver todas esas manos, acompañadas del nombre, fecha y diagnóstico respectivos, no pudimos evitar preguntarnos si las palmas de nuestro ángel de las semillas de mostaza no estarían acaso en esa pared.

Viendo el reloj nos dimos cuenta de que, ¡tan pronto!, era hora de reanudar nuestras actividades. De camino al elevador, sopesamos las coincidencias del ángel, las semillas de mostaza, la referencia bíblica del libro de Mateo y el mensaje angelical recibido por el niño, que, casualmente, también se llamaba Mateo.

Abrumadas, nos miramos una a otra diciendo:

—¿En serio piensas que…?

Al abrirse las puertas del elevador, apenas si podíamos creer lo que nos aguardaba ahí: pequeñas plumas blancas que flotaban por doquier. Este hecho encendió sonrisas en nuestro rostro y llenó nuestra alma de esperanza.

¿Plumas de un querubín? Sólo Dios sabe…

De lo único que estábamos seguras era de que el elevador y nuestras esperanzas solamente podían seguir una dirección… ¡Arriba!

~Patricia Morris, entrevistada por Lisa Dolensky

5

El crucifijo

Durante siglos, en todo el mundo han emergido reportes sobre señales de origen divino, como estatuas de la Virgen que lloran o visiones de Cristo en las nubes, y hasta apariciones de María o su hijo en festividades religiosas. Cuando han sido debidamente corroborados, estos sucesos constituyen nada menos que milagros de nuestro tiempo y, de hecho, cientos de individuos han reivindicado curaciones personales y experiencias extraordinarias al visitar las sedes de dichas apariciones. Pese a ser cristiano y querer creer que Dios era el autor de tan increíbles mensajes y actos, yo mantenía una actitud escéptica.

> A ti te fue mostrado, para que supieses que Jehová es Dios; no hay más fuera de él.
>
> ~DEUTERONOMIO 4, 35

Habiendo crecido en el seno de una familia cristiana en Delaware, todos los domingos asistía fielmente a la iglesia. En cada ceremonia profesaba mi fe en el credo de Nicea, y casi todos los fines de semana tomaba parte en la sagrada comunión. En mi casa había muchos objetos religiosos, como retratos, crucifijos en diversas habitaciones y una imponente imagen de Cristo colgada en la recámara de mis padres, regalo de la abuela de mi papá.

De chicos, mi hermano y yo compartíamos una pequeña recámara. Paredes de madera de pino daban a nuestro cuarto la sensación de una cabaña acogedora a la orilla de un lago. Durante casi toda nuestra adolescencia, mi hermano y yo dormimos en literas. De la pared junto a la cabecera de la litera de arriba, mi cama, donde yo solía rezar en la oscuridad y buscar el rostro de Dios tras una pesadilla de púber, pendía un crucifijo dorado. Soldado a la cruz metálica se hallaba el cuerpo destrozado del salvador sufriente, con la cabeza coronada de espinas, colgando en suplicio. Era una pieza impactante, que podía modelar piadosamente tu espíritu. Este icono sagrado había sido un regalo de confirmación cuando yo tenía doce años. Tras fijar el objeto con un clavo a través de un arillo de metal, tristemente nos olvidamos de él. A veces nos acordábamos de sacudirlo, pero era en general un accesorio olvidado.

Años después, una vez que salí de la universidad y conseguí un modesto empleo en la banca, mis padres dijeron que era hora de que "me llevara mis cosas". Una fresca noche de otoño me encaminé a su hogar y fui recibido con numerosas cajas de recuerdos, regalos, álbumes de fotografías, anuarios, juguetes antiguos y cachivaches. Pasamos tiempo hurgando entre las chucherías, saboreando cada remembranza. De repente me sentí viejo, y abatido por la nostalgia. Mi hermano salió en ese momento de nuestra vieja recámara.

—¿Quieres llevarte la cruz que está en la pared? Estoy seguro de que es tuya, no mía.

—¡Claro! —contesté, recordando aquella pieza, y lo seguí a la habitación.

Mi fe había crecido a lo largo de los años, y yo había terminado por confiar en Jesucristo y por amarlo de todo corazón. Recuperar ese tesoro olvidado para llevarlo a mi nueva casa se volvió de pronto un afán ferviente.

Tendí el brazo y quité el crucifijo de la pared, sosteniendo en mis manos, con gran delicadeza y respeto, la manchada figura metálica. El símbolo de la cruz se había convertido en el centro de mi fe, y actuaba con reverencia cada vez que veía una. Sentí en mi palma la lisura y contrastante tosquedad del crucifijo, y pensé en el espantoso dolor y sufrimiento que el hijo de Dios había sufrido por mí. Esto me hizo temblar.

Pero entonces vi algo que me hizo temblar más todavía.

Justo en la sección de madera donde yo había colgado el crucifijo, había una mancha larga y ondulante. Era de color cereza oscuro y de apariencia laqueada. Brillaba un poco, como si estuviera fresca y húmeda. Parecía sangre.

Toqué la mancha, que seguía aproximadamente el dibujo del tablero; había acabado por formar parte de la madera, y sobresalía de pronto, como si se hallara bajo un reflector. Una inspección breve pero completa del cuarto reveló que no había otro tablero como ése. La mancha de sangre era exclusiva de él.

Confundido, volví a poner el crucifijo en su sitio, buscando una explicación lógica. Tenía que haberla. Quizá, razoné, el tornillo usado para fijar la cruz había hecho una fisura en la madera, causa última de esa mancha sinuosa.

Pero el único afluente comenzaba justo donde la mano clavada de Cristo tocaba el madero, a varios centímetros del agujero del tornillo.

Este episodio me asustó en un principio, pero luego mi ánimo cambió. Al mirar el rostro dolorido de mi torturado salvador, y después la sangre derramada en la pared, me embargó la emoción. Pasé con respeto los dedos sobre la mancha al mismo tiempo que las lágrimas se me salían.

Mi hermano confirmó:

—Es un milagro.

Mis padres coincidieron.

Años después, la mancha persiste, elemento permanente del tablero de pino. Aún conservo el crucifijo en mi casa, y a veces lo llevo a la de mis padres para corroborar una vez más el milagro.

Ahora creo. Creo que Dios se comunica con nosotros por medios sobrenaturales, a través de estatuas que lloran, visiones de Cristo en las nubes e incluso, sí, simples crucifijos colgados en recámaras de muchachos.

~David Michael Smith4

6

Un ángel en la nieve

Sentí vibrar mi celular en la bolsa. Apenas si podía oír entre tantos gritos:

—¡Es increíble y misterioso! ¡No sé cómo llegó aquí!

—¿Qué llegó, Kathy? ¿De qué hablas?

—¡Del ángel! ¡Hay un ángel dibujado en la nieve frente a la ventana del cuarto de Kelly! Está tocando una trompeta y tiene un manto largo. Parece como si lo hubiera dibujado un niño con un palo o algo. Es una silueta en la colina del patio. ¿Pero cómo llegó ahí? ¡No hay huellas alrededor!

Más tarde, subí en mi minivan a la ya conocida montaña para visitar a mi amiga. Les expliqué a mis dos hijos la razón de este viaje. Ellos ya estaban acostumbrados a ir conmigo a visitar a Kathy y su hija, Kelly, quien tenía cáncer cerebral terminal. Ella había librado una batalla tremenda, y estaba a unos días de abandonar la tierra.

> He aquí que yo envío el ángel delante de ti para que te guarde en el camino, y te introduzca en el lugar que yo he preparado.
>
> ~ÉXODO 23, 20

Kelly ya había sido objeto de un milagro. El bulbo raquídeo se le había desgarrado, dejándola en estado vegetativo. Los doctores declararon clínicamente muerto su cerebro y le quitaron el soporte de vida. Pero horas después ella despertó, miró a su padre y dijo:

—Papi, pinta, hotdog.

Ahora estaba de regreso en casa, y su familia esperaba. Habían pasado dos semanas desde el gran milagro, y ella tenía los días contados. Todos rezábamos.

Los chicos y yo bajamos del coche a los glaciales vientos de febrero. Kathy nos recibió y nos llevó a la parte trasera de la casa. Mis hijos avanzaban trabajosamente en la nieve, pero pronto gritaron:

—¡Mami, mami, ya vi el ángel! ¡Ahí está!

Me quedé boquiabierta. En medio de esa inmensa colina cubierta de nieve estaba dibujado un ángel enorme, aparentemente trazado por un niño. No había huella ni imperfección en la nieve que lo rodeaba.

Dos semanas después, el día de san Valentín, mientras el sol se ponía en medio de un brillante cielo rojo, la pequeña Kelly falleció. Tal vez el premonitorio ángel de la nieve la acompañó a casa.

~Marisa A. Snyder

El corderito

"Señor, de veras que hoy sí te necesito", susurré, tomando un montón de arena y viendo los granos resbalar por mi puño. "Aquí me tienes, sintiéndome una oveja perdida otra vez."

Me gustaba imaginarme una oveja protegida por el buen pastor. Esto me ayudaba a sentirme en libertad de hablar con Dios. Como madre soltera, rezaba siempre por cada uno de mis cuatro hijos, y pedía poder hacerme cargo de ellos. Era muy pesado evitar dificultades a mi familia, y a veces temía estar fallando por completo. Algunos días, como éste, me sentía sola y abandonada.

Esa mañana, leyendo la Biblia di con el versículo "Como pastor apacentará su rebaño; en su brazo cogerá los corderos" (Isaías 40, 11). Este pasaje tenía un significado especial para mí. Meses antes me lo había enseñado una orientadora, a la que busqué para que orara conmigo por una situación difícil con mi hija. Ella, subrayando las palabras con el dedo, había enfatizado el texto restante: "En su seno los llevará; pastoreará suavemente a las paridas". Tomé esto como un anuncio de que Dios estaría siempre a mi lado para ayudarme a educar a mis hijos, dándome la gracia que necesitaba. Pero aunque era alentador volver a recordar eso, mi tristeza persistió. Necesitaba algo más.

Como hacía calor, de vuelta a casa del trabajo decidí ir a la playa. Fui en el coche hasta State Beach, tramo costero de más de seis kilómetros

> Como pastor apacentará su rebaño; en su brazo cogerá los corderos, y en su seno los llevará.
>
> ~ISAÍAS 40, 11

de largo. Dado que era septiembre, fuera de temporada, la playa estaba desierta. Podía escoger cualquier sitio para hacer alto. Elegí uno al azar, estacioné el coche y atravesé penosamente la duna y un sendero. Cuando me senté sobre mi toalla, contemplé el mar apacible y el cielo despejado.

Tomando una concha, la arrastré en la arena, formando un amplio arco a mi alrededor. "Padre Dios", murmuré, recordando un versículo de los salmos, "tus cuidados son preciosos para mí... más abundantes que las arenas del mar." Tragué saliva. "¡Te necesito!"

Al cavar en la arena con la concha, pegué con algo duro. Alcancé a ver una cosa blanca. Quitando la arena con los dedos, emergió una figurita de plástico.

La tomé.

Cuando comprendí qué era, un sobresalto de dicha y sorpresa me estremeció.

¿El verano pasado un niño había traído sus juguetes a la playa y dejado éste aquí? En tal caso, ¿qué probabilidad había de que, entre los seis kilómetros de playa, yo decidiera cruzar justo esta duna y sentarme en este lugar?

¿O es que un amoroso Creador había puesto esto, un regalo especial, en la arena donde me senté?

Porque en mi mano reposaba la figura de un cordero, un mensaje de Dios para mí.

~Donna Paulson

8

El milagro de Bonnie

onnie y Bob tenían una florería. Dadas las condiciones económicas de la zona, la disponibilidad de flores en las tiendas, el acortamiento de los velorios y el acceso a internet, el negocio no prosperaba como cuando lo compraron, tres años atrás.

Bonnie, mi hermana, y Bob, su esposo, hablaron durante un año de lo que debían hacer. Discutieron la posibilidad de vender. Pensaron en añadir una tienda de regalos, o tal vez una librería. Pero en el área no había tránsito ni personas suficientes para mantener el negocio.

> Jehová te pastoreará siempre.
>
> ~ISAÍAS 58, 11

Al llegar una mañana a una situación de angustia, Bonnie empezó a rezar sinceramente, y a pedir respuestas a Dios. ¿Debían vender la tienda? ¿Ampliarla e invertir más dinero en ella, habiendo pocas oportunidades de sobrevivir? Desesperada, pidió: "¡Señor, dame una señal de qué quieres que hagamos! Llámame por teléfono si prefieres", bromeó, "pero dime qué hacer".

Poco después sonó el teléfono. Una joven preguntaba cuánto querían por la tienda.

—Mi esposo y yo no pasamos nunca por su calle —explicó—, pero ayer la tomamos por casualidad y vimos el letrero de "Se vende" en la ventana.

Extrañada, Bonnie contestó:

—No hay ningún letrero en la ventana. Mi esposo y yo hemos pensado vender, pero aún no tomamos una decisión.

—¡Pero si yo vi el letrero! —insistió la joven—. ¡Y mi esposo también! Era azul y blanco, en el ventanal frente a la calle.

Menos de dos semanas después, la joven y su esposo compraron la florería.

~Kim D. Armstrong

9

Pesca de la trucha arco iris

De acuerdo, tal vez fue un poco irresponsable que mi papá se haya ido de pesca dejando sola a su esposa, embarazada de siete meses de gemelas. Parejas más racionales podrían haber prometido no separarse, pero las bebés no naceríamos hasta agosto, y ese viaje era un regalo de graduación para mi hermano. Antes de que el dueto femenino llegara al mundo, los dos hombres de la familia tenían que afianzar sus vínculos en la forma más varonil que conocían: yendo a pescar truchas arco iris.

> Vivimos en un arco iris de caos.
>
> ~PAUL CÉZANNE

Así que mi papá se despidió de mi embarazada madre y marchó a Oregon con mi hermano. Tal vez hizo caso omiso del presagio de la súbita lluvia y los vientos cálidos y rugientes, hallando satisfacción en la angustia masculina frente a ríos furiosos y embravecidos. Como sea, seguro se asustó al regresar una noche a su albergue y descubrir que mi madre había dejado diez mensajes frenéticos. Es difícil adivinar qué fue exactamente lo que ella balbuceó en el teléfono, porque las histéricas en trabajo de parto no se distinguen precisamente por su elocuencia, pero mi papá supo al instante que debía volver a casa. Subió de un salto al coche con mi hermano, ambos salieron disparados y menos de cinco minutos después iniciaban el trayecto de quince horas a San Francisco.

Entre tanto, mi madre sintió la impaciencia de sus bebés y corrió al coche. Estaba tan gorda que no pudo abrocharse el cinturón de seguridad, y a cada rato tocaba el claxon con la panza. Nuestra vecina había aceptado llevarla al hospital en caso de que mi papá no estuviera, pero mamá decidió no molestar a su chofer de reserva y manejó ella misma.

Mientras, mi padre y mi hermano avanzaban a toda prisa en la carretera. Pese a sus esfuerzos por rebasar el límite de velocidad lo más discreta y cautelosamente posible, un policía paró a mi papá justo cuando mamá entraba tambaleándose al hospital. La desesperación de mis padres era mutua en lo que mi papá pedía comprensión a un oficial indiferente y mi mamá se escondía en el elevador, avergonzada por su lamentable estado.

Por fin, después de aceptar de mala gana la infracción por exceso de velocidad, mi papá se puso en marcha otra vez, justo cuando mi madre se agarraba del mostrador de enfermeras e, inclinándose, farfullaba:

—Creo que me pasa algo.

La enfermera resultó ser una mujer cordial y eficiente. Si su esposo le hubiera dicho que iría a pescar estando ella embarazada de siete meses, ella habría respondido: "¿Acaso unos simples peces son más importantes que quedarte en casa a frotarme los pies? No tengo antojo de trucha, ¡sino de helado de chocolate!". La enfermera pidió a mi madre que se quitara los pantalones y, tras aspirar vigorosamente, declaró:

—Mi reina, esto no es falsa alarma; ¡se te rompió la fuente!

Justo en ese momento unas nubes enormes se abatían sobre el norte de California, y un diluvio repentino obligó a mi papá a bajar la velocidad. Esto habría desalentado a cualquiera, pero pese a la casi bufonesca calamidad de nuestra llegada de improviso, ese prematuro trabajo de parto iba en serio. Al principio íbamos a ser tres, contando a mi hermano desconocido, pero un aborto natural redujo nuestro trío antes siquiera de que él tuviera nombre.

Mientras el coche de mi papá volaba bajo la lluvia, nosotras decidimos que ya habíamos esperado demasiado. Mi madre imploró analgésicos. Mi padre debe haber sentido su desesperación y martirio. Se dio cuenta de que no llegaría a tiempo a San Francisco. Aunque la lluvia amainó poco a poco, sabía que no podía manejar tan rápido para lograrlo… suponiendo que nosotras llegáramos de verdad. Estaba preocupado, desanimado y cansado. Justo mientras su fatigada mente consideraba el peor de los escenarios, al asomarse por la ventana vio un resplandor en el horizonte.

En el cielo se extendía un doble arco iris. No uno, sino dos arcos radiantes, uno encima del otro. Mi papá los miró largamente, dos para su doble dosis de Géminis. Con sólo ver ese par de arco iris, supo que todo iba a estar bien. Ésa era una señal, y una vez recuperada la esperanza siguió su camino, reduciendo la velocidad para contemplar otro rato el espectáculo.

Llegó al hospital siete horas después de que nosotras nacimos. Con dos meses de anticipación, yo pesé un kilo ochocientos y McKenzie uno novecientos. Aunque el doble arco iris tranquilizó a papá, él estuvo muy nervioso hasta que nos vio, dos cuerpecitos arrugados calentándose bajo el brillo naranja de la incubadora. Cuando llegó, mi mamá despertó para cargarnos, y nosotras sonreímos, todas ojos cafés, menos los violetas de mi madre, húmedos y relucientes

Papá había tenido que interrumpir su viaje de pesca, pero no le importó. Lo único que quería en ese momento era el cariño que sólo dos bebés le podían dar.

Nunca más volvió a ver un doble arco iris.

~Brittany Newell, 16 años

10

Globos de esperanza

Ahí vamos: ¡a la una, a las dos y las tres! ¡Suéltenlos! —grité.

Los tres hijos de Sue, Stephanie, Kristen y Billy, soltaron sus globos morados cubiertos con mensajes de amor.

Era una fría tarde de marzo. Lloviznaba mientras, en la entrada de la casa de Sue, conmemorábamos el segundo aniversario de su fallecimiento. El mal tiempo reflejaba cómo me sentía, pero aun así pude exhibir una sonrisa, por el bien de los niños. Sue, mi hermana gemela, de sólo cuarenta y un años de edad, había muerto en forma repentina, dejando atrás a sus hijos y a Bill, su esposo.

Apenas el día anterior, platicando con mi amiga Mary, mencioné que se acercaba el aniversario de Sue. Ella, quien conoció de primera mano el dolor de la pérdida al morir John, su hijo, a los diez años de edad, me dio una idea:

> Condujiste en tu misericordia a este pueblo, al cual salvaste; llevástelo con tu fortaleza a la habitación de tu santuario.
>
> ~ÉXODO 15, 13

—El día del cumpleaños de John, le escribimos notas en unos globos y los soltamos.

Así que fui a la tienda y compré tres globos morados, el color favorito de Sue.

Ahí me tienen, entonces, viendo los globos abandonar manitas que hasta ese momento los habían sujetado con fuerza. Sin que nadie me viera, antes de que los soltáramos leí algunos mensajes, y me estrujaron el corazón. "Te extraño, mami." "A mi adorada esposa, con todo mi amor." "Te queremos mucho, tía Suzy." Y el mío, en el que usé su apodo: "¡Te extraño, Twinpop!".

Llenos de expectación, contemplamos la trayectoria de los globos. Lo primero que hicieron fue bajar sobre la entrada. Hacía demasiado frío. Dándome cuenta de mi error, pensé que debí haber esperado un mejor día. Recé: "¡Ayúdanos, Señor, por favor!".

De pronto, el viento se soltó. Yo contuve la respiración mientras los globos se elevaban poco a poco. Dos flotaron más allá de los árboles hasta el cielo, pero el tercero se atoró entre dos ramas.

—¡Ay! —exclamó Billy, el menor de Sue—. ¡Se va a reventar!

Bill, el esposo de Sue, y yo nos miramos.

—¡Vaya! —murmuró él.

Yo volví a rezar: "¡Por favor, Señor, que no se reviente!".

Los niños lanzaban gritos de entusiasmo al solitario globo morado. Éste empezó a salir muy despacio de su trampa, meneándose entre las ramas espinosas hasta abrirse paso a la libertad.

—¡Sube! ¡Sube! ¡Sube! — gritaron los chicos.

Emitimos un suspiro colectivo cuando el globo avanzó finalmente por el contorno de los árboles sin reventarse, milagrosamente. Luego salió disparado hasta alcanzar a los otros dos y perderse de vista. "¡Gracias, Señor!", dije en voz baja. Miré a mi alrededor todas las sonrisas, y supe que en el cielo Sue sonreía también.

Una semana más tarde, mi hija menor, Caroline, se asomó por la ventana de su recámara y me avisó poco después:

—¡Hay un globo morado allá fuera, mami! ¿Es el que le mandamos a mi tía Suzy?

Me asomé por la ventana de la cocina y vi que, en efecto, un globo morado rebotaba en el jardín. Salí por la puerta trasera para ver mejor. Al acercarme, el globo arrancó en dirección al patio de los vecinos mientras yo lo perseguía en piyama. Por fin lo atrapé. Parecía idéntico a los que le habíamos mandado a Sue, aunque sin los mensajes. Hmm. Qué coincidencia… Lo metí a la casa. Caroline preguntó:

—¿Mi tía Suzy te mandó ese globo, mami?

—No dudo que haya sido ella, Caroline —contesté, sonriendo.

Esa misma primavera mi mamá se puso muy enferma. Tras una serie de miniderrames cerebrales, estaba débil y confundida, y ya no podía vivir sola. Pronto desarrolló demencia senil. Yo rezaba todos los días al tiempo que incluía su nombre en varias listas de espera de casas de reposo. Sabía que en alguno de estos lugares podrían cuidarla físicamente mejor que yo.

Los meses pasaron y mi mamá estaba cada vez peor. Una tarde particularmente frustrante me la pasé haciendo llamadas telefónicas a casas de reposo, agencias y familiares. Cuando una de esas llamadas terminó con un abrupto "no", los ojos se me llenaron de lágrimas. Estaba exhausta. Entre la pérdida de mi hermana gemela y la preocupación por mi mamá, me hallaba emocional, física y espiritualmente agobiada. Me enjugué las lágrimas, tomé mi abrigo y les dije a mis hijos:

—Voy a dar una vuelta.

Empezaba a nevar. Mientras caminaba, los copos de nieve se confundían con mis lágrimas. Me dirigí a mi hermana y le pedí a Dios: "¡Ayúdame, Señor! Sue, ¿qué voy a hacer?". Pensé en los dos últimos años y me pregunté cuánto más podría aguantar. ¿Dónde obtendría la fuerza para seguir?

Al dar vuelta en la esquina, noté que la nieve y el viento cobraban fuerza. Pero, también, que un globo morado subía y bajaba bajo la nieve en el jardín de unos vecinos. ¡No lo podía creer! Eso me subió mucho el ánimo. ¡Otra vez el globo morado! Supe que me aguardaban días difíciles, pero me alentó saber que no los enfrentaría sola.

La mañana de navidad mi mamá tuvo un ataque y fue internada en el hospital. Diez días después se había estabilizado y estaban por darla de alta, aunque había perdido la vista en un ojo y ya no podía comer ni caminar sola. Además, estaba ofuscada casi todo el tiempo. Necesitaría atención las veinticuatro horas. El hospital le encontró un sitio provisional en una casa de reposo a veinticinco kilómetros de distancia. Pero una vez que ingresó ahí, me percaté gradualmente de que era un lugar terrible.

Una vez la encontré dormida con la cara sobre un plato aún lleno de provisiones. Solía hallarla despeinada, sucia y aislada. Al principio pensaba: "Tal vez hoy hubo poco personal. O a lo mejor todavía están tratando de meterla en una rutina". Pero pronto resultó claro que debía sacarla de ese sitio.

Sentía mucha culpa; no podía hacerme cargo de ella. Para entonces, ya ni siquiera podía levantarla. Le pedí a Dios: "¡Encuéntrale otro lugar, por favor! Sue, vela por ella", y luego empecé mi inútil búsqueda de una nueva casa de reposo.

El día de mi cumpleaños fui a ver a mamá. Recordé los momentos felices y celebraciones que ella y yo habíamos compartido con Sue en este día tan especial. Al llegar al estacionamiento, mis alegres recuerdos de cumpleaños se vieron empañados por mi preocupación por mamá.

Entré muy triste a su cuarto. Pero ahí, bajo su vieja cama de bastidor de metal, estaba un globo morado. ¡Me quedé helada!

—¿De dónde sacaste ese globo morado, mamá? —le pregunté, sorprendida.

—No sé —contestó—. Alguien me lo dio esta mañana —sonrió.

Semanas más tarde, en el trabajo, mi jefa me preguntó:

—¿Cómo está tu mamá?

—Mal —respondí—. Sigue en listas de espera en busca de una casa de reposo mejor.

—Mi abuela vivió en Pembrooke muchos años. ¡Era un lugar espléndido! —intervino una colega.

Yo nunca había oído hablar de Pembrooke, pero llamé por teléfono. Milagrosamente, tenían un cuarto disponible.

Mi mamá sería trasladada en ambulancia. Yo esperaba estar ahí cuando ella llegara. Mientras subía por la carretera, iba muy nerviosa. "¿Es ése el lugar adecuado, Señor?". Estaba alerta para ver la nueva casa de reposo, pero fue fácil distinguirla.

Un globo morado estaba atado al poste en el extremo contrario del letrero de Pembrooke.

~Donna Teti

Caldo de Pollo para el Alma

2

CAPÍTULO

El poder curativo de la oración

Jehová Dios mío, a ti clamé, y me sanaste.

~SALMOS 30, 2

11

Sarafina

Tenía veintidós años y estaba a sólo uno de obtener mi título universitario. Aunque no sabía exactamente qué haría después de que me graduara, sabía que tendría algo que ver con las misiones. No sabía dónde o cómo, pero sí que dedicaría mi vida al ministerio. Faltándome sólo un año para ser "libre", ésta sería mi probada de la vida que me aguardaba luego de mi último examen. Así, en vez de trabajar para ahorrar o de relajarme ese verano entre mi penúltimo y último año, viajé al pequeño país africano de Suazilandia para atender a pacientes de sida y abrazar huérfanos.

> Ved ahora que yo soy yo, y no hay dioses conmigo: yo hago morir y yo hago vivir. Yo hiero y yo curo, y no hay quien pueda librarse de mi mano.
>
> ~DEUTERONOMIO 32, 39

Era un frío día de invierno en el hemisferio sur, y el sol se ponía tras de las montañas. Mi grupo debía regresar antes de que oscureciera, así que era hora de marcharse de la choza que habíamos visitado y recorrer los veinticinco minutos de vuelta a casa. Al pasar junto a la última choza a nuestra derecha, alguien nos llamó. Una anciana sentada en un petate nos hacía señas de que nos acercáramos.

Era Sarafina. Por medio de nuestro intérprete nos enteramos de que no había caminado en dos años ni comido en cinco días. Vivía sola, porque su hijo, el único pariente que le quedaba, vivía lejos. No podía ir al río a sacar agua, y dependía de la generosidad de sus vecinos, quienes le daban sobras de una comida de por sí escasa.

Cuando Sarafina alzó la vista para mirarnos con ojos cubiertos de cataratas, yo vi a mi abuela postrada frente a mí pidiéndome de comer. Se me rompió el corazón, y me puse a rezar en mi mente: "¿Qué puedo hacer, Señor?".

Oí entonces una respuesta dentro de mí: "Ponte de rodillas".

"Qué?", pregunté, sin saber si había oído bien.

"Ponte de rodillas."

Al arrodillarme ante Sarafina, ella se asustó. Volteó y me miró a los ojos.

Oí entonces otra voz interior: "Dale la mano".

Cuando lo hice, Sarafina me la tomó y echó a reír. Durante el resto de la visita, permanecimos tomadas de la mano. En adelante, ésta sería un ancla para nosotras.

Sarafina se las veía con la demencia senil y con frecuencia no recordaba siquiera su nombre, y mucho menos detalles de su vida. Cuando empezaba a divagar, yo le apretaba la mano, le decía su nombre y ella retomaba el hilo de la conversación.

En los meses siguientes la visité varias veces a la semana. A veces le llevaba "pap", alimento básico africano de harina de maíz con agua, aunque por lo general llegaba con las manos vacías. Me sentaba a su lado y reíamos juntas, disfrutando de la relación que habíamos forjado. Era muy bello.

Una de mis mayores frustraciones era no saber en qué creía ella. Como misionera, yo quería saber si conocía a Jesús... si creía que él podía perdonar sus pecados... si creía que él podía curarla.

Ella llevaba puestas en sus tobillos y muñecas las pulseras negras de un curandero. Yo le dije que había otra manera en que podía recuperar la salud.

—Dios puede curarte, Sarafina. Puede hacer que vuelvas a caminar.

—¡Ah! —exclamó mi *gogo* ("abuela" en lengua siswati), mirando atentamente sus pulseras.

Luego hablamos de otras cosas, pero al marcharme ese día yo no podía olvidar nuestra conversación. Y comencé a pedir que Sarafina se quitara esas pulseras como señal de que creía que Dios podía curarla: como de un acto de fe.

Dos días más tarde, sucedió. Sarafina se quitó la última de sus pulseras, la arrojó lo más lejos que pudo, me miró a los ojos y dijo:

—Pide que vuelva a caminar.

Yo tragué saliva. La sola idea de que esto ocurriera me había parecido inconcebible.

—Está bien, Sarafina: pediré —le prometí.

La semana siguiente pedí en silencio día y noche: "Señor, mi fe es poca. Sé que tú puedes curar. Sé que tú has hecho caminar a los paralíticos. ¡Toca a Sarafina, Señor! Que vuelva a caminar. No permitas que mi poca fe se interponga. Pero, por favor, déjame estar ahí para verlo. ¡Déjame verte hacer un milagro!".

Un día justo cuando se ponía el sol, algunos de nosotros decidimos visitar a Sarafina. Era una visita imprevista, algo en lo que de pronto me obstiné sin saber por qué.

Cuando llegamos a su choza, Sarafina estaba sentada en su petate viendo el camino.

—¿Dónde estaban? —preguntó—. Los he estado esperando todo el día. Él me dijo que vendrían.

Me mostré sorprendida.

—No te dije que vendría hoy, Sarafina. ¿Quién te dijo que vendríamos? —Recordé a unos niños que habíamos visto en el camino—. ¿Te lo dijo uno de los niños?

Ella sacudió la cabeza.

—No —contestó, llevándose una mano al pecho—. Él me lo dijo en el corazón.

Supe entonces que Dios estaba a punto de hacer algo extraordinario.

Sarafina estaba muy diferente ese día: lúcida, con una memoria despierta. Recordó algunas de nuestras conversaciones previas sobre el evangelio.

—¡Sí, Sarafina! —le dije, emocionada—. Dios puede perdonar. Y puede curar.

Ella repuso algo, fija su mirada en la mía. Una vez que me lo tradujeron, el corazón se me detuvo.

—¿Cuándo volveré a caminar?

La miré asombrada, sin saber qué responder. Cuando mi boca se movió y dejó escapar una palabra, aun yo me sorprendí:

—Levántate.

Sarafina me miró un momento luego de oír al traductor. Nadie se movió. Yo no podía respirar.

Entonces se puso de pie.

Y caminó.

Como llevaba varios años andando a rastras, sus piernas estaban muy débiles, y necesitaba ayuda para no caer.

Pero se paró, y caminó sola.

Cuando, semanas más tarde, me marché de Suazilandia, las piernas de Sarafina se habían fortalecido enormemente. Caminaba más firme y erguida, y por periodos más largos. La última vez que la vi caminar lo hizo frente a quinientas personas. Todos vieron lo que Dios era capaz de hacer.

Cada vez que recuerdo ese verano, pienso en Sarafina. En que Dios hizo lo imposible y curó las piernas de una anciana sólo porque ésta creyó que él podía hacerlo.

~Kristen Torres-Toro

12

Con todos mis defectos

Bajo el ardiente sol de verano en la región conocida como Panhandle de Texas, donde hay pocos árboles frondosos, es muy tardado cavar un agujero, sobre todo si eres una niña de nueve años y la pala es más grande que tú. No recuerdo quién me sugirió enterrar un trapo para deshacerme de mis verrugas, pero yo estaba dispuesta a probar lo que fuera.

Las verrugas se me veían horribles. Se extendían bajo mis ojos en oleadas irregulares, y me salían por todos lados en los dedos. Una en particular era horrorosa y de apariencia agresiva, del tamaño de la cabeza de un clavo de seis centavos. Incrustada en la segunda articulación de mi dedo medio, no se veía, pero yo tomaba conciencia de ella cada vez que doblaba el dedo, aun para sostener un lápiz. Mi mamá me había llevado al doctor para que me las quitaran, pero resultaron tercas. No hacían más que multiplicarse.

> Y dijo: "De cierto os digo que si no os volviereis y fuereis como niños, no entraréis en el reino de los cielos".
>
> ~MATEO 18, 3

Justo antes del fin de ese verano, sin embargo, algo pasó.

He olvidado todas las escuelas bíblicas vacacionales de mi vida menos ésa. En ella hice Biblias abiertas con barras de jabón Ivory y pequeñas alforjas de fieltro color café, y el último día me disfracé como el personaje de uno de los relatos de la semana. Me puse un abrigo de mi papá que me colgaba más allá de las rodillas, con las mangas enrolladas; una holgada camisa blanca, y pantalones enrollados y fijos con un cinturón. Era John Wesley, predicador itinerante.

Había mucho alboroto ese día, ya que todos nos habíamos disfrazado, pero, aun así, la maestra logró leernos una historia. Trataba de una curación, pedida por una persona común y corriente.

Yo nunca había hecho una oración personal. Jamás había reparado en que Dios podía interesarse en mí, una niña que no hacía sino exasperar a su mamá y pensar que las pistolas de fulminantes eran más divertidas que las muñecas y hacer ruido más entretenido que guardar silencio. Pero cuando volví a casa ese último día, busqué un lugar tranquilo para estar sola. Me puse de rodillas y pedí: "Señor, cura mis verrugas".

A la mañana siguiente, habían desaparecido.

Aún hoy me recuerdo viéndome al espejo del baño. Mirando mi cabello corto y mi fleco disparejo, y tocando con los dedos la suave piel bajo mis ojos. Acerqué la cara al espejo. Ni una verruga a la vista. Di un paso atrás y me examiné las puntas de las manos, revisando mis uñas.

Nada.

Sólo faltaba un sitio por inspeccionar.

Respiré hondo y volteé poco a poco la mano derecha, con la palma hacia arriba. Lo único que había era una articulación lisa, ningún rastro de mancha ni marca roja, sólo una piel pura y suave. Era como si la verruga no hubiera existido nunca. El amor de Dios me invadió.

Han pasado casi cincuenta años y ese recuerdo ha permanecido conmigo como un faro. Me he aferrado a él muchas veces.

Algunos podrían preguntar: "¿Por qué Dios habría de molestarse por unas pequeñas verrugas y no por las grandes heridas del mundo?".

¿Fue mi fe infantil? No lo creo. Creo que todo se debió a él. El Señor quiso que recordara siempre que las únicas cicatrices están en sus manos, no en las mías. Me ve como a una hija, perfecta. Hasta el día de hoy.

~Martha Moore

13

El milagro de Mariette Reis

En 1942, cuando yo tenía apenas seis años de edad, el mundo fuera de mi casa —en Winterslag, Bélgica, ocupada por los nazis— estaba lleno de peligros. Pero dentro, mis tres hermanos y yo nos sentíamos a salvo, en un capullo de felicidad y fe.

Éramos católicos devotos, y muy a menudo nos veíamos obligados a rendir culto en nuestro propio hogar. Durante la guerra había pocos curas disponibles para decir misa. Y aun si se oficiaba misa, era muy peligroso salir a la calle. Se sabía que las Juventudes Hitlerianas disparaban contra la gente sin razón alguna.

> Porque será medicina a tu ombligo, y tuétano a tus huesos.
>
> ~PROVERBIOS 3, 8

En nuestra casa, mi madre (llamada Mariette Reis) y mi abuela alentaban una gran devoción a los santos. Nos enseñaron que cada santo tenía una especialidad. Mi abuela nos visitaba en la fiesta de san Andrés e insistía en que las niñas le pidiéramos un buen marido. También pedíamos ayuda a san Antonio para encontrar objetos perdidos, y a mi favorita, santa Teresa, la Florecilla, para sobrellevar momentos difíciles.

Un día, mi mamá llevó a dar un paseo a mi hermanita, y se hizo una cortada en el dorso de la mano con la vieja carreola. La cortada se le infectó. Ella no se había recuperado todavía del parto, y estaba desnutrida a causa del racionamiento de comida por la guerra, así que su cuerpo no pudo combatir la infección, que se le extendió al brazo.

En ese tiempo no había antibióticos. Se aplicaron fomentos de agua caliente para eliminar la infección, pero la salud de mi madre no dejaba de deteriorarse. De la clínica local mandaron a una monja enfermera para que la cuidara, y nos diera de comer y aseara a los niños. Se trataba de una Hermana de la Caridad, de las que usan una inmensa cofia blanca. Era una mujer menuda que respondía al nombre de hermana Elizabeth; nosotros le decíamos hermana Babette.

Pese a los cuidados de la hermana Babette, se declaró la gangrena, y los tejidos del brazo de mi madre se agostaron. Le daba mucha fiebre, sufría delirios y cayó en coma. Mi papá nos pasó a verla un día y nos dijo que nos despidiéramos de ella, porque ya se iba al cielo. Me asusté al verla ahí acostada, sin moverse. ¡No quería perder a mi madre!

El doctor de mi mamá, el doctor Reynaert, tenía fama de ateo en la ciudad. Era un hombre grosero, inclinado a maldecir. Tras examinar a mi madre, decidió que tendría que amputarle el brazo para salvarle la vida. La operaría al día siguiente.

La hermana Babette se opuso:

—¡No puede hacer eso a una madre de cuatro hijos, uno de ellos de brazos todavía!

Pero el doctor se limitó a decir:

—Vendré mañana a amputarle el brazo.

Esa noche, la hermana Babette puso una imagen de fray Damián contra el brazo de mi madre y se lo vendó. Había crecido en Tremeloo, Bélgica, ciudad natal de fray Damián, así que había oído muchas veces la historia ejemplar de la vida de éste. Fray Damián tenía sólo treinta y tres años cuando viajó a la isla de Molokai, en Hawai, para atender a los leprosos exiliados en la ciudad de Kalawao. Cuidaba espiritual y físicamente de los enfermos. Literalmente, abrazaba a su grey. Cubría sus heridas, y los ungía en el sacramento de la extremaunción. Ayudaba con sus propias manos a sus feligreses a construir casas dignas. Hacía ataúdes para los muertos, y hasta cavaba sus tumbas. Pero contrajo lepra, y murió a los cuarenta y nueve años de edad.

A lo largo de los años, la hermana Babette había desarrollado una devoción especial por fray Damián. Así que esa noche, luego de vendar el brazo de mi madre con su imagen, le pidió que intercediera por ella.

El doctor Reynaert volvió a la mañana siguiente con material quirúrgico, incluida una sierra para cortar el brazo de mi mamá. Le quitó las vendas y, al ver la imagen, gritó:

—¿Qué diablos es esta porquería?

—Es fray Damián —respondió la hermana Babette.

El doctor retiró la imagen, pero la cara de Damián quedó grabada en el brazo de mi madre. Su herida estaba abierta, y la infección había drenado. La gangrena había desaparecido; los tejidos de su brazo estaban sanos.

El doctor Reynaert se dirigió a la hermana Babette:

—Bueno, parece que su santo surtió efecto.

Mi mamá estaba completamente curada. A partir de ese día llenó de música nuestra casa, tocando el piano. No había sufrido daño alguno.

Fray Damián no sólo curó a mi madre, sino que también tocó el corazón del doctor Reynaert. Éste proclamó por toda la ciudad que mi mamá había sido milagrosamente curada. Desde entonces, fue un feligrés regular de la Iglesia católica.

Terminada la guerra, en 1946 viajé con mi familia a Lovaina, Bélgica, sede de la orden religiosa de fray Damián. Me estremece recordar el pequeño cuarto que conocimos ahí, con pilas de muletas recargadas en el altar y paredes cubiertas de objetos de personas milagrosamente curadas por intercesión de fray Damián.

En Lovaina, mi madre fue interrogada por sacerdotes sobre el milagro que había recibido. Se presentaron documentos formales, firmados como testigos por la hermana Babette y el doctor Reynaert. La curación de mi mamá se convertiría en uno de los milagros oficialmente considerados en apoyo a la beatificación de fray Damián.

Llegará el día en que la Iglesia católica tendrá que reconocerlo. Pero desde la noche en que curó a mi madre, yo supe que fray Damián era un santo.

~Gisele Reis, entrevistada por Marie-Therese Miller

Nota de los editores: Fray Damián fue beatificado el 4 de junio de 1995 por el papa Juan Pablo II. El 1° de julio de 2009, el papa Benedicto XVI certificó el último milagro requerido para su santificación. Se le declaró santo el 11 de octubre de 2009.

14

Cinco semanas de vida

Es un melanoma maligno —dijo el doctor—. Le quedan cinco semanas de vida.

Ella tenía treinta años, y dos hijos menores de cinco. ¿Cómo había podido ocurrir esto? ¡Había hecho tantos planes! Tras renunciar a su carrera para quedarse en casa y cuidar de sus hijos, esperaba con ansia cada día para dedicárselo, enseñándoles a leer, jugando con ellos y haciéndoles sus galletas favoritas.

> Envió su palabra
> y curólos, y librólos
> de su ruina.
>
> ~SALMOS 107, 20

Y ahora esto.

Todos sus planes tendrían un abrupto fin en sólo cinco semanas.

Mi mamá perdería la vida.

Luego de una visita al dentista, había usado dos espejos para examinar el trabajo realizado, y al hacerlo descubrió un punto negro en su paladar. Preocupada, hizo una cita con el médico, quien le anunció:

—Me temo que tengo malas noticias, pero quiero que otro doctor confirme mi diagnóstico.

La segunda consulta reveló lo peor. El médico se sentó a su lado, puso sus manos en las rodillas de ella y dijo:

—Es un melanoma maligno, y no es tratable a causa del lugar donde se encuentra. No podemos quitarlo todo ni hacer quimioterapia. Operaremos de inmediato para sacar el área dañada, con la esperanza de que no se haya extendido. El diagnóstico no es bueno, JoAnn. Le quedan cinco semanas de vida.

Mamá y papá salieron a cenar esa noche, y tuvieron que tocar el estrujante tema de cómo creceríamos mi hermano y yo sin ella. Luego empezaron a planear su entierro. Prepararon todo lo necesario para las cinco semanas siguientes.

Pero dejaron en segundo plano la importancia de rezar durante ese periodo. Mi mamá se había convertido al cristianismo apenas un año antes, y no entendía del todo lo importante que era la oración, o cómo operaba. Como dice ella misma: "Ésta es la parte en que Dios se hizo cargo de mí, cuando yo no sabía qué hacer".

La mañana en que la operaron, y antes de salir para el hospital, mi mamá recibió una llamada de su amiga Neva, quien le leyó por teléfono Isaías 43, 5: "No temas, porque yo estoy contigo". Mamá se aferró a este pasaje bíblico durante el trayecto al hospital, y por los pasillos hasta la sala de operaciones. Una vez ahí, recitó callada y repetidamente el salmo 23, porque era lo único que recordaba de su infancia: "El Señor es mi pastor, nada me falta. En verdes praderas me hace recostar, me conduce junto a aguas tranquilas, y conforta mi alma. [...] Aunque camine por un valle de sombras, nada temeré"... hasta que la anestesia hizo su efecto.

Cuando mamá salió de su cirugía, el doctor dijo que tendría muchas molestias y no podría comer sólidos en varios días. Milagrosamente, menos de una hora después ingirió una comida sólida completa. El médico se sorprendió, y no sería la última vez que lo haría.

Días más tarde, mi mamá se presentó en el consultorio para una revisión postoperatoria. El doctor, de modales ásperos en el hospital, entró silenciosamente a la sala, se sentó junto a ella y dijo:

—No puedo creer lo que voy a decirle. Hay sólo una respuesta para esto.

Señaló al cielo y volteó hacia ella con lágrimas en los ojos.

—Repetimos las pruebas y no hay el menor indicio de un tumor maligno, ni de que lo haya habido. JoAnn, su cáncer se ha esfumado. Antes yo no creía en milagros, pero ahora sí.

¡Y toda mi familia también!

Esto ocurrió hace más de treinta años, durante los cuales hemos leído muchos libros, jugado mucho y comido incontables galletas. Y en estos treinta años, mamá ha terminado por comprender el poder de la oración, y la realidad de los milagros.

~Heidi J. Krumenauer

15

Problemas cardiacos

"Las pruebas indican que usted tiene un soplo en el corazón. ¿Alguna vez se le había diagnosticado esto?"

—No, doctor. No sé qué es.

—Se trata básicamente de un latido irregular. Veo en su expediente que está recuperándose de la drogadicción. ¿Cuánto tiempo lleva limpia?

—Dos semanas.

—Bueno. Sé que puede ser difícil. ¿Y con qué se drogaba?

> Sáname, oh, Jehová,
> y seré sano; sálvame,
> y seré salvo: porque tú
> eres mi alabanza.
>
> ~JEREMÍAS 17, 14

—Con mariguana y cocaína.

Hizo una pausa mientras bajaba las cejas y apretaba los labios.

—Se sabe que inhalar grandes cantidades de cocaína puede causar un latido irregular. ¿Está tomando algún medicamento?

—Sí: antidepresivos, analgésicos para el dolor de cabeza, pastillas para dormir y una medicina para la presión arterial.

—Es bastante. No hay nada que yo pueda recetarle, de todas maneras. Lo único que haremos será monitorear esto. Antes de irse, haga una cita para el mes próximo.

Al salir del consultorio, pensé en las consecuencias que habría tenido que enfrentar si hubiera seguido abusando de las drogas. Alejarme de ellas en las últimas semanas me había costado como casi ninguna otra cosa en la vida. Pero estaba satisfecha de haber llegado tan lejos. Mi anterior intento de dejar las drogas había durado seis días, así que catorce eran toda una hazaña.

Llevaba algún tiempo asistiendo a reuniones de Narcóticos Anónimos (NA), y hacía todo lo posible por cumplir la sugerencia de mi asesora de noventa reuniones en noventa días. Cuando le llamé, ella me dijo que esa noche asistiría a una reunión cristiana de recuperación.

—¿Te gustaría acompañarme? Dan de cenar, y puedes llevar tu Biblia.

—Me encantará ir contigo.

Yo tenía muchas ganas de una cosa así, porque en las reuniones de NA usaban el término Poder Superior para hablar de Dios. Yo quería hablar libremente de Dios como mi Poder Superior sin sentir que ofendía a alguien.

Nos vimos frente a un edificio a espaldas de la iglesia donde se celebraría la junta. Biblia en mano, conocí a quienes esperaban afuera con gran expectación. Todos parecían amables, y me dieron una bienvenida cordial. Había gente por todas partes, poniéndose al día con amigos y cargando platillos para compartir con el grupo. Todos llevaban impresa en el rostro su historia. Quizá parecían abatidos y destrozados por fuera, pero desde dentro de cada uno de ellos irradiaba una luz. Yo quería esa luz.

Luego de presentarme y hacer partícipes a todos de cuántos días llevaba libre de drogas, me senté y escuché. Sentados en círculo, los asistentes se turnaron para explicar cómo los había ayudado Dios en los momentos más difíciles de su recuperación. Me sentí muy a gusto, en mi elemento. Y aunque esa noche no hablé, estaba segura de que volvería.

Por un tiempo seguí asistiendo a las reuniones de NA tanto como a las cristianas, pero me sentía dividida entre la necesidad de recibir mis llaveros por asistir a NA y la de declarar el nombre de Dios en voz alta. Al final llegué a la conclusión de que no tenía nada de malo que continuara asistiendo a ambas. Cada vez conocía mejor la palabra de Dios, y preguntaba cuando no entendía. Sabía que necesitaba esa palabra para mantenerme lejos de la hierba. Y con cada reunión en la iglesia, ahondaba más en la palabra de Dios.

Una noche, un tal Chuck dio testimonio sobre lo que Dios había hecho en su vida. Pidió que rezáramos por él porque estaba a punto de viajar a una misión en el extranjero. A él mismo le parecía increíble que su vida hubiera cambiado tanto. Había pasado de usar a ser usado. Todos oramos por él, y elogiamos el hecho de que se pusiera a disposición del plan de Dios.

Al terminar esa sesión, mi asesora le pidió a Chuck que orara por ella. Le dolía el cuerpo, y sabía que él tenía el don de la curación. Yo me senté y esperé pacientemente, sin saber qué pensar.

Él sacó un frasquito y vació en sus manos parte de su contenido dorado. Luego posó una mano en la cabeza de ella y levantó la otra al cielo. Cerró los ojos y habló con Dios con entera confianza.

Mi asesora se balanceaba mientras algunas lágrimas rodaban por sus mejillas. Yo no sabía qué pasaba, pero me parecía completamente real. Segundos después, ella cayó al suelo. Permaneció ahí un minuto. Y luego de un minuto más, otra persona y yo la ayudamos a levantarse.

Ella sonrió y dijo:

—Sé que ya estoy curada.

Yo quería eso mismo. Quería ser curada. Así que me acerqué a Chuck.

—¿Orarías por mí?

Él contestó sin vacilar:

—¡Claro!

Tomó su frasco y me preguntó:

—¿Cuál es tu problema de salud?

—Tengo un soplo en el corazón.

—Está bien. Oremos.

De nuevo alzó una mano al cielo, y puso la otra en mi corazón. Yo no sabía qué iba a pasar, pero mantenía una actitud abierta. Al principio estaba muy tensa. Luego sentí que mi cuerpo empezaba a mecerse en pequeños círculos, aunque mis piernas se resistían a moverse. Oí que mi asesora me decía:

—¡Suéltate, Keisha! ¡Confía en Dios! ¡Suéltate!

Antes de darme cuenta, mis piernas cedieron y caí. No veía nada, más que un rayo de luz que casi me cegó. Me senté, pero después permanecí inmóvil. Lo percibía todo. Sentía a Dios a mi alrededor. Tuve paz, y me sentí renovada. De repente me paré y miré a mi asesora.

—¿Qué me pasó?

—Experimentaste una muerte espiritual. Voy a decirte lo que alguien me dijo una vez: busca en las Escrituras, estúdialas y pide entenderlas. Disfruta y acepta asimismo la poderosa capacidad curativa de Dios.

Esa noche nadie me habría podido separar de mi Biblia. Recé y lloré, lloré y recé. Al día siguiente llamé al consultorio para confirmar mi cita. Ansiaba saber si habían detectado el latido irregular. En el fondo de mi corazón sabía que ya no estaba ahí; sólo quería la prueba en papel. Antes de la cita, incluso, les dije a todos que había sido curada de un soplo en el corazón, y que la experiencia había sido increíble.

A fines de esa semana estaba en el consultorio, esperando los resultados. El doctor entró a la oficina con mi expediente en la mano y una sonrisa en el rostro. Me dijo lo que yo ya sabía:

—Bueno, Keisha, no aparece un solo soplo en el electrocardiograma. Sucedió en cuestión de semanas. Es increíble.

—Dios es así —repuse sonriendo—. Increíble.

~Keisha Bass

16

Niña milagro en préstamo

La enfermera pediátrica corrió por el pasillo gritando en holandés:
—¡Niña en estado crítico! ¡Niña en estado crítico! ¡Urge el pediatra!

Sentí tristeza por la pobre madre de esa chiquilla. En cuestión de minutos, varias enfermeras y el pediatra entraron de prisa a la sala de reconocimiento médico donde se encontraba mi niña. Sólo entonces me di cuenta de que Olivia, mi hija, de cinco años de edad, era la niña en estado crítico, y yo aquella pobre madre.

A la luz de la gravedad de Olivia, el especialista optó por una dolorosa punción lumbar. Yo intenté contener el pánico y comencé el primero de innumerables rezos desesperados por la vida de mi pequeña.

> Tú eres el Dios que hace maravillas: tú hiciste notoria en los pueblos tu fortaleza.
>
> ~SALMOS 77, 14

Frank, mi esposo, llegó en medio de todo ese caos. Su presencia hizo que la situación pareciera mucho más real. Nos abrazamos, y cada uno ocultó su miedo en los brazos del otro. Nuestra hija se retorcía de dolor, y lo único que podíamos hacer mientras le ponían los antibióticos intravenosos era esperar y orar. No le administrarían analgésicos hasta que el diagnóstico fuera definitivo.

Cuando el doctor regresó a la sala, evitó todo contacto visual con nosotros. Parecía no vernos y asomarse por la ventana mientras nos daba la noticia. Aunque yo entendía un poco de holandés, Frank me lo repitió todo en inglés:

—Olivia tiene meningitis bacterial. Su enfermedad se llama HIB, y comenzarán a darle esteroides, analgésicos y un antibiótico específico para atacar la bacteria de inmediato. Ella podría terminar necesitando oxígeno, y sus riñones podrían dejar de funcionar. Puede acabar ciega o sorda.

Apenas si pudo pronunciar estas últimas palabras.

"¡Esto no está ocurriendo, Señor! ¡Sácame de esta pesadilla!", fue lo único que pude pensar. Quería dar marcha atrás al reloj. ¿Qué podría haber hecho de otra manera para evitar este resultado? Podrías, habrías, deberías… ¿Cómo había sido posible que Olivia se enfermara tanto? ¿Por qué esto tenía que suceder apenas seis semanas después de habernos mudado a un nuevo país? ¿Por qué no pasó en Estados Unidos, donde yo hablaba el idioma y entendía el sistema de salud? Aquí no teníamos amigos, ni iglesia, ni redes de ninguna clase.

El pánico me atravesó como un cuchillo. Frank me envolvió en un fuerte abrazo. Nuestro temor e incredulidad nos unían. Lo miré y me pregunté si sería lo bastante fuerte para sobrevivir al deceso de Olivia… o a su recuperación.

Frank se marchó a hacer las temidas llamadas internacionales mientras yo permanecía junto a la cama de Olivia. Me sentí muy sola.

Bombardearon el diminuto cuerpo de mi hija con más antibióticos, esteroides y analgésicos. Hacían cuanto podían, pero el pronóstico era sombrío. Su estado era demasiado crítico para transferirla a un hospital especializado en niños; no sobreviviría al traslado.

Olivia se quejaba de dolor y parecía seminconsciente. Oscuras medias lunas ensombrecían sus ojos, y sus labios resecos permanecían parcialmente abiertos. Retiré de su frente mechones ralos de cabello rubio. Ella me miró con ojos vidriosos como de cachorro, pidiéndome hacer algo.

—Te quiero mucho, Livvy. Voy a estar contigo. No me separaré de ti.

Eso era lo más que podía ofrecerle.

A media noche, mientras veía sufrir a Olivia sin poder hacer nada, le pedí a Dios que se la llevara pronto o la curara. Justo en ese momento, experimenté una revelación que cambió mi vida: Olivia no era mía, sino del Señor. Era hija suya, y él tenía completa soberanía sobre su vida. Nosotros simplemente la habíamos recibido en préstamo. Supe al instante que Dios me concedería el favor que le había pedido: Olivia viviría. A partir de entonces, en efecto, mostró una mejoría gradual.

Las oraciones de nuestros amigos y familiares al otro lado del océano nos hicieron sentirnos apoyados. Experimentamos una fuerza y una paz que no habíamos tenido hasta ese momento.

Luego de un mes en el hospital, Olivia volvió a casa, sin poder caminar, con sordera parcial en un oído y pesando apenas dieciocho kilos. Varias veces al día la aquejaban severos dolores de cabeza que desencadenaban ataques de gritos y llanto. El progreso era lento, pero ella estaba viva. Con eso nos bastaba.

En agosto, cuatro meses después de su salida del hospital, viajamos al sur de Francia en busca de una muy necesitada luz solar. También decidimos visitar Lourdes, donde en 1858 la Virgen María se apareció dieciocho veces a Bernadette Soubirous, campesina de catorce años de edad. Olivia sabía de las miles de curaciones milagrosas ocurridas desde entonces ahí, e insistió en meterse a los baños curativos. Le explicamos que seguramente habría que esperar mucho tiempo, ya que a ese lugar acudían numerosos enfermos en camillas y sillas de ruedas. Pero ella no se inmutó; esperaba una curación completa.

Aguardamos nuestro turno más de dos horas. Como niña larguirucha de cinco años, Olivia parecía algo extraña esperando en una carreola, pero no le importó. La atmósfera era tranquila y serena cuando llegó su turno, y los ayudantes susurraron oraciones en francés mientras la sumergían en la tina de piedra.

Al salir del agua, Olivia declaró:

—¡Esta agua está bendita! Dios me ha curado.

Y así fue.

Días más tarde, ella empezó a mantener erguida la cabeza y a caminar mejor. Cuando regresamos a Holanda, el terapeuta nos informó que su memoria a corto plazo había vuelto a la normalidad. Sus dolores de cabeza desaparecieron, así como sus rabietas. Para gran sorpresa del especialista del oído, su "permanente" pérdida de audición cedió, al grado de que este sentido volvió a ser completamente normal.

Olivia pasó un mes tras otro asistiendo a terapia física para caminar de nuevo y afinar su habilidad motriz. Recibió terapia del lenguaje para acelerar su aprendizaje del holandés. En febrero pasó con puros dieces las pruebas holandesas estándar de finalización del kínder.

Hoy, once años después, Olivia es una brillante y entusiasta estudiante de dieciséis años de edad a la que le gusta cantar, tocar guitarra clásica y tomar helado. Nosotros valoramos enormemente cada momento de la vida preciosa de nuestra niña milagro en préstamo.

~Johnna Stein

17

Baby Loren

Baby Loren nació en París, Francia. Menos de una hora después, se le trasladó a toda prisa a la unidad neonatal de cuidados intensivos (UNCI), con un ritmo cardiaco de doscientos ochenta latidos por minuto, el doble de lo normal. Un pulso tan alto termina por provocar que, exhausto, el corazón se detenga.

El corazón de Loren fue cardiovertido, o sometido a terapia de choque, para forzarlo a recuperar su ritmo normal. Ella fue puesta después bajo tratamiento intravenoso para mantener su pulso en el nivel normal. Sin embargo, no respondía a ningún medicamento, y en su primer mes de vida recibió cardioversión varias veces al día.

Luego de un mes en la NICU con un pulso rápido, letal e incontrolable, sus doctores decidieron mandarla al Hospital Infantil de Texas, en Houston.

> Y luego que vio a Jesús, se postró a sus pies y le rogaba mucho, diciendo: "Mi hija está a la muerte; ven y pondrás las manos sobre ella para que sea salva, y vivirá".
>
> ~MARCOS 5, 22-23

La bebé fue trasladada en avión e ingresada en la unidad pediátrica de cuidados intensivos, la cual sería su hogar en las cuatro o cinco semanas siguientes. El laboratorio de cateterización cardiaca descubrió la causa de su acelerado ritmo cardiaco, aunque durante el procedimiento se le sometió muchas veces más a tratamiento de choque. El diagnóstico: tumores cardiacos múltiples. Se programó entonces una operación a corazón abierto, sumamente riesgosa a causa no sólo de la reducida masa corporal de Loren, sino también de que este tipo de cirugía se había hecho pocas veces en el pasado. Había que extirpar parte del músculo cardiaco para poder eliminar los tumores.

Baby Loren entró a cirugía la mañana del viernes siguiente, a menos de una semana de haber llegado al Hospital Infantil de Texas. Yo emprendí ese día mis labores a cargo de los niños que ingresaban a la clínica cardiaca. Pero no dejaba de pensar en Baby Loren, y durante todo mi turno elevé oraciones por ella.

Los padres de la bebé permanecían en su hotel. Cuando la niña nació, les dijeron que las posibilidades de que sobreviviera eran muy reducidas. Volaron con ella, la internaron en el hospital y se marcharon a un hotel. Yo sabía que algunos padres sencillamente no soportaban el dolor. Los de Loren le llamaban al médico de vez en cuando, pero no regresaron al hospital en una semana.

A las tres de la tarde del día de la cirugía, el cardiólogo pediátrico salió de la sala de operaciones y me ordenó llamar a los padres de Loren para que vinieran. Me dijo que se había extirpado cerca de cuarenta por ciento del músculo cardiaco de la niña para tratar de retirar sus tumores. Añadió que nunca podría quitársele a Baby Loren la bomba de *bypass* corazón-pulmon que había permitido que su sangre continuara circulando por su cuerpo y pulmones mientras su corazón había estado abierto.

Llamé a los padres de Baby Loren, a quienes dije muy poco sobre la gravedad de la niña, sólo que no se encontraba bien y debían presentarse en el hospital.

En cuanto colgué, el cardiólogo pediatra se me acercó, agachando la cabeza, y me dijo:

—No pueden quitarle la bomba. Así que van a tener que desconectar todo y dejarla ir.

Entonces me dirigí a un antiguo clóset de utensilios de aseo que había sido convertido en baño, donde pasaba muchos minutos del día rezando por los niños enfermos y sus desconsolados padres. Ahí, rodeada de jabones, antiséptico y toallas de papel, recé fervorosamente, pidiendo a Dios que le diera a Loren la oportunidad de saber qué era vivir fuera de un hospital, sin dolor y en compañía de sus padres, quienes la abrazarían y besarían.

Yo estuve presente cuando Loren llegó a la sala de recuperación de corazón abierto, donde tubos y cables cubrían su cuerpo. Apenas si pude distinguirla en medio de los doctores y enfermeras que la rodeaban, pero vi un latido en el monitor. Aún vivía.

La enfermera quirúrgica informó que cuando a Baby Loren se le quitó la bomba de *bypass* corazón-pulmón, no tenía presión arterial. Pero después, mientras le ponían las últimas suturas, y en forma inesperada, su presión aumentó poco a poco a un intervalo aceptable. Su corazón empezó a latir entonces por sí solo. El pulso no era acelerado, sino regular y normal.

En ese momento entró a la sala de recuperación el jefe de cirugía, quien llamó a todos los médicos y enfermeras junto a la cama de Loren.

—Quiero que todos sean testigos de un milagro. Esta niña no debería estar viva. Alguien cuida de ella.

Al paso de los días, Baby Loren se fortaleció y empezó a actuar como una bebé normal. Tras un mes en nuestro hospital, sus padres vinieron a recogerla para llevarla a casa. Fue maravilloso verla cargada y abrazada por su mamá y su papá después de casi tres meses de vivir con tubos, agujas y cables.

Cuando los vi salir del hospital, reparé en que Dios me había concedido el favor que le pedí en el baño, justo como se lo formulé. Baby Loren se iba a vivir a su casa. Ya no sufría, y salía acompañada por sus amorosos padres.

~Kim D. Armstrong

18

Milagro de fin de semana

Esa mañana de viernes, Louis, mi esposo, y yo esperábamos en el consultorio a ser recibidos por el médico. Éste había curado una rasgadura enorme en la retina de Louis, pero la curación se resistía a cicatrizar. Esto nos inquietaba mucho, porque el papá de Louis se había quedado ciego justo por la misma causa.

Sáname, oh, Jehová, y seré sano; sálvame, y seré salvo: porque tú eres mi alabanza.

~JEREMÍAS 17, 14

—No te preocupes —le dije a Louis para tranquilizarlo—. Seguramente la herida ya cicatrizó.

Pero estaba equivocada. Minutos después, el doctor examinó el ojo de Louis y dijo:

—Tendré que operarlo el próximo lunes y volver a entrar en ese ojo. —Sacudió la cabeza—. Lamento tener que hacerlo, pero ya esperé la cicatrización lo más que pude. Aparte, la curación está empezando a abrirse.

Respiró hondo.

—Siga comiendo alimentos con alto contenido de proteínas, y duerma lo más posible este fin de semana. Dudo que su ojo cicatrice de aquí al lunes si no lo ha hecho hasta ahora. Pero venga a verme el lunes a las nueve, para revisarlo por última vez antes de la operación. Cuando una misma curación de retina necesita una segunda cirugía, a veces la visión se reduce de manera considerable, aun si todo marcha a la perfección.

Vi que los hombros de Louis se tensaban.

Camino a casa, mi esposo decidió llamar a los miembros del grupo de adultos de la escuela dominical que él dirigía, para pedirles que rezaran por que su ojo hubiera cicatrizado para el lunes.

Luego me dijo:

—¿Sabes qué? Por primera vez en mi vida me gustaría que me hicieran una imposición de manos, pero sé que nuestra iglesia y nuestro pastor no han participado nunca en una curación de fe.

—¡Pero el pastor te impondría las manos si se lo pidieras! —repuse.

—Sí —dijo él—. Es tan considerado que no se negaría a hacerlo, pero no me gustaría presionarlo.

Al llegar a casa, nos arrodillamos junto a la cama y pedimos fervientemente a Dios una curación milagrosa de ese ojo. Yo le pedí también que Louis pudiera dormir, pese a la incómoda posición que debía mantener para facilitar la curación.

—En cuanto me ponga la piyama, voy a llamarle al jefe de grupo de la escuela dominical para que corra la voz de las oraciones que necesitamos —me dijo Louis.

Pero antes de que pudiera hacer tal cosa, sonó el teléfono. Era Robbie, de la escuela dominical.

—Los de la compañía me dejaron anoche medio *roast beef*, y pensé que les podría servir a ustedes. Si es así, puedo llevárselo de una vez —explicó—. Es demasiado para mí sola.

¿Cómo sabía ella que Louis necesitaba proteínas?

Yo colgaba apenas el teléfono cuando sonó el timbre. Abrí la puerta, y ahí estaban Red y Lucy, también de la escuela dominical. "Pero si aún no le hemos llamado a nadie del grupo", pensé.

Red dijo:

—Hacía mis maletas para un viaje de negocios y se me ocurrió venir a ver a Louis, así que se lo dije a Lucy y aquí estamos. ¿Cómo les ha ido?

Robbie llegó con el *roast beef* justo cuando el pastor y su esposa también arribaban a nuestra casa.

—Tuvimos una fuerte sensación de que Louis nos necesitaba —explicó el pastor.

Una vez que Louis y yo explicamos la situación a los recién llegados, el pastor dijo:

—Unamos nuestras manos en torno a la cabecera de la cama para rodear de amor a Louis, y pidamos que su herida cicatrice.

Todos cerramos los ojos. El pastor dirigió entonces una oración maravillosa, a la que cada uno contribuyó antes de que el pastor la finalizara.

Yo estuve a punto de pedirle que impusiera sus manos sobre Louis, pero no quise contrariar la decisión de mi marido.

Mientras Robbie rebanaba y calentaba el *roast beef* para hacerle un sándwich a Louis, yo acompañé al pastor y su esposa a su coche. Le agradecí a él la fabulosa oración que había pronunciado, y le confesé que había estado a punto de pedirle una imposición de manos.

Él dio un salto y me miró, gratamente sorprendido.

—¡Increíble! —exclamó—. ¡Porque, en efecto, impuse las manos en el ojo de Louis! Sentí un intenso deseo de hacerlo, así que solté su mano y uní las mías sobre su ojo mientras orábamos. Fue una sensación magnífica.

Volví corriendo al lado de Louis. Lágrimas de felicidad brotaban de sus ojos cuando me dijo:

—¡El pastor hizo imposición de manos en mi ojo! Quiero que sepas que jamás me había sentido tan contento como ahora que he pedido por mi curación, se logre ésta o no.

Esa espléndida serie de bendiciones misteriosas iniciadas con la llamada telefónica de Robbie no pararon ahí. El resto del fin de semana Louis "cayó en un sueño profundo", como dice la Biblia varias veces, pese a la incómoda posición que tenía que guardar. Del mediodía del viernes a la mañana del lunes sólo despertó cuando yo le llevaba de comer. En cuanto yo atravesaba el umbral de la recámara, él despertaba y se incorporaba. Usaba la toallita caliente que yo le llevaba, tomaba el plato rico en proteínas, comía y se volvía a dormir de inmediato.

El lunes en la mañana, nuestro maravilloso doctor dijo:

—Bueno, es imposible que la herida haya cicatrizado el fin de semana, pero no puedo menos que revisarla, así que veamos.

Inclinó la cabeza sobre Louis para examinar su ojo.

De pronto se enderezó, volvió a mirar y gritó a su enfermera, en el cuarto de al lado:

—¡Cancele la operación! ¡Esto es un milagro! ¡La curación cicatrizó por completo!

~Jeanne Hill

19

El cuarto vacío

Un viernes de julio por la mañana, llegamos inesperadamente a casa de mi papá, en Browerville, Minnesota. Yo le conté que Vaughn, mi hijo, de dieciocho años de edad, había decidido quedarse en casa con sus amigos y trabajar en vez de asistir a nuestra reunión familiar.

Sonó el teléfono.

Expliqué entonces por qué habíamos llegado a casa de mi papá en lugar de cumplir nuestro plan original. En el viaje desde Fort Collins, Colorado, nuestra casa rodante, de ocho y medio metros de largo, comenzó a sobrecalentarse cada vez que manejábamos a más de ochenta kilómetros por hora. Se apagaba y no volvía a arrancar hasta enfriarse. Dejamos a mi anciana suegra en una ciudad cercana, en casa de su hermano. Cuando llegamos con nuestros anfitriones, no estaban en casa, así que vinimos con mi papá.

> Y en la fe de su nombre, a éste que vosotros veis y conocéis, ha confirmado su nombre; y la fe que por él es, ha dado a éste esta completa sanidad en presencia de todos vosotros.
>
> ~HECHOS 3, 16

El teléfono sonó otra vez.

Contestó mi padre:

—Es un milagro que los hayas encontrado aquí. No los esperaba el día de hoy.

Me pasó el teléfono.

Mi hija, estudiante de la University of Northern Colorado, en Greeley, estaba llorando.

—¡Acaban de hablarme del hospital, mamá! ¡Vaughn tuvo un accidente en su motocicleta! Lo están operando de emergencia, y los de la compañía de seguros dicen que debo tener tu autorización para firmar todos los papeles. ¡Y él va a necesitar más operaciones!

Me desplomé en la silla más cercana.

—Espera un momento. ¿Qué accidente? ¿Qué operaciones?

—Vaughn fue a desayunar a Estes Park en su moto. De regreso tomó un camino de grava y derrapó en un puente. Lo están operando de emergencia, y va necesitar muchas operaciones más.

No lo pensamos dos veces cuando Vaughn nos pidió quedarse en casa. Después de todo, era un estudiante responsable del último año de preparatoria.

—Todo está muy mal aquí. ¡Tienes que volver! —me rogó mi hija.

—Vamos para allá.

Colgué temblando. Me enjugué las lágrimas mientras transmitía el mensaje al padre de mi hija, y me puse a rezar.

La mente de reloj de Gordon señaló de inmediato todo lo que teníamos que hacer: llamar al hospital, empacar, recoger a mamá… ¡RÁPIDO!

Pero ni mamá ni su hermano salieron a la puerta. Nunca sabré cómo dimos al primer intento con el restaurante indicado y los encontramos.

Gracias a que hicimos de noche la mayor parte del trayecto, evitamos que el coche casa se sobrecalentara. Yo llamé al hospital cada vez que nos detuvimos a cargar gasolina.

—Sigue en cirugía.

Más tarde me dijeron:

—Está registrado en estado crítico.

A ciento cincuenta kilómetros de casa, nuestro vehículo comenzó a cascabelear y se paró.

—Nunca antes me había quedado sin gasolina —dijo Gordon, golpeando el volante con una mano y encogiéndose de hombros.

En cuanto hicimos alto, alguien tocó en la ventana del conductor.

—¿Necesita ayuda? —preguntó un desconocido.

Él mismo llevó y trajo a Gordon de la gasolinería.

Mi esposo me comentó sorprendido:

—El dependiente me prestó una lata, la llenó de gasolina y me dijo que le pagara al regresar.

Milagrosamente, la casa rodante arrancó. Desde la gasolinería volví a llamar al hospital.

—Sigue en estado crítico.

Cerré entonces la puerta de la recámara de la casa rodante, me arrodillé y seguí con mis oraciones.

Llegamos al estacionamiento del hospital de Fort Collins el sábado a la una de la tarde, y entre un apretado grupo de estudiantes de preparatoria nos abrimos paso hasta el cuarto de Vaughn.

El doctor nos explicó:

—Le quitamos el bazo, remediamos un fémur roto y curamos otros órganos.

Habían vendado también sus costillas fracturadas y limpiado su sangre con casi cuatro litros de donaciones.

—Le estamos dando todas las medicinas posibles para mantenerlo vivo.

Vaughn despertó y se puso muy contento al vernos. Más tarde me dijo:

—Mamá, tócame el estómago.

Su hinchado abdomen, duro como una roca, nos alertó de más problemas.

En cuestión de minutos, varios médicos llegaron corriendo a su cuarto.

—¡Vaughn necesita otra operación ahora mismo! ¡Podría morir de una hemorragia interna!

Se lo llevaron corriendo.

Después de la operación, cayó en coma.

—Las medicinas no parecen dar resultado —dijo el doctor—. Si durante la noche no hay un cambio radical, me temo que quedan pocas esperanzas.

Gordon y yo nos sentamos junto a la cama con Michael, el "hermano de sangre" de Vaughn. Gordon no dejaba de cabecear. Le moví el hombro.

—¿Por qué no vas a casa a descansar un poco? Michael y yo nos quedaremos aquí.

Gordon se despidió con un abrazo y prometió que me relevaría más tarde.

En medio de cables y tubos, besé la frente de mi hijo y recé como no lo había hecho nunca.

A las dos o tres de la mañana me sentí sofocada en ese cuarto sombrío y mortecino lleno de ruidosos monitores. Antes de irse, el cura me había dicho:

—Dejo hostias en la capilla.

Como ministra eucarística, yo conocía el protocolo. Corrí a la capilla, hallé las hostias y deposité una en la palma de mi mano.

De vuelta en el cuarto de Vaughn, le dije a Michael:

—Los médicos ya hicieron todo lo posible. El resto le toca a Dios.

Confiando en el milagro de la eucaristía, partí la hostia en tres pedazos. Puse uno en la lengua de mi hijo comatoso, le di el segundo a Michael y puse el último en mi boca y recé: "¿Curarás tú a Vaughn, Señor? Los doctores no pueden. ¡Encárgate tú de hacerlo, por favor, para que podamos recuperar a nuestro hijo!".

Habiendo hecho cuanto podíamos, Michael y yo nos fuimos a casa. Le conté a Gordon lo que había hecho. Él se bañó y partió al hospital para remplazarme.

Apenas me había cambiado de ropa cuando llamó:

—¡Regresa! ¡Rápido!

Imaginé lo peor.

—Al entrar al cuarto de Vaughn —me dijo—, lo encontré vacío, con apenas una sábana.

Me derrumbé en una silla; los sollozos me ahogaron.

—Me aterré —continuó—. Creí que nuestro Vaughn había muerto.

Apreté el teléfono con ambas manos.

—¿Cómo que creíste?

Él contestó:

—Un grito escapó de mi garganta y caí de rodillas. Luego salí de la habitación, y fue entonces cuando vi el milagro.

—¿Qué milagro? —tartamudeé.

—Vaughn empujaba el soporte de suero en el pasillo, sin estar conectado a ningún monitor. Una enfermera caminaba a su lado. Ella lamentó que no se hubiera grabado en video la rápida recuperación de nuestro hijo, porque aquí no se la pueden explicar.

Yo sí puedo.

~Elaine Hanson, entrevistada por Linda Osmundson

20

Atrapado bajo una lápida

"¡Mamá!"

El grito de Blake, mi hija, de seis años de edad, hizo trizas la tranquilidad de esa tarde de marzo.

Por alguna razón, supe que no era uno de sus arrebatos de "Ven a ver lo que encontré" o "¡Mira a mi hermano!". Pasaba algo malo. Muy malo. Con el corazón latiéndome a toda prisa, salí disparada al rincón del jardín donde los niños habían estado jugando. Nada habría podido prepararme para lo que vi.

> "Mas yo haré venir sanidad para ti y te sanaré de tus heridas",
> dice Jehová.
>
> ~JEREMÍAS 30, 17

Matthew, mi hijo, de dos años, estaba tirado en la hierba húmeda bajo una lápida de diez centímetros de grosor. Tenía la cabeza encajada en el suelo por la enorme losa de granito. No se movía ni hacía ruido.

—¡No, Señor, por favor! —imploré en voz alta—. ¡Esto no puede estar pasando! ¡Que sea una pesadilla, por favor! ¡Tim! —le grité a mi esposo—. ¡Apúrate!

Tim saltó la cerca de baja altura que rodeaba al cementerio. Aunque es grande y fuerte —de casi dos metros de estatura y ciento diez kilos de peso—, parecía imposible que un hombre fuera capaz de mover ese epitafio inmenso. Pero de un solo empujón cargado de adrenalina, Tim libró a Matthew de la lápida. Luego corrió a la casa y al teléfono.

Yo levanté a mi hijo del suelo frío y cargué su cuerpo flácido en mis brazos. Tenía cerrados los ojos y respiraba con dificultad. Había sangre en su nariz, ojos y boca.

—¡No te mueras! —supliqué, abrazándolo fuerte—. ¡Por favor no te mueras, Matthew!

Ese día de marzo había traído consigo las primeras temperaturas cálidas del año, y la fiebre de primavera había contagiado fuerte a mi familia. Yo me puse a lavar las ventanas mientras los niños jugaban afuera. Tim declaró que era una tarde perfecta para pintar unos viejos muebles de mimbre. Sabiendo que pintura fresca y niños no combinan, yo había alejado de la tentación a Blake y Matthew.

—¿Está bien si jugamos en el panteón? —había preguntado Blake. Yo asentí con la cabeza.

El cementerio había sido una fuente de fascinación desde que, un par de años antes, compramos una propiedad rural de dos hectáreas. Abandonado y lleno de maleza, nadie sabía quién debía mantener sus tumbas, de los siglos XVIII y XIX. Así, nos convertimos en sus cuidadores extraoficiales. A veces caminábamos entre las tumbas, leyendo las inscripciones en las lápidas. A Blake le intrigaba mucho la gran cantidad de tumbas de infantes.

—¿Por qué antes morían tantos niños? —preguntó.

—Porque entonces no había tan buena atención médica como ahora —expliqué.

Estas palabras regresaron a mí mientras cargaba el débil cuerpo de Matthew. En un siglo lleno de milagros médicos, ¿podrían los doctores curar un cuerpecito cuya cabeza había sido aplastada por una lápida? ¿Él viviría incluso lo suficiente para llegar al hospital donde ellos podrían intentarlo?

Cerré los ojos y empecé a rezar otra vez: "¡Que Matthew viva, Señor, por favor! ¡No te lleves a mi hijo!".

Cuando abrí los ojos, una extraña paz descendió sobre mí. "Ten fe. Todo va a estar bien. Matthew está en mis manos." Estas palabras inundaron mi corazón mientras yo acariciaba el suave cabello de mi pequeño y esperaba la llegada del personal de emergencia. "Ten fe."

Un helicóptero de Life Flight aterrizó minutos después de que una ambulancia llegó aullando a nuestra casa.

—¡Tenemos una carga caliente! —le gritó el conductor al piloto—. ¡Llévala al hospital lo más rápido que puedas!

¿Carga caliente? Nunca había oído ese término. Pero no causó pánico en mi corazón. La paz que ya había sentido permaneció en mí. "Matthew está en mis manos."

Como no nos permitieron viajar en el helicóptero, subimos de un salto a la camioneta de Tim y salimos volando al hospital. Cuando llegamos, Matthew ya estaba en cirugía. Amigos y familiares se reunieron en la sala de espera. Con cada emotivo abrazo o apretón de manos que recibía, me sentía más fuerte.

"Matthew va a estar bien", no cesaba de repetirme. "Lo sé."

Cinco largas horas más tarde, a Tim y a mí nos dejaron entrar a cuidados pediátricos intensivos. Tendido en una sobria cuna blanca, inmovilizado por un collarín y con tubos conectados a varias partes de su cuerpo, Matthew no guardaba semejanza alguna con el niño bullicioso que horas antes había estado retozando en el jardín y trepando sobre las lápidas.

—No se va a morir, ¿verdad, doctor? —tartamudeó Tim—. ¡Dígame que mi hijo va a estar bien!

—Aún no lo sabemos —contestó el médico en voz baja—. Es una maravilla que esté vivo siquiera. Hay cierta posibilidad de parálisis. Tal vez también de daño cerebral. Y es muy probable que su visión o audición se vea afectada.

Tim se puso pálido y se desplomó en una silla. Me acerqué a él y lo rodeé con mis brazos.

—Matthew va a estar bien —le dije.

—¿Cómo puedes decir eso? —preguntó él mientras lágrimas rodaban por sus mejillas—. ¿Cómo lo sabes?

—Lo sé de buena fuente —respondí—. De la mejor fuente.

Dado que está a nuestro lado cien por ciento del tiempo, esa fuente demostró tener razón. Justo una semana después del accidente, Matthew fue dado de alta en el hospital. Volvió a casa con un hueso facial fracturado, una oreja aplastada, la nariz rota y una derivación en la parte baja de su espalda para extraer líquido de la columna.

—No creí que este niño sobreviviera —me confesó una enfermera de Life Flight el día que salimos del hospital—. ¡Es prácticamente un milagro!

Matthew es hoy un adolescente sano y feliz. Le encantan los deportes y los videojuegos, y le va bien en la escuela. Los únicos recordatorios de su accidente son las gafas que usa para proteger su ojo "fuerte" y un comprometido sentido del olfato. Aunque en realidad no recuerda nada su accidente, lo ha oído relatar tantas veces que dice recordarlo con extremo detalle.

¿Qué salvó a Matthew de la muerte esa fatídica tarde de primavera?

Algunos dicen que el suelo estaba tan blando que cedió lo suficiente bajo el peso de la lápida para que el niño no fuera aplastado. Otros atribuyen el mérito al sistema de identificación del 911 en nuestro condado, por permitir que el personal de emergencia llegara tan rápido a nuestra casa. Otros más apuntan al hecho de que nuestro patio haya sido lo bastante grande y plano para permitir que el helicóptero aterrizara.

Es indudable que todos estos factores intervinieron en el milagro de Matthew. Pero yo sé qué fue lo que en verdad salvó su vida esa tarde. Y Matthew también lo sabe.

—Papá me quitó la lápida de encima, y un helicóptero me llevó al hospital para que los doctores me operaran —dice él—. Pero fue Dios quien salvó mi vida.

"Matthew está en mis manos. Él va a estar bien", murmuró el Señor en mi oído esa horrible tarde. "Ten fe. Ten fe."

La tuve. Y la sigo teniendo. Hoy más que nunca.

~Mandy Hastings

21

Un pequeño milagro de Dios

Mi esposo y yo esperábamos a nuestro cuarto hijo. Mi embarazo fue normal hasta las treinta y un semanas, cuando los médicos advirtieron un problema en el desarrollo del bebé: éste se ubicaba apenas en el décimo percentil de su edad de gestación. Debido a esto, los doctores comenzaron a monitorearme más de cerca, haciendo pruebas no estresantes y ultrasonidos dos veces por semana. A las treinta y cuatro semanas notaron que había demasiado líquido alrededor del bebé, que sus extremidades eran más cortas de lo que deberían y que parecía tener un estómago de "doble burbuja". Así, mis doctores en el sureste de Nuevo México decidieron mandarme con un especialista fetal en Odessa, Texas (a ciento treinta kilómetros de nuestra ciudad).

> Jesús respondió y díjoles: "Una obra hice, y todos os maravilláis".
>
> ~JUAN 7, 21

En Odessa, el especialista realizó otro ultrasonido. Confirmó el problema que los médicos en casa habían detectado, pero pudo darles un nombre. La "doble burbuja" en el estómago del bebé era una afección llamada atresia duodenal, en la que el conducto que va del estómago al intestino delgado no está presente, o está bloqueado. Como el bebé no podía pasar nada de líquido, su estómago y riñones estaban inflamados más de lo normal. Mientras estuviera en la matriz, me aseguró el doctor, el niño se encontraría bien y no sufriría dolor, pero necesitaría cirugía para curar la atresia duodenal poco después de que naciera. Dado que el bebé tenía esa afección, brazos y piernas cortos y demasiado líquido a su alrededor, el doctor también me informó que era muy probable que naciera con síndrome de Down. Debido a todas estas complicaciones, él quería mandarme a dar a luz a Dallas (a seiscientos cincuenta kilómetros de nuestro hogar), para que estuviera cerca de algunas de las mejores unidades neonatales de cuidados intensivos (UNCI) y cirujanos pediátricos del mundo.

Mi esposo y yo estábamos devastados, desde luego. Nos preocupaba la esperanza de vida de nuestro hijo, así como lo que quizá él no podría hacer si nacía con síndrome de Down. Sin embargo, aunque ambos sentíamos que tener un hijo así sería todo un reto, sabíamos que también sería una experiencia satisfactoria, y que podríamos darle la mejor vida posible. En realidad, el síndrome de Down no nos inquietaba; lo que nos aterraba eran la cirugía y la recuperación. Además, teníamos tres hijos en edad escolar, a los que tendríamos que dejar en casa con familiares mientras estuviéramos en Dallas.

Conté con casi una semana para disponer mi partida a Dallas, así que preparé a mis hijos al tiempo que mi esposo y yo tratábamos de ponernos a punto. Llamamos a toda nuestra familia y fuimos incluidos en listas de oraciones alrededor del país. Mi esposo, mis hijos y yo rezábamos todas las noches en la mesa, como lo habíamos hecho siempre, aunque concentrándonos en particular en el bebé por nacer. Yo lloraba seguido, pero sabía que Dios iba a ayudarnos: siempre lo había hecho.

Llegamos a Dallas cuando yo tenía treinta y seis semanas de embarazo, y nos reunimos de inmediato con el especialista fetal y los cirujanos del Centro Médico Infantil. Ellos hicieron otro ultrasonido y confirmaron los hallazgos previos. Un día después de nuestra llegada, indujeron el trabajo de parto. Luego de tres días, aún no había ningún resultado. Entre tanto, todos seguían pidiendo por nosotros. Extrañábamos a nuestros hijos, ellos nos extrañaban a nosotros y el nuevo bebé nos preocupaba. Sin embargo, Dios oyó las oraciones de nuestros amigos y familiares; y aunque las circunstancias eran difíciles, nos dio una paz que me es imposible explicar con palabras. Sólo sabíamos que todo iba a estar bien, y seguíamos rezando. Luego del tercer día de trabajo de parto, los médicos me permitieron regresar al hotel para pasar el fin de semana, y me dijeron que intentarían de nuevo el lunes. Volvimos al hospital el lunes en la mañana, pero como no había progresos, finalmente me practicaron una cesárea.

Mi pequeño Jacob Stewart Rich pesó dos kilos doscientos gramos, y parecía estar bien. Casi tan pronto como nació nos dijeron que no tenía síndrome de Down. Esa misma noche, las enfermeras de la UNCI le dieron una botella, ¡y Jake hizo popó a la mañana siguiente! Se suponía que no podría hacerlo hasta después de la operación, porque sus intestinos no estaban pegados a su estómago. ¡A mi esposo y a mí nunca nos había dado tanto gusto ver un pañal sucio! Transfirieron a Jake al Centro Médico Infantil para hacerle pruebas y saber qué pasaba. Le hicieron rayos X, exámenes gastrointestinales superiores e inferiores, pruebas de sangre, de todo. Tras cuatro días de extensas pruebas, por fin nos explicaron: Jake no sólo no tenía síndrome de Down, sino que tampoco mostraba evidencias de atresia duodenal. Nuestro bebé era pequeño, pero estaba perfectamente sano.

Volvimos a casa luego de dos semanas en Dallas. Todos los médicos se disculparon por sus "errores", pero yo repliqué a todos y cada uno de ellos: "No creo que los cuatro doctores en casa, el de Odessa y el de Dallas se hayan equivocado en absoluto; mi hijo se curó por obra de Dios". Creo que Dios no había terminado con Jacob el primer día que se me indujo el trabajo de parto, el cual duró tres días, sin resultado alguno. El Señor aún trabajaba en mi hijo, curándolo, ¡y no estaba listo para que Jacob naciera todavía! Sé, sin duda alguna, que Dios curó a mi pequeño, y que oyó a todas las personas maravillosas que nos recordaron en sus oraciones. Creo firmemente que el Altísimo hace milagros todos los días y escucha nuestras oraciones. Me siento extremadamente bendecida no sólo por haber tenido un hijo sano, sino también por haber experimentado de cerca uno más de los milagros del Señor.

~Kelly Stewart Rich

Caldo de Pollo para el Alma

3

CAPÍTULO

Amor del más allá

Y ahora permanecen la fe, la esperanza y la caridad, estas tres; empero la mayor de ellas es la caridad.

~1 CORINTIOS 13, 13

22

De Sarah con amor

Cada día de Acción de Gracias, cientos de familias llegaban a los salones de la feria del condado a recoger bolsas de comestibles gratis, así como todas las demás provisiones para un delicioso festín de Acción de Gracias, obsequiadas por las iglesias de la zona. Eso incluía un cupón por canjear por un pavo rollizo.

Sonrientes preparatorianos repartían envases de exquisita sopa o chocolate caliente, y se ofrecían amablemente a llevar al estacionamiento las bolsas de personas confinadas a sillas de ruedas o agobiadas por las diarias batallas de la vida. Cada bolsa contenía además una colorida tarjeta de felicitación, elaborada por alguno de los niños del rumbo.

> Pide para ti señal de Jehová tu Dios, demandándola en lo profundo, o arriba en lo alto.
>
> ~ISAÍAS 7, 11

Mientras contemplaba a todos esos voluntarios maravillosos, vi que una anciana avanzaba hacia mí, las mejillas bañadas de lágrimas. Me apresuré a su lado, le di un abrazo y la ayudé con su bolsa.

—¿Se halla usted bien?

—Sí. Sólo necesito sentarme un momento.

La ayudé a acomodarse en una banca cercana y me senté a su lado.

—Acaba de pasarme un cosa increíble, ¡y creí que mis rodillas no me sostendrían!

Esperé a que recuperara la calma.

—Mire usted —me dijo—, mi preciosa nietecita murió la primavera pasada. ¡He estado tan triste todo este tiempo! Se llamaba Sarah, y apenas tenía cinco años de edad.

"Cada año, ella hacía una hermosa tarjeta de Acción de Gracias, que ponía al centro de la mesa. Esta vez, yo no sabía cómo iba a pasar las fiestas sin saber de algún modo que Sarah está bien, y con Jesús."

La anciana hizo una pausa, enjugando sus lágrimas antes de continuar.

—Le pedí a Dios que me diera una señal para saber que mi dulce nieta está con él.

Secó unas lágrimas más con su pañuelo.

—Hace unos minutos, un joven muy amable me dio mi bolsa de alimentos. Me dijo que una persona muy especial me había hecho una tarjeta, y que ésta venía dentro de la bolsa.

Yo asentí, con una sonrisa radiante.

—¿No son bonitas? —pregunté—. Los niños de las iglesias de la zona hicieron cientos de tarjetas para nuestras bolsas de Acción de Gracias.

Ella apretó mi mano, temblando.

—¡Pero usted no me entiende! Lo que más le gustaba a mi nieta era dibujar arco iris. Y eso no es todo. Mire esta tarjeta, por favor…

Fue mi turno de llorar al ver un arco iris perfecto contra un cielo azul, y abajo estas palabras:

"Jesús te ama, y yo también… Con amor, Sarah".

~Mary Z. Smith

23

Rosas para Wendy

Perdí a mis padres en un trágico accidente automovilístico cuando yo tenía cinco años. Por fortuna, a esa edad una niña no comprende lo irrevocable de un suceso así.

Muchos años después, a los veintitrés, planeaba mi boda con Shelly (Sheldon, en realidad), un fabuloso chico de veintiocho años nacido en el seno de una familia amorosa y entera, como las que yo envidiaba. Shelly y yo habíamos comprado ya nuestra primera casa, con un jardín y un patio espaciosos trabajados al modo de la jardinería paisajista, perfectos para una celebración al aire libre. Conforme se acercaba la fecha de nuestra boda y nosotros tomábamos posesión de la casa, nos pusimos a limpiar, arreglar, cortar y eliminar adentro y afuera. Sin embargo, ninguno de los dos tenía la menor experiencia en paisajismo. Como sólo sabíamos podar el pasto, tuvimos que aprender a podar y recortar arbustos y a cuidar plantas.

> Dijéronle entonces: "¿Qué señal pues haces tú, para que veamos y te creamos? ¿Qué obras?".
>
> ~JUAN 6, 30

Un día antes de nuestra boda, dábamos los útimos toques al jardín: se habían plantado flores, cortado el pasto y recortado setos. Estábamos muy complacidos con la pulcritud de todo. Pero una planta nos desconcertaba. Un rosal situado junto a la puerta principal, cuidadosamente elegido para ese sitio destacado, estaba totalmente desprovisto de hojas y capullos. Tal vez se había secado ya, pero como ninguno de nosotros lo sabía, decidimos de mala gana conservarlo.

Esa misma noche, luego del tradicional ensayo-cena, yo estaba tan emocionada que no podía dormir. Decidí que necesitaba un rato de tranquilidad para meditar en el día siguiente. Así pues, me levanté, fui al patio trasero y me senté bajo la claridad de las infinitas estrellas. Me di cuenta entonces de que lo único que me faltaría el día de mi boda serían mis padres. No había tenido tiempo de pensar en eso hasta ese instante, y la idea me llenó de tristeza. Después de todo, no hay mujer que no sueñe con que su padre la entregue en el altar, y con que su madre esté ahí para calmar sus nervios. Embargada por la emoción y sola en el jardín, me puse a hablar con mi mamá y con mi papá como si, en efecto, pudieran escucharme. Les pedí una señal, algo que nunca antes había hecho pero que en ese momento sentí ganas de hacer:

—Denme una señal el día de mi boda, para que sepa que están a mi lado.

Al día siguiente, Shelly me llamó repetidamente por mi nombre, con voz emocionada, y yo corrí junto a él en la puerta principal.

—¡No vas a creer lo que voy a enseñarte!

Se hizo a un lado.

El rosal seco tenía dos rosas completamente abiertas.

Yo no tuve ninguna duda que presenciábamos un milagro… un milagro de amor.

~Wendy Delaney

24

Cadena de amor

Siempre he creído en Dios y la oración, y cuando la gente decía que Dios le hablaba, yo nunca dudaba de ella, aunque me preguntaba cómo sería eso. ¿Qué tipo de voz se oía? ¿Por qué Dios no me hablaba a mí? Tal vez algunas personas eran más bendecidas que otras.

Pero hace unos años me pasó algo mientras rezaba por mi nieta. Al principio creí que estaba perdiendo la razón.

Leo, mi hijo, y Celeste, mi nuera, tuvieron una hermosa niña, a la que pusieron por nombre Felicia. Años después se divorciaron, y Leo recibió la custodia de su hija, aunque Celeste no perdió contacto con ella.

> Muéstrame, oh, Jehová, tus caminos; enséñame tus sendas.
>
> ~SALMOS 25, 4

Cuando Felicia tenía nueve años, su mamá fue a Carolina del Sur a visitar a unos amigos. Días después le llamó a la pequeña para decirle que regresaría muy pronto, y que iba a mandarle por correo un llavero con su nombre.

Pero Celeste nunca volvió a casa.

Cuando las llamadas telefónicas que todos los días recibía de ella dejaron de ocurrir, la mamá de Celeste se preocupó mucho y llamó a varias comisarías, pero nadie le dio ninguna información. Días después llamó un policía de Carolina del Norte preguntando si Celeste tenía alguna seña particular. Cuando la madre aludió a sus tatuajes de una flor y una mariposa en la muñeca y el tobillo, el policía le dio la noticia fatal: el cuerpo de Celeste había sido hallado en un campo junto a la carretera. La habían asesinado, y llevaba tres días en ese sitio.

La pobre Felicia pasó entonces por todas las emociones que ningún niño debería sufrir. Un día la visité en su recámara, donde la encontré sentada en el suelo. Me senté a su lado y nos pusimos a platicar. Felicia mencionó que la última vez que había hablado por teléfono con su mamá, ella parecía contenta de volver a casa y verla en unos días más. En medio de sus lágrimas, recordó que su mamá le había dicho que le iba a mandar un llavero con su nombre. Pero el llavero no llegó nunca.

Días después, al salir de trabajar me dirigí de nuevo a casa de mi hijo, para visitar a Leo y a Felicia. Mientras iba al volante, no dejaba de rezar por la familia de Celeste, aunque sobre todo por mi nieta. Pero al tomar la salida a casa de Leo, oí una voz… no de naturaleza humana, ni masculina ni femenina… que me dijo:

—Consigue un llavero para Felicia.

—¿Qué?

—Consigue un llavero para Felicia.

Me sentí muy confundida. ¿Dónde iba a buscar una cosa así?

La voz me dijo de nuevo:

—Consigue un llavero para Felicia.

Pero esta vez pregunté en voz alta:

—¿Dónde, Señor, dónde?

Me acercaba a la entrada de la casa de mi hijo cuando oí que la voz me decía:

—Continúa y verás.

Se me ordenó que siguiera adelante y, en medio de mis lágrimas, obedecí. Se me indicó qué salida tomar, y lo hice. Se me instruyó entrar al centro comercial, dónde estacionarme y hacia dónde caminar. Después de pasar varias tiendas, se me dijo que diera vuelta a la izquierda y entrara a la tienda siguiente. Vi que en ella vendían joyería de fantasía para niñas. Entré, miré a mi alrededor y no vi nada parecido a un llavero.

Abordé a la cajera:

—¿Tienen llaveros?

—Sí, ahí —respondió, señalando un exhibidor redondo con llaveros de todo tipo, forma y color.

Esta vez sí que me ofusqué. ¿Cuál debía elegir? Se me ordenó:

—Toma el azul que dice ÁNGEL.

Cuestioné:

—¿Por qué ese? ¿Por qué el que dice ÁNGEL?

Se lo tendí obedientemente a la cajera y me sorprendió que costara apenas un par de dólares.

Llavero en mano, subí al coche y regresé a casa de mi hijo. Me estacioné en la entrada y oí estas palabras:

—Escribe al reverso del llavero.

—¿Con qué? —pregunté.

Me puse a buscar un marcador en la guantera. Pero entonces oí:

—Usa una pluma.

Saqué una pluma de mi bolsa y se me indicó que escribiera al reverso y qué escribir.

El metal era lo bastante suave para grabar palabras en él. Me sorprendió verme escribir: "Para Felicia. Pórtate bien. Mamá."

Entonces entré en la casa.

Mi hijo estaba en la sala. Le pregunté:

—¿Dónde está Felicia?

Mi corazón latía de emoción mientras sostenía el llavero a mi espalda. Leo quiso saber qué pasaba. Le dije que tenía que ver a Felicia y le guiñé un ojo. Él llamó a mi nieta. Felicia llegó corriendo a mi lado, exclamó: "¡Abuela!", y me abrazó.

Yo le dije:

—Tengo algo muy importante para ti.

Se me quedó viendo sin expresión alguna e inquirió:

—¿Qué?

Le recordé su última conversación con su mamá, y el llavero. Le dije:

—Creo que lo encontré.

—¿Dónde? —preguntó, visiblemente confundida.

—No importa dónde. Sólo que se me instruyó recogerlo.

Le di el llavero y rompió a llorar. Se lo enseñó a su papá.

Yo comenté:

—No sé por qué dice ÁNGEL. ¿Te dijo tu mamá que llevaría tu nombre?

Leo intervino:

—¡Ay, madre! Cuando Felicia nació, Celeste quería ponerle Ángel, pero yo la convencí de no hacerlo.

Entonces fui yo la que rompió a llorar. Supe que me había hablado el Espíritu Santo para entregarle a Felicia su llavero de parte de su mamá.

~Paula J. Coté

25

Lucas 16

Sentada en la banca, cada vez me era más difícil escuchar al pastor. Seguía tratando de sacar de mi mente las escenas de ese horrible día mientras pedía a Dios que me ayudara a oír el mensaje.

Apenas habían pasado unas semanas desde el accidente y, honestamente, estaba exhausta. Intentaba concentrarme, pero continuaban persiguiéndome destellos de ese día, en el que Max, mi esposo desde hacía sólo dos años, había muerto en un accidente automovilístico. Yo no entendía por qué Dios lo había permitido, pero sabía que no pasaba nada que no fuera su voluntad.

> Y comenzó a decirles: "Hoy se ha cumplido esta Escritura en vuestros oídos".
>
> ~LUCAS 4, 21

Trataba de escuchar cargando en brazos a Breeanna, mi hija, de diez meses de edad, y pidiendo verme libre de esos recuerdos espantosos.

Mientras rezaba, aquellos recuerdos fueron remplazados por un súbito impulso de abrir mi Biblia en el capítulo dieciséis del libro de Lucas. No sabía qué me parecería "nuevo" en ese libro, que ya había leído muchas veces.

No obstante, supuse que era algo que Dios quería que viera en ese momento, así que pasé las páginas hasta llegar a él.

Lloré y reí cuando, en el margen derecho junto a Lucas 16, con la letra de mi esposo, vi las palabras "¡Te amo! Max".

~Lisa Jo Cox

26

Espíritus en el panteón

Había transcurrido más de un año desde mi última visita al cementerio rural de Ten Mile. Anteriormente lo frecuentaba una vez a la semana, pero mis visitas se espaciaron con el paso del tiempo y el aligeramiento de mi pesar. Al bajar del coche, el ardiente sol de verano me dio en la nuca. Se oía a la distancia una podadora, y hasta donde yo estaba olía a pasto recién cortado. Al otro lado de la calle, vacas en desorden detuvieron su pesada marcha al abrevadero para fijar su vista en mí. Yo también las miré hasta que el olor a estiércol atacó mi nariz, momento en que volteé, crucé la puerta y entré al cuidado cementerio.

> Aún henchirá tu boca de risa, y tus labios de júbilo.
>
> ~JOB 8, 21

Una extraña mezcla de emociones se agitaba en mi interior. Como había pasado tanto tiempo desde mi última visita, a una parte de mí le emocionaba saludar a mis viejos amigos, mientras que otra recordaba el dolor que tanto me había oprimido. Pero estaba ahí para presentar mis respetos, así que tragué saliva y continué paso a paso mi marcha a las tres tumbas que antes visitaba tan a menudo.

Fue entonces cuando vi el aspersor. Un aspersor de gran tamaño, como de granja, se alzaba hasta más de un metro de altura, siguiendo un movimiento circular para regar el panteón. Una vuelta tras otra, cada treinta segundos lanzaba en línea recta chorros de tres metros de largo. Como parecía amenazadoramente cerca de mi destino, me paré y presté atención para ver hasta dónde llegaban sus chisguetes, qué tan cerca de donde yo me dirigía. Lo vi dar cuatro o cinco vueltas antes de determinar que estaba a salvo. El rocío no podría alcanzarme en ninguna de las tres tumbas.

Mientras avanzaba, seguí inconscientemente mi antigua rutina. Siempre comenzaba por la tumba de Shannon, mi novio; luego daba dos pasos a la derecha, a la de Becky, su madre, y finalmente tres pasos atrás a la de Nanny, su abuela. En la de Shannon empecé con mi acostumbrado saludo: —"Hola, mi amor, ¿cómo estás? Hace un día precioso esta mañana"— y añadí cuanto se me venía a la mente con tal de retrasar, al menos unos segundos, lo que sabía que vendría después: la conocida tristeza de siempre. Bajé la cabeza al sentirla ascender hasta mi pecho, y justo en ese instante, ¡PUM!, ¡el aspersor me arrojó un buen chorro de agua! Sí, el mismo aspersor al que acababa de ver dando vueltas y arrojando agua cerca de mí en cada ocasión.

En realidad, eso no debía haberme sorprendido. Shannon siempre había tenido un humor estupendo, así que fácilmente haría algo como eso. Pero estaba muerto, después de todo. Aunque, cuando vivía, era capaz de hacer reír a la gente en todas partes, aun a perfectos desconocidos, con absoluta espontaneidad. Podía hacer reír a la persona al otro lado de la ventanilla mientras ordenaba comida rápida, o a la gente formada en el súper, el banco, el videocentro… donde fuera. En cuestión de minutos, hacía estallar en carcajadas a los empleados.

Recuerdo una noche en que decidió ir a la taberna del barrio en bata y pantuflas, por pura diversión. Como de costumbre, esto encantó a todos, y a las dos de la mañana él desfiló de vuelta a casa, con media docena de personas siguiéndolo desde el bar. ¡Bailaron, rieron y cantaron horas enteras!

Él tenía veintitrés años cuando yo tenía dieciocho. Fue mi primer amor. Planeábamos casarnos y formar una familia: todo el ritual. Así que, naturalmente, quedé devastada cuando un policía llegó a mi puerta y me dijo que Shannon había tenido un accidente fatal. Más devastados quedaron sus tíos y su muy querida Nanny, quienes compartían con él un lazo muy especial desde que sus padres murieron, antes de que él cumpliera los diecinueve. El golpe fue tan duro para Nanny que murió tres meses después de su nieto.

Así, inicié esta rutina a los dieciocho años, una rutina que es de suponer que no tienen demasiadas personas a esa edad… Una vez a la semana venía al cementerio rural de Ten Mile a visitar a mis tres amigos. Siempre llegaba con emociones encontradas. Siempre iba primero a la tumba de Shannon. Siempre comenzaba con un breve saludo, bajando siempre la cabeza al sentir la desdicha aumentar dentro de mí. Y después pasaba a las tumbas de su madre y su abuela.

Pero nunca me había pasado nada como esto.

Al principio me mostré algo sorprendida, pensando que había sido una casualidad. Así que me quedé donde estaba, sin moverme un ápice, y miré el aspersor para verlo dar vueltas. No volvió a darme, y ni siquiera se acercó a mí. Un minuto después saludé de nueva cuenta a Shannon, bajé la cabeza mientras la desdicha llenaba mi corazón y ¡PUM!, ¡el agua me alcanzó otra vez! Secándome el rostro, alcé la mirada y vi al descortés aspersor dar más vueltas sin volver a mojarme. Incrédula, sacudí la cabeza y avancé a la derecha, hacia la tumba de la madre de Shannon.

Me detuve un momento, viendo dar vueltas al aspersor y rociar lejos de mí, y entonces dije: "Hola, Becky". Al bajar la cabeza, la desdicha empezó a invadirme ¿y qué crees? ¡PUM! ¡Fui mojada de nueva cuenta!

Esta vez reí entre dientes, preguntándome cómo diablos estaba pasando esto. Escudriñé el panteón, intentando ver a quién se debía el incidente. Debía tratarse de un bromista, que la tomaba contra una persona en duelo. ¿Quién podía estar haciendo algo como esto? Pero no había nadie ahí, sólo yo, las vacas al otro lado de la calle ¡y el maldito aspersor!

Aún tenía una última tumba por visitar, detrás de la de Shannon. Sacudí la cabeza y reí camino allá, viendo el aspersor dar vueltas lejos de mí. Saludé, bajé la cabeza y… ¡PUM! ¡Estaba empapada otra vez!

Exasperada, alcé las manos al cielo y grité:

—¡Supongo que no quieren verme triste hoy!

Reí, sacudí la cabeza, pasé junto al aspersor sin que me mojara, salí del cementerio y disfruté enormemente el resto de ese día de verano.

Cuando ahora visito el panteón, no llego triste, sino agradecida de haber amado a una familia tan maravillosa.

~Bobbie Clemons-Demuth

27

Regalo de oro

Mientras Doug, mi esposo, y yo vacacionábamos un verano en un hotel de tiempo compartido en Alabama, el cloro de la alberca nos obligó a ir a comprar unos *goggles*. Afortunadamente, había una tiendita de artículos deportivos en un pequeño centro comercial a quince kilómetros de ahí. Por suerte tenían dos pares, uno para cada uno de nosotros. Al salir de la tienda, me dieron ganas de entrar a una diminuta joyería en el extremo contrario del centro comercial.

> Y respondió Isaías: "Esta señal tendrás de Jehová, de que hará Jehová esto que ha dicho".
>
> ~2 REYES 20, 9

Era muy raro que una tienda así me atrajera, porque no había comprado nada en una joyería de verdad desde el lejano día en que Doug y yo habíamos adquirido nuestros anillos de boda. Él me animó a dejarme llevar por aquel impulso. Era inusitado que mi esposo quisiera comprar algo, o que lo hiciera yo; pero como estábamos de vacaciones, no teníamos el tiempo contado y habíamos salido en plan de aventura, nos encaminamos gustosamente a la joyería.

Tras entrar a la pequeña y curiosa tienda, de inmediato llamó mi atención un exhibidor giratorio de aretes dorados. Claro que no me hacía falta un par de aretes nuevos. Pero, increíblemente, al instante me fijé en un adorable par en forma de delfines nadando en círculo. Sonreí enternecida, recordando que a nuestro hijo Jay siempre le habían fascinado los

delfines, desde niño. La tristeza me embargó al acordarme que se acercaba el aniversario luctuoso de nuestro querido Jay.

—¿Por qué una tienda a cientos de kilómetros del océano tiene unos
aretes en forma de delfín? —le pregunté a Doug.

Me pareció que se trataba de una mera casualidad, así que racionalicé por qué quería esos aretes: serían un bonito recordatorio de Jay, o
un regalo de cumpleaños para mí. Tal vez se les podría considerar un
premio por lo mucho que yo me había esforzado en mi terapia física para
recuperarme de mi reciente, y muy seria, operación de espalda. Y si éstas
no eran tan buenas razones, los compraría sencillamente como souvenir.

Cuando la empleada nos extendió la nota, devolví los costosos aretes
al exhibidor y me olvidé de comprarlos. Doug se sintió aliviado.

Al recuperar nuestro ánimo de "estamos de vacaciones", nos dimos
cuenta de que estábamos desperdiciando el sol y la alberca, así que regresamos a la piscina para estrenar nuestros *goggles*.

Un ejercicio vigoroso nos procuró un apacible descanso esa noche.
Pero yo desperté en la oscuridad, en medio de un delicioso estado de
seminconciencia, sobresaltada por una voz. Era una voz conocida, semejante a la de Jay. Pero aunque me froté los ojos, no pude ver de dónde
procedía.

—¿Qué onda, mamá?

El inconfundible saludo me asustó; así era como Jay me hablaba cada
vez que llegaba a casa de visita.

—Quiero que sepas que estoy muy feliz aquí —continuó la voz—.
Y también que te compres de cumpleaños los aretes en forma de delfín.

La voz de Jay prosiguió:

—Usa el dinero que está en mi cartera, dentro de mi portafolio detrás
de las cajas del clóset del taller. Cuando te pongas esos aretes, te sentirás
feliz como yo.

La voz se apagó tan de pronto como había empezado. Me sentí confundida y desconcertada, aunque también reanimada por lo que acababa
de suceder.

Me resistía a contarle a Doug ese extraordinario encuentro, porque
ni siquiera yo misma sabía qué había ocurrido. Había sido algo precioso,
pero también inverosímil.

Razoné que él lo atribuiría a mi comprensible estrés en esa época del
año, así que tomé la firme decisión de no decírselo, y me sentí aliviada.

De repente, sin embargo, antes de darme cuenta de lo que hacía, el
relato de la experiencia insólita brotó incontrolable. Inquieto por la revelación y obviamente escéptico ante mi historia, Doug evaluó cuidadosa-

mente las circunstancias con su experta mente legal y me hizo perspicaces y muy específicas preguntas.

Convencido de que había sucedido algo milagroso, dijo tranquila y resueltamente:

—Dios suele hacer cosas increíbles en la vida de sus fieles para manifestarles su amor.

Mi sensato maridito reflexionó que el misterioso suceso bien podía haber consistido en la recepción de una especial nota de amor de parte de Dios y Jay.

Entonces me confió que, sin decírmelo, poco después de la muerte de Jay, hacía ocho años, él había ocultado su portafolio en el fondo del clóset, sin revisar su contenido. Me recordó que, al morir nuestro hijo, yo estaba demasiado inconsolable para hacerme cargo de sus pertenencias, así que las alejó de mi vista. El portafolio había caído en el olvido desde entonces.

Luego, mi usualmente frugal maridito sugirió un plan extravagante: quería que volviéramos a la joyería y compráramos los aretes en forma de delfín, en el entendido de que, de haber realmente dinero en la cartera de Jay, lo usaríamos para solventar esta compra. Yo me sentí querida y animada por el considerado gesto de Doug.

Esa tarde, un día antes del aniversario luctuoso de Jay, regresamos a la joyería del pequeño centro comercial e hicimos nuestra preciada adquisición. Al ponerme los aretes al día siguiente, reparé de súbito en que, por primera vez en ocho años, me sentía entusiasmada, tranquila y feliz en la conmemoración de la fecha en que Jay se había ahogado.

Cuando volvimos a San Diego luego de nuestras relajadas vacaciones, Doug y yo fuimos directo al clóset del taller. Ahí, tras unas cajas cubiertas de polvo, estaba el portafolio de Jay. Lo abrimos juntos, con toda cautela. Dentro se encontraba la maltrecha cartera de piel café de nuestro hijo, invitándonos a traspasarla. La abrimos y sacamos el dinero que contenía.

Yo mantuve la respiración mientras Doug contaba los billetes.

¡El total era igual a la suma exacta que habíamos pagado por los centellantes aretes de oro en forma de delfín! Lágrimas de gratitud punzaron en el acto mis ojos, a causa del milagroso regalo póstumo de mi hijo en ocasión de mi cumpleaños.

~BJ Jensen

28

George

No podía dejar de ver a la bebé que se retorcía en brazos de su madre. Era tan pequeña, envuelta en cobijas y pañales, con brillantes ojos negros como si una luz incontenible ardiera en ellos. Acurrucadas en la cama del hospital, madre e hija parecían visiblemente unidas entre sí. ¿Podríamos la bebé y yo sintonizar alguna vez de la misma manera?

Me sentí intranquila. ¡Si tan sólo George hubiera estado ahí! Se habría sentado en un sillón, resoplando en su pipa favorita. Y aunque a mí no me gustaba fumar, el aroma a cereza de su tabaco siempre me serenaba. Adoptar a una niña era un paso enorme en una vida llena de giros bruscos. Si George, mi mentor, hubiera estado ahí, me habría apoyado, y yo habría estado segura de que esta adopción era por fin la correcta. Como si me leyera la mente, Kelly, la madre biológica, me tendió a la bebé.

> Pues, para corresponder al propio modo (como a hijos hablo), ensanchaos también vosotros.
>
> ~2 CORINTIOS 6, 13

—Usted va a ser una excelente mamá —me dijo.

Tomé en mis brazos a la pequeña Mariah.

Siete años atrás, la idea de cargar a mi propia bebé recién nacida no había pasado de ser un sueño cruel. Anhelaba una familia, pero el matrimonio me eludía. Cuando tenía cuarenta años comencé el largo proceso de la adopción, sólo para ser rechazada diez veces, por diferentes razones. Quería darme por vencida, pero George insistió en que la adopción era lo que debía hacer. Tenía que perseverar, dijo. Esta undécima vez, pasé muchas horas hablando con la madre y el padre, pareja de padres solteros en Las Vegas, ella todavía enamorada de él, él enamorado de otra. Al final de su visita a mi casa, Kelly ofreció al fin el regalo que yo ansiaba:

—Estoy segura de que hemos tomado la decisión correcta —dijo, asomándose a la ventana, desde donde era posible admirar un lago y una montaña cubierta de bosques—. Éste es un lugar maravilloso para un niño. Yo nunca podría darle algo así.

Como la hora de visita estaba por terminar, renuente puse otra vez a Mariah en brazos de Kelly, a quien vi arrullar a su hija. Luego, la duda empezó a corroerme. Kelly tenía setenta y dos horas para cambiar de opinión. Mis horas de visita eran limitadas, mientras que ella disponía de horas enteras con Mariah en mi ausencia. Para mí, el periodo de espera sería una agonía.

Tres días más tarde, mientras el reloj marcaba los últimos minutos, llegó una trabajadora social que pidió hablar en privado con Kelly y el padre biológico. Ante la puerta cerrada y jugueteando nerviosamente con mi pluma, George volvió a aparecer en mi mente. Mis padres no estaban de acuerdo con la adopción; mi madre insistía en que yo era ya demasiado vieja para eso. ¡Necesitaba a mi querido amigo George! Apenas año y medio antes, él había disipado mis preocupaciones de que la adopción nunca tendría lugar. "Sé paciente y la conseguirás", me dijo. "Yo estaré a tu lado entonces." Él había sido un sabio, un hombre docto, siempre resoplando en su pipa, sus ojos claros invariablemente tocados por el brillo de la inteligencia. Ninguno de los dos imaginó que su promesa pudiera incumplirse, pero, para mi horror, él murió repentinamente de cáncer semanas después.

Cuando se fue, me quedé sin nadie a quien contarle mis sueños. George era más que un amigo para mí. Era una figura paterna, mi mentor, incluso mi gurú. Siempre avivaba mis esperanzas. Nos conocimos en 1970 cuando yo gané el concurso de Miss Hawai. Más tarde en el lobby, se acercó a mí y me dijo: "Usted merecía ganar". ¿Cómo lo sabía? Aquélla era la quinta vez que yo competía. Había intentado ganar una y otra vez, pero esta última ocasión, después de mucho trabajo y determinación, por fin había triunfado.

George me invitó a vernos al día siguiente. Nos hicimos amigos de inmediato. En nuestra conversación expuso ideas increíbles que cambiaron mi vida. Dijo que la vida contiene más posibilidades de las que somos capaces de imaginar. Podemos lograr nuestros sueños si nos concentramos en el éxito y tenemos confianza en nosotros mismos.

George me intrigaba. Vivía en Oklahoma, y yo en California, pero eso no nos impedía llamarnos ni comer juntos de vez en cuando. Me ayudaba a encontrar mi camino en momentos difíciles. Cuando sobreviví a un traumático accidente de aviación, él fue mi único contacto con la vida, hablando conmigo por teléfono, ayudándome a comprender qué había ocurrido. Meses después del accidente seguí su consejo, hice frente a incontables temores testifiqué en la corte acerca de la regulación de las aerolíneas. Mi testimonio indujo cambios en los procedimientos de seguridad de las líneas aéreas. Más tarde, George me alentó a poner un negocio. Cuando rompí con un hombre con quien había mantenido una relación de años y determiné luego que ya era demasiado tarde para tener un hijo, fue George quien me alentó a adoptar.

Durante los veintitrés años en que conviví con él, inventamos numerosas bromas y pullas, pero lo que yo más apreciaba eran las perlas de sabiduría que llamé "georgismos". Antes de emitir un georgismo, George se recostaba infaltablemente en su asiento, resoplaba en su pipa y pensaba. Él y ese aroma a cereza quemada eran inseparables. Pero ahora yo estaba sola. Y me moría de miedo.

La trabajadora social salió del cuarto de Kelly.

—Podemos seguir adelante —dijo. Sus palabras hicieron que yo suspirara profundamente—. Vaya con Kelly al cunero y traigan al cuarto a la bebé.

Kelly firmó la salida del cunero de Mariah, y juntas empujamos el cochecito hasta la habitación, donde firmamos los papeles de adopción. Decir que me sentía en un campo minado es quedarse corto. Temía que Kelly tuviera un millón de emociones encontradas. ¿Y si a última hora cambiaba de parecer? Pero yo ya consideraba mía a esta bebé, mi Mariah, en su cochecito, una pequeña envuelta en un mundo de cobijas rosas y volubles deseos de las personas a su alrededor. Reí al verla agitar sus pequeños puños en el aire. "Una bomba de energía", había predicho George. Tenía razón; yo estaba adoptando a una niña que era una bomba de energía. Si todo marchaba bien… si Kelly firmaba…

Kelly se detuvo de pronto. "Oh, no", pensé. "Ya cambió de opinión." Los ojos se me llenaron de lágrimas.

Frunciendo el ceño, aspiró y dijo:

—Alguien está fumando. Huele raro, como a tabaco de cereza.

Advirtió entonces mis lágrimas y me tendió cariñosamente a la bebé. Yo respiré hondo, oliendo la cereza quemada.

Besé a mi bebé. "Mariah, nuestro amigo George está aquí con nosotras, justo como lo prometió."

~Donna Hartley

29

Una foto del otro lado

Mi abuelo vino a verme una noche antes de que mi mamá muriera. Me dio tanto gusto verlo que borboteé como la bomba del jardín de la casa de alquiler donde él vivía en Georgia cuando yo era niña. No lo había visto desde su entierro, muchos años atrás.

—¡Qué sorpresa, abuelito! —exclamé—. ¿Dónde has estado? Te ha de estar yendo muy bien; ¡luces espléndido!

—Parecía descansado, relajado y joven—. Me da mucho gusto verte. No puedo creer que seas tú. ¿Realmente eres tú?

Yo no paraba de parlotear.

El abuelo me dirigía entre tanto una sonrisa radiante, pese a que no podía sonreír a sus anchas. Yo sentía su presencia, como si estuviera parada junto a un calefactor un día frío. Me abrazó fuerte, y me sentí protegida en sus amorosos brazos.

> Y otra vez:
> "Yo confiaré en él".
> Y otra vez: "He aquí,
> yo y los hijos que
> me dio Dios".
>
> ~HEBREOS 2, 13

—¿Qué haces aquí, abuelo? ¡Estuviste lejos mucho tiempo!

—Quería decirte que todo va a estar bien —respondió.

—Claro que sí —acepté, siempre la eterna optimista—. Todo está de maravilla, y mejor todavía por el hecho de que estés aquí.

Él brilló de deleite.

—Va a estar bien —me sosegó—. Todo va a estar bien —aseguraba sin cesar, al tiempo que me acariciaba como si fuera una niña—. Todo va a estar muy bien. Eres fuerte —insistió—. Podrás con esto, y yo estaré contigo. Eres una mujer fuerte.

Yo estaba tan contenta de verlo que no se me ocurrió preguntar de qué hablaba. Aún sonriendo alegremente, me dijo:

—Todos estaremos aquí contigo.

Me di cuenta entonces de que no estaba solo. Mi abuela, que murió cuando mi mamá tenía siete años, estaba a su lado. Mi papá, que tenía once años de muerto, también estaba ahí. Demacrado al morir de cáncer, ahora parecía joven y sano. Mis tíos abuelos y otras tías, tíos, primos y conocidos y desconocidos se apiñaban alrededor. Todos estaban felices y exhibían idílicas sonrisas de beatitud eterna.

Mientras examinaba a los parientes que se arremolinaban en torno a mi abuelo como para que les tomaran una foto en una reunión familiar, vi a mi mamá en una orilla. Al instante desperté y vi el reloj. Eran las dos de la mañana. Me sentía dichosa, totalmente cubierta de amor y muy agradecida de que me hubiera visitado mi abuelo. No me permití preguntarme, ni registrar, por qué todos los que habían aparecido en mi sueño estaban muertos, menos mi mamá.

Luego supe que justo a la misma hora en que mi abuelo había venido a verme a Murfreesboro, Tennessee, mi madre, que vivía en las montañas de Alabama y aparentemente no tenía ningún problema de salud, se incorporó en la cama, encendió la luz e insistió en planear su entierro. Aunque Ben, su esposo, objetó y reclamó que no quería hablar de eso, y menos aún a media noche, ella fue categórica y él tuvo que escuchar lo que quería que se hiciera después de su muerte.

Le dijo dónde quería que la enterraran, cómo quería que la vistieran, quién quería ella que tomara la palabra, las canciones que quería que se entonaran y a quién quería que se le avisara. Le hizo prometer incluso que pondría pacas de heno en torno a su tumba para que su entierro fuera como una reunión familiar y todos pudieran sentarse y platicar y reír y pasar de un grupo a otro. Le advirtió no gastar mucho en flores.

Una vez segura de que Ben había entendido sus deseos, se volvieron a dormir.

Cuando Ronnie, mi hermano, llamó ese día para decirme que mamá había muerto de infarto mientras freía col y hacía pan de maíz, reparé en que mi sueño había sido premonitorio.

—Ya sabía —le dije, luego de que me dio la horrible noticia—. El abuelo estuvo aquí. Él me lo dijo.

Comprendí entonces que el espíritu de mi mamá había sido arrebatado para un retrato de familia por serme enviado en un sueño, y que se le había devuelto unas horas hasta el momento exacto de su partida.

Supe por qué mi abuelito había venido, por qué todos mis parientes habían aparecido en mi sueño, por qué estaban tan contentos. Esperaban ansiosamente la llegada de mi mamá. Extasiados, anhelaban volver a verla después de tantos años.

Mis abuelos iban a reunirse con su hija, mi abuela con la hija a la que había dejado a tan corta edad, mi tía con una hermana a la que no conoció en la tierra, mi papá con su amor de cuarenta y seis años. La había querido desde la primera vez que la vio, jugando de niña con muñecas de papel en un arroyo seco. La familia de mi mamá se había congregado para acompañarla alborozadamente a su hogar celestial y celebrar su vuelta a casa.

Mis parientes querían que yo supiera que me amaban, y que estaban conmigo, rodeándome, apoyándome. Querían que supiera que todo iba a estar bien, que me confortarían y consolarían en mi dolor.

Sigo recordando hasta la fecha su afectuoso mensaje. A menudo vuelvo a recorrer el video de mi sueño, y contemplo la fotografía familiar que mi abuelo me mandó. Me consuela saber que, algún día, todos estaremos juntos, y que yo también seré incluida en la foto del otro lado.

~Judy Lee Green

30

El amor nunca muere

Mi madre no se había sentido bien un par de días. Supusimos que se había contagiado de la influenza de verano imperante, pero ella insistió en que se recuperaría en unos días. Yo noté que había comenzado a ponerse un reloj descompuesto. Las manecillas apuntaban siempre a la una.

—Mamá, tienes otros relojes que sí sirven. ¿Por qué te pones ése?

Este reloj tenía un valor sentimental para ella, me explicó. Era el primero que mi papá le había regalado, en la navidad del año que se casaron.

—Déjame llevarlo a que lo compongan.

Rechazó mi ofrecimiento; el reloj permaneció en su muñeca día y noche.

Mamá seguía sin sentirse bien una semana después. Papá quiso llevarla al doctor, pero ella se negó.

> Porque dije: "Para siempre será edificada misericordia; en los mismos cielos apoyarás tu verdad."
>
> ~SALMOS 89, 2

Esa noche, mientras me disponía a dormirme, mi mamá pasó a mi cuarto a desearme buenas noches. Le pedí que a la mañana siguiente me preparara unos wafles, mi desayuno preferido.

—Si acaso estoy aquí —dijo.

—¿Vas a salir?

Me estremecí mientras esperaba su respuesta, pero ella sonrió y salió de mi recámara.

Traté de echar de mi mente toda idea inquietante al intentar dar sentido a lo que ella me había dicho, hasta que por fin me dormí.

Una voz me despertó. Mi papá estaba ahí, en la oscuridad.

—Creo que mamá ya se fue —dijo.

—¿Adónde?

—Murió, linda —fue su respuesta.

Como yo era la mayor, explicó, no quería despertar a mis hermanos. Les daría la noticia cuando despertaran.

—Esto es un sueño, ¿verdad?

¡Cuánto hubiera querido que lo fuera! Pero yo estaba totalmente despierta.

Vi el reloj en mi buró. Era la una de la mañana.

La semana siguiente, el tiempo pareció detenerse mientras mi familia sufría. ¿Cuánto tardaría el dolor en disiparse?

Una noche, una semana después del entierro de mi madre, estábamos viendo la tele cuando oímos que los resortes del sillón rechinaban. Ahí, en el asiento favorito de mamá, había una hendidura en el cojín, como si alguien estuviera sentado en él. Pensé que mi mente me jugaba una mala pasada, pero también mi papá y mis hermanos la vieron. La visita fue corta, pero nos dio la confirmación que necesitábamos.

Creo que mamá nos hizo saber que siempre estaría con nosotros, cuidándonos.

~Terri Ann Meehan

31

La música de mamá

Hacía cuatro años que mi dulce madre se había marchado con su Señor. Lo hizo a su manera. Murió mientras dormía, en su cama, en su casa.

Recibí la llamada en el trabajo, y me dirigí rápidamente a casa. El hogar de mis padres estaba muy al norte de Toronto, en la franja nevada. Mamá y papá vivían en una pequeña granja que tuvieron desde que yo tenía siete años. Al principio, éste había sido un lugar donde mi papá pudiera "alejarse de todo" los fines de semana. Pero yo no soportaba ir allá cada siete días. Ahí no había otra cosa que una niña pudiera hacer más que ver el único canal de una televisión vieja, si acaso el clima nos permitía recibir la señal.

> Bien dicen que la música es el lenguaje de los ángeles.
>
> ~THOMAS CARLYLE

Mi mamá, en cambio, amaba la paz y tranquilidad del campo, y disfrutaba mucho de sus flores y plantas en el jardín. El lugar era rústico, sin cañería ni calefacción. En la cocina, una gran estufa de madera hacía lo posible por calentar la pequeña granja, pero a mí esta última siempre me parecía fría y silenciosa.

En las noches, mi madre y yo nos sentábamos horas enteras a cantar en la cocinita. Yo cantaba la melodía y ella armonizaba. Su tema preferido era "Moon River", y lo cantábamos una y otra vez. Ella me decía que, de niña, yo había aprendido a cantar antes que a hablar. Le fascinaba relatar que mi corral estaba junto al radio de la cocina, y que me gustaba en particular una canción titulada "Ivory Tower" ("Torre de marfil"). Reía al contarme cómo me emocionaba cada vez que ponían esa canción. Me sabía la melodía, mas no la letra, pero aun así trataba de entonarla. Ya de grande, yo no recordaba esa canción, pero a mi madre le encantaba revivir aquel recuerdo de mi infancia una y otra vez.

Pasado un tiempo, mamá y papá renovaron la granja, y se fueron a vivir allá de fijo cuando papá se retiró de su trabajo como carnicero. Para entonces yo ya tenía a mis hijos, e iba a visitar a mis padres cada una o dos semanas. A los niños les gustaban la granja y los viajes en tractor con mi papá. Yo, bueno… seguía aborreciendo el silencio de la granjita. A mi mamá le embelesaba sentarse a la mesa de la cocina, contemplar sus flores y su jardín y volver a contar las mismas historias de siempre, pero yo extrañaba el bullicio de mi hogar. Aun así, me sentaba a escucharla en silencio mientras ella se deleitaba en sus reminiscencias.

Después de que murió, una vez me senté en su silla en la conocida mesa de la cocina a ver su jardín, cubierto de nieve, mientras un dolor espantoso invadía mi interior. Tengas la edad que tengas, perder a tu madre es traumático. Aunque yo sabía que ella estaba en el cielo, la extrañaba. Extrañaba sus gentiles maneras y ansiaba oír una vez más sus viejas historias. ¿Por qué no le había puesto más atención cuando me las contaba sin cesar? ¡Si hubiera podido oír otra vez su voz, decirle que la quería y agradecerle mis recuerdos de infancia!

Me recosté en mi asiento en medio de aquella quietud y pedí a Dios que me diera una señal de que mi mamá estaba con él y yo estaría bien. El silencio era ensordecedor, así que al fin me incliné para encender un antiguo radio en la esquina del mostrador. La música me había consolado siempre.

Pero entonces me dio un vuelco el corazón: la canción que estaban pasando en la radio en ese momento era "Moon River". Me quedé fría, y una lágrima rodó por mi mejilla mientras escuchaba hasta la última nota.

El anunciador de esa estación de éxitos del ayer dijo en seguida: "Y ahora, una que no hemos oído en mucho tiempo", y puso una canción que no reconocí. Sin embargo, comencé a llorar más fuerte al oír la letra: "Baja, baja de tu torre de marfil…".

~Yolanda Mortimer

32

Oye la voz de los ángeles

La nieve sorda y que apacigua el aire fresco cae raramente en el sur de Nevada. Aunque adornos y luces decoran mi barrio, este año el espíritu navideño parece estar lejos. El fallecimiento de un ser querido puede hacerle esto a una persona. Sobre todo si la difunta, mi madre, daba pronta vida al espíritu navideño cada temporada.

Las cajas de adornos permanecen ocultas en el clóset del pasillo, allá, bajo las escaleras, invisible cuando la puerta se abre. Se oyen villancicos en el radio del coche, y los anuncios de la televisión ofrecen compras tentadoras, pero aun así a mí se me escapa el ambiente de la temporada.

A fines de noviembre compré una caja de tarjetas de navidad que aún reposa en mi escritorio, junto a un cuaderno de estampillas y etiquetas con la dirección del remitente. Los veo a cada rato, sin entusiasmo alguno. Sé que mi mamá querría que el espíritu navideño invadiera nuestra casa, cantáramos villancicos y alabáramos al Señor por todo lo que nos ha dado. Pero aun sabiendo esto, la fuerza para entregarme a la temporada me elude.

Ayer oí su angélica voz murmurar en mi oído: "Siempre estaré contigo. Regocíjate, porque has sido bendecida en abundancia". Pero, luego,

> Presta atención a tus sueños; los ángeles de Dios suelen hablar directamente a nuestro corazón cuando dormimos.
>
> ~CITADO EN THE ANGEL'S LITTLE INSTRUCTION BOOK, DE EILEEN ELIAS FREEMAN, 1994

su voz se desvaneció antes de que yo pudiera atraparla en mi corazón atribulado.

Hoy me pregunto si fue sólo una ilusión, esperanzada como estoy de que ella esté cerca, viendo por nosotros. Si dudara de su presencia, la fuerza de mi fe sería cuestionable. Retorna a mí el recuerdo de su hermosa voz en el coro de la iglesia en nochebuena. El "Ave María", que ella entonaba como solista, resuena en los rincones de mi mente y reanima mis creencias.

Mi nieto, Zack, entra a la habitación y se para junto a mi escritorio. Yo lo veo con ojos inquisidores. Sus radiantes ojos verdes sostienen mi mirada. Lo siento titubeante y lleno de inquietud.

—¿Qué pasa? —interrogo.

—Quiero preguntarte sobre un sueño que tuve anoche. No era malo ni nada… sólo que no lo entiendo.

—Pues cuéntamelo entonces. Quizá pueda ayudarte a comprenderlo.

—Estaba dormido y sonaba el teléfono. Cuando despertaba y lo contestaba, una mujer me preguntaba por ti. Yo reconocía su voz, pero tenía miedo de decir algo. Ella preguntaba: "¿Zack?", y yo respondía: "¡Bisabuela!". Le decía que no era posible que ella llamara, porque estaba en el cielo. Ella me decía que estaba muy contenta allá, y que tenía un perro. Que nos veía a todos, y que en nuestra familia iba a' ocurrir un milagro. Juraba que siempre estaríamos juntos, y me pedía que no me preocupara tanto. Entonces desperté.

Mi corazón se agita. El cuarto se sume en el silencio.

—¿Tú qué crees? ¿Era realmente tu bisabuela? —pregunto, con intención de alentarlo a hablar más de su experiencia.

—Sí.

—Entonces ella te ha hecho un regalo. Fuiste elegido para darnos su mensaje, tal vez para que dejemos de llorar su ausencia. Quiere que estemos felices, tan felices como ella está en el cielo.

—¡Qué bueno que soñé eso! ¿Abue?

—¿Sí?

—Ella está muy, muy contenta.

—Me da mucho gusto que me lo digas.

Los ojos de Zack se empañan y me dirige una sonrisa a medias. Sale de la habitación y vuelve a su recámara. Yo miro la caja de tarjetas de navidad: la Virgen María en relieve sosteniendo en sus brazos al niño Jesús, ángeles mirándolos al fondo. La televisión está encendida, pero no se oye nada. Arriba de mí, desde un lugar distante, oigo un coro de ángeles cantar el "Ave María." Sobresale una voz, fuerte, clara, de palabras nítidas, que emite un tono conocido y añorado. El significado verdadero de la navidad resucita en mi corazón.

Rotulo mis tarjetas y siento en mi pecho el amor de mamá por esta temporada especial. Abrazo su recuerdo y el amor que nos prodigó a todos y cada uno de nosotros a través de los años. He recibido el más hermoso regalo navideño. Estoy muy contenta y agradecida. La mañana de navidad, rodeada de mi familia, miraré el árbol cargado de luces y sabré que mi madre está a mi lado.

~Cindy Golchuk

Caldo de Pollo
para el Alma

4

CAPÍTULO

Mensajero del cielo

Veía en las visiones de mi cabeza en mi cama, y he aquí
que un vigilante y santo descendía del cielo.

~DANIEL 4, 13

33

No pasa nada, Marcia

A l asomarme por la ventana a un cielo frío y negro, vi las intermitentes luces rojas de las tres lejanas torres de radio que advertían a los aviones de su presencia. Me parecieron luciérnagas que indicaban aflicción, y que reflejaban la alarma de mi espíritu.

Tenía dieciocho años y mi padre acababa de morir de cáncer cerebral. Era media noche y me encontraba sola en el centro de la cocina a oscuras. Una minúscula luz sobre la estufa era la única iluminación. Mi madre y mis hermanas dormían. Yo no podía hacerlo.

Al ver por la ventana hacia la oscuridad, la congoja que me consumía cristalizó al fin en una idea contundente: nunca más volvería a estar segura.

¿Por qué había pasado todo eso? El ataque dos días antes de navidad. La ambulancia, la sala de urgencias. El escáner del cerebro. "Epilepsia", dijeron los doctores, y le dieron medicinas. Pero él no mejoraba, sino al contrario. Se volvió malhumorado, criticón y difícil de complacer. Se hicieron más pruebas hasta hacer emerger la dolorosa verdad: un tumor, quizá maligno. Urgía operar.

Recuerdo a mi mamá sentada en el cuarto del hospital durante la recuperación de papá, en mi último año de preparatoria, cosiendo con paciencia pequeñas lentejuelas blancas en el corpiño del vestido que ella

> Jehová te bendiga y te guarde; haga resplandecer su rostro sobre ti y haya de ti misericordia; Jehová alce a ti su rostro, y ponga en ti paz.
>
> ~NÚMEROS 6, 24-26

me había hecho para un baile de primavera. Yo sabía que rezaba a cada puntada, y papá mejoró. Incluso asistió a mi graduación, en silla de ruedas, la cabeza envuelta en vendas. Esto representó para todos un gran avance, y la esperanza de mejores días.

Ese verano tuve mi primer empleo y me preparé para partir a la universidad. Mi papá se repuso al grado de que regresó a trabajar. Pero como seguía sin poder manejar, mi mamá lo llevaba por toda la ciudad a sus visitas de negocios. Siempre había sido él el que mandaba. Ahora tenía que esperar a que se le atendiera. Todos sabíamos que era difícil.

El verano pasó pronto y por fin llegó el día en que tuve que cargar el coche y emprender el camino al campus. Asistir a la universidad era un sueño cumplido. Pero marcharse fue difícil.

El deterioro de papá se aceleró ese otoño. El tumor regresó. En octubre, él tuvo que dejar de trabajar. Pasó la navidad postrado en cama. En febrero se fue.

No sólo perdí a mi padre, sino que también mi madre se fue con él, en gran medida. Ella había sido una excelente mamá de tiempo completo mientras él se hacía cargo de lo demás. Había dependido tanto de él que, cuando se marchó, mamá se vio reducida a una niña, en más de un sentido. Le costaba trabajo tomar hasta las decisiones más simples, y pagar las cuentas la sobrepasaba. No obstante, se puso a la altura de las circunstancias e insistió en que yo volviera a clases después del entierro.

Siendo la mayor, ese verano tuve que adoptar un nuevo sentido de responsabilidad. A veces parecía que no iba a resistir. ¿Cómo nos las íbamos a arreglar? Un día tras otro. Esa estrategia pareció dar resultado. En una reunión hicimos al fin un plan de sobrevivencia para compensar el vacío que ensombrecía cada parte de nuestra vida.

En septiembre incluso pude regresar a la escuela. Era bueno estar otra vez entre mis amigos, lejos de recuerdos tristes. Ahí podría sumergirme en el estudio, olvidar el dolor y creer que era capaz de controlar algo en mi vida, aun si sólo eran metas académicas. Éste era sin duda el camino a la seguridad económica. No quería volver a sentirme desvalida.

Así, puse todo mi empeño en mis estudios. Una noche de mediados de octubre me desvelé preparándome para un examen parcial de francés. Al despertar, a las dos de la mañana, me di cuenta de que me había quedado dormida en la cama, sentada, el libro en mi regazo. Tenía que descansar de verdad.

Al apagar la lámpara, la luna llena que entraba por la ventana bañó mi cuarto de plateada luz. Aun el escritorio arrojaba densas sombras sobre el piso reluciente de blancas losetas. Pero, aturdida como estaba, ni siquiera la luz del día habría podido arrebatarme la promesa de dulces sueños. Caí como tabla... hasta que, un rato después, me percaté de que no estaba sola.

Tenía bien cerrados los ojos, pero mi mente estaba alerta, y mi corazón latía con fuerza. Sentí la proximidad de una sombra oscura que entró a mi cuarto y se sentó en mi cama. La sensación de que alguien se inclinaba sobre mí fue inconfundible. Se pronunciaron palabras inconexas. Palabras calmantes, consoladoras, carentes de sentido pero que transmitieron un mensaje inequívoco: "No pasa nada, Marcia. Todo va a estar bien".

La sensación fue tan reconfortante y benévola como el gesto abrigador de un padre, pero aterradora al mismo tiempo. La voz era de mi papá, y era propio de él ver una necesidad y hacer todo lo posible por remediarla. Tal vez por eso no pude abrir los ojos. Quizá tenía miedo de lo que podía ver. Tal vez se me había impedido ver. Todo lo que supe fue que, una vez emitida esa confirmación, la sombra se retiró.

Durante lo que me parecieron horas enteras, permanecí acostada en mi cama, rígida como un madero, el pulso acelerado, incapaz de moverme. Eso no había sido un sueño. El miedo cedió al cabo, y logré abrir los ojos. El cuarto seguía bañado en luz. Me escurrí de entre las cobijas, me arrastré al otro extremo de la cama y revisé mi escritorio para cerciorarme de que estaba sola. Una vez segura de ello, dormí profundamente, exhausta.

A la mañana siguiente, el episodio de la noche no dejaba de atormentarme. Tenía que contárselo a alguien, pero ¿cómo? ¿Qué pensaría mi compañera de cuarto? Decidí intentarlo. Pero aprendí que, por desgracia, hay cosas que se pierden en la traducción. Es imposible explicarlas.

A algunos, estas cosas podrían parecerles tonterías, sandeces.

Pero si escuchamos con el corazón, el mensaje puede ser muy claro: "No pasa nada. Todo va a estar bien".

~Marcia Swearingen

34

Cree

Dos semanas antes de navidad falleció mi padre. Cuando, días atrás, yo obligué a todos a posar para otra foto, nunca me imaginé que ésta sería la última en la que aparecería toda la familia. Quería a mi padre tanto como él a mí. Nos lo decíamos con frecuencia.

En medio de mi inconsolable dolor, una noche pedí a Dios que me ayudara a hallar un poco de consuelo para soportar mi pérdida. Necesitaba encontrar algo de paz y resignación para empezar a recuperarme, tal como mi padre habría querido. Él solía recomendarme que no me la pasara llorando cuando se fuera, sino que disfrutara de la vida, como él mismo lo había hecho. Mi padre había soportado muchas dificultades personales, pero no por ello perdió su fortaleza y sentido del humor. Yo tenía que honrar eso. En ese momento de oración comprendí que mi padre había querido a su papá tanto como nos habíamos querido él y yo. Pedí entonces que él se hallara en la gozosa presencia de su papá, felices ambos de haber vuelto a reunirse, esta vez para toda la eternidad. Éste fue mi consuelo al llorar y rezar aquel día.

> Ruego a nuestro Padre celestial que mitigue la angustia de tu aflicción y te deje sólo el preciado recuerdo de los seres queridos que se te adelantaron...
>
> ~ABRAHAM LINCOLN

Asimismo, me recordé que yo había tenido la suerte de contar con mi papá durante toda mi infancia, y la de sus nietos. Ellos se volvieron después hombres honorables, con muchas de las cualidades de su abuelo.

Papá también había tenido la oportunidad de ver brotar bisnietos de las hojas de su árbol genealógico. Yo era una mujer de cuarenta y ocho años de edad, no una niña, al perder a mi padre. Así pues, no tenía nada que lamentar. Lo único que necesitaba era saber que él estaba con su padre en el cielo, y que se encontraba bien.

Terminé de rezar alrededor de las diez y media de la noche. Al dejar de llorar, sentí una cálida ola de consuelo, gracias a la cual dormí profundamente, sin soñar en nada, mi primer descanso genuino desde la muerte de mi padre. Tal vez de veras comenzaría a recuperarme.

A la mañana siguiente me fui a trabajar; era el último día de actividades antes de las vacaciones navideñas. No sabía cómo pasaría sin papá esta temporada. De igual modo, me costó mucho trabajo poner cara de fiesta en la escuela, pero maestros y alumnos se mostraron muy amables y comprensivos. Nos quedaba una hora antes de que llegaran los autobuses y los estudiantes se marcharan a casa de vacaciones. La enfermera de la escuela se integró a la celebración de mi grupo. Yo la conocía apenas desde principios de ese año escolar, pero de inmediato amistamos, unidas por nuestras respectivas tragedias familiares.

Ella me preguntó:

—¿"Lollipop" significa algo para ti?

Mi mente gritó: "¿Qué?", pero de mi boca salió:

—Yo soy Lollipop.

—¿Cómo dices?

—Lollipop: es mi apodo. —Con lágrimas en los ojos, continué—: Mi papá me dijo así toda la vida.

—Entonces tengo un mensaje para ti —explicó.

Como me sentía un poco débil, le sugerí que fuéramos a su oficina. Camino allá me contó que la noche anterior se había soñado en la escuela. Marcaba su código numérico y entraba, pero no había nadie, ni profesores ni alumnos, sólo el edificio vacío. Totalmente sola, avanzaba por el pasillo cuando oyó una voz amable pero firme de hombre que decía: "Busca a Lollipop. Cree". Entonces despertó, y trató de interpretar su sueño. La visión había sido muy vívida, y las imágenes sumamente precisas. Sus sueños no solían ser tan claros. Pero éste no tenía sentido para ella, así que lo olvidó y se volvió a dormir. Sin embargo, se soñó de nueva cuenta en la escuela, y en la misma secuencia de hechos, hasta oír que la voz del hombre repetía: "Busca a Lollipop. Cree". Esta vez, el sueño se fijó en su memoria.

Camino a la escuela, no pudo hallar una relación entre lollipops y la navidad. Ésta era una temporada de bastones de golosinas, no de simples paletas. "Cree." ¿Había sido Santa Claus o Jesús? ¿Lollipop era una persona, un lugar o una cosa? Tenía que encontrar una explicación. Les pregunté a todos los maestros si lollipop significaba algo para ellos. Todos respondieron que no. Pero me encontró. Llorando, le conté mi rezo de la noche anterior, y el alivio que había sentido. Vi en sus ojos que las cosas le cuadraban al fin.

—Tu papá está con su padre —me dijo—. Debes creer en eso.

Yo asentí con la cabeza.

—Lo creo desde anoche. Tú sólo has venido a confirmarlo. —Luego le pregunté—: ¿A qué horas tuviste ese sueño?

—El primero, alrededor de las diez y media. —Y añadió—: La voz era amable pero persistente.

Justo como mi padre.

—Sencillamente supe que tenía que encontrar a Lollipop y decirle: "Cree".

Una noche antes de que mi papá muriera, cuando terminamos de platicar le dije: "Te quiero mucho, papá", y él respondió: "Yo también te quiero, Lollipop".

~Laurel A. Smith

35

Paquete divino

Durante la segunda guerra mundial, mi padre, Henry, chico sureño lejos de casa por vez primera, fue enviado a una isla desconocida del Pacífico sur. La llegada del correo era allá uno de los momentos culminantes de la semana, algo que él y los demás marines esperaban con ansia. Las cartas que recibían eran lo único que los unía a sus seres queridos en casa, y las leían una y otra vez, compartiendo con los amigos los pasajes clave. Aun los detalles más insignificantes de la vida doméstica eran dignos de aprecio, porque enterarse de las menudencias cotidianas los hacía sentirse en contacto con sus familiares y amigos al otro lado del mundo.

> ¡Amor maternal!
> Palabra que resume
> toda dicha.
>
> ~CHANNING POLLACK

La madre de Henry le escribía con regularidad acerca de todo y nada: que la gata negra y blanca del granero había dado a luz seis gatitos, que ella había cosido nuevas cortinas de tela escocesa para la sala, que papá había recortado los perales y que no sabía cómo ella había perdido su anillo de bodas. Estaba rezando para que apareciera en alguna parte.

Aún más ansiosamente esperados que las cartas eran los paquetes especiales, cajas de delicias hechas en casa que las madres y novias de los soldados enviaban. Muchos de esos paquetes se perdían en el mar cuando los barcos que los transportaban eran atacados. Los que llegaban a su destino eran motivo de celebración. Cada vez que una de esas cajas llegaba, el destinatario compartía su contenido con sus amigos y sus compañeros de tienda.

El platillo favorito de Henry era la *divinidad* de factura casera, especialidad sureña consistente en delicioso caramelo blanco con abundante relleno de nuez. Un día en que Henry se sentía particularmente desanimado y nostálgico, recibió un paquete especial, maltratado por fuera pero con el contenido intacto. Rompió el raído papel para envolver y, haciéndosele agua la boca, abrió el molde, que, como sabía, estaba lleno de divinidad. Las diversas capas se hallaban separadas entre sí por papel encerado... justo la divinidad suficiente, pensó él, para ofrecer a todos sus amigos, con una o dos rebanadas para él mismo.

La caja circuló entre los soldados y la divinidad desapareció en un instante, rebanada tras rebanada. Al final, la caja volvió a manos de Henry. Él tomó el último cuadrado blanco y cremoso que quedaba y lo mordió con un suspiro de puro placer.

Pero el puro placer se tiñó pronto de puro dolor, cuando sus dientes toparon con algo duro. Él se sacó el molesto objeto de la boca y vio... el anillo de bodas de su madre.

Dios había hecho hasta lo imposible por satisfacer ese día la necesidad de consuelo y aliento de Henry. Él sobrevivió a la guerra y devolvió personalmente a su madre el preciado anillo de bodas.

~Lynn Worley Kuntz

36

El hijo del carpintero

Una vida formada en torno a un empleo de tiempo completo, tres hijos y un esposo que trabajaba el turno de medianoche estaba acabando conmigo. En mi existencia tenía que haber algo más que papeleo, pañales y absurdos horarios fabriles. Además, una idea fastidiosa no cesaba de tirar de mi falda como un niño sollozante: "Deberías estar haciendo otra cosa". Esto se negaba a dejar de llamar mi atención.

Cuando leí el anuncio en el boletín de mi iglesia, supe que eso era justo lo que necesitaba: un retiro. Tal vez Dios respondería ahí a mi inquietud.

> Y aquella noche apareció Dios a Salomón y díjole: "Demanda lo que quisieres que yo te dé".
>
> ~2 CRÓNICAS 1, 7

El retiro, de un fin de semana, se llevaría a cabo en un convento. Yo jamás había asistido a uno. Al llegar a las instalaciones, pasé junto a inmensos edificios de ladrillo formados como soldados que protegieran tierras sagradas. Señorialmente situado en el centro del compuesto estaba un viejo roble. Años de lluvia comparable a agua bendita lo habían agraciado con una larga vida. Su enorme conjunto de ramas se tendía al cielo como manos alzadas en oración carismática. Me detuve un momento bajo su gesto de alabanza, dejando que la santidad del lugar me envolviera.

Después, al llegar a mi cuarto, puse mi maleta en la cama e inspeccioné mis alrededores. El cuarto era sobrio y simple: cama, escritorio, Biblia y tocador. Un crucifijo colgaba de la grisácea pared.

"Las cosas parecen muy inhóspitas aquí", pensé. Era probable que en este sitio hubiera paz, pero me pregunté si la sencillez y yo seríamos buenas compañeras de cuarto.

Esa noche me metí en mi cama y me acurruqué bajo las cobijas, tratando de sentirme arropada. El silencio invadía ese espacio monótono. La quietud me hizo sentir incómoda. Pese a mi desazón, sin embargo, el cansancio me venció, y caí dormida al instante.

No sé cuánto tiempo había descansado apaciblemente cuando mis ojos se abrieron de golpe. Ahogué primero un grito, y después lo solté. ¡Frente a mí se alzaba una figura gigantesca y fantasmagórica, de un hombre joven que llegaba al techo! Una fina banda rodeaba su cabeza como un halo de piel, alejando su largo y rizado cabello de su cara. Su cuerpo estaba empapado en sudor. Dirigía a las alturas una mirada de afecto.

Durante el segundo que tardé en abrir los ojos, recibí una infusión de conocimiento, una carta sagrada de presentación de ese intruso espiritual: "Éste es Jesús, el hijo del carpintero. Ha trabajado largas y extenuantes horas ayudando a su padre a construir".

Luego oí dentro de mí estas palabras: "Es difícil trabajar en la construcción del reino".

Incorporándome en la cama, pasé rápidamente la mano por aquella figura, como si borrara un pizarrón. Justo en ese momento, la figura desapareció.

Perpleja, volví a acostarme, tratando de asimilar lo que acababa de suceder. Miré la sosa pared gris que había servido de fondo a esa visita misteriosa. Mi corazón retumbaba como martillo. "Si era Jesús, ¿por qué tengo tanto miedo?"

La respuesta me llegó al recordar un pasaje de la Biblia que yo había leído. Los discípulos estaban en una lancha bajo una tormenta cuando Jesús se acercó a ellos caminando sobre el agua. Al principio no lo reconocieron. "¡Es un fantasma!", gritaron atemorizados.

Yo sabía ahora lo que ellos habían sentido. Estaba paralizada. Evidentemente, el temor sacro es aterrador. Pero la revelación de que Jesús había ahuyentado al demonio para proteger a sus discípulos me confortó también. Esta consoladora idea me envolvió en sus brazos, atenuó mi miedo y me permitió volver a dormirme.

El día siguiente era domingo. Asistí a misa aún con el encuentro de la noche anterior en mi mente. Al iniciarse la ceremonia, mis ideas se obstinaban en distraerme, pero recé de todos modos: "Señor, ¿eras tú anoche en verdad?".

Llegado el momento de la homilía, el padre avanzó al frente de la iglesia. Tras pasarse los dedos por la barbilla, como sumergido en una reflexión profunda, dijo con reverencia:

—Jesús, el hijo del carpintero. ¡Qué hermoso nombre para Jesús!

Me quedé helada.

"Esto no es coincidencia", me dije. "¡Es un hecho que Dios quiere decirme algo!".

Sentí como si me enchufaran: corrientes eléctricas subían y bajaban por mi cuerpo. Estaba vibrando. La piel se me enchinaba. El fenómeno se repitió en oleadas durante todo el sermón, y no paró hasta que terminó la misa.

Pensamientos acerca de Jesús me acompañaron en el largo trayecto a casa. Intentando comprender por qué él se me había aparecido como el hijo del carpintero, me hacía preguntas: "¿Qué hace un carpintero?". Construir cosas. "¿Qué hace Jesús, el carpintero?" Construir vidas.

En cuanto llegué a casa, me senté frente a mi computadora a escribir sobre Jesús, el hijo del carpintero, el constructor de vidas. En un arranque, ofrecí lo que había escrito al director del periódico diocesano. Para mi sorpresa, él me invitó a escribir una columna mensual para el diario. Escuché el llamado. Me puse a escribir.

Poco después me pidieron ser solista del coro y ministra de música de mi iglesia. También esta vez hice caso al llamado: comencé a cantar.

Una cosa me llevaba a otra, y de pronto ya tenía demasiadas cosas que hacer. Todo indica que hay mucho que hacer en el mundo en favor del designio divino. Las compuertas se abrieron, y yo sólo me dejé llevar.

Hace veinte años que recibí la visita del hijo del carpintero. Desde entonces, ningún día he estado ociosa; siempre encuentro algo valioso que hacer por Jesús, como escribir, cantar, visitar casas de reposo o enseñar catecismo a mis nietos. A menudo me canso. Quisiera renunciar a veces. Pero casi siempre, cuando la fatiga pretende distraerme, tomo un descanso. Miro entonces al cielo y seco el sudor de mi frente, recordando lo que una vez me dijo Jesús: que es difícil trabajar en la construcción del reino de Dios.

~Teresa Anne Hayden

37

El pay de calabaza

La mañana de navidad era mi momento preferido del año. Pronto llegarían mis dos hijos y tres hijas, sus cónyuges y mis diez nietos, quienes llenarían la casa con el alboroto de papel para envolver rasgado, juguetes trepidantes y niños bulliciosos. Mientras chicos y perros se perseguirían por las habitaciones, las mujeres nos reuniríamos en la cocina a tomar café y dar consejos de todo, desde cómo prevenir la migraña hasta cómo encontrar una buena niñera. Como de costumbre, algunas de ellas se ofrecerían a ayudar en la cocina y, como de costumbre, yo me negaría a tal cosa. Los señores se congregarían frente a las televisiones, mi esposo y casi todos los demás para ver el History Channel en la sala, y dos de mis yernos para animar a sus equipos de futbol en la recámara. Ocasionalmente, alguien gritaría "¡Deja de fastidiar a tu hermano!" o "¡Deja en paz a esos pececitos!".

> No permitamos que el reloj y el calendario nos cieguen al hecho de que cada momento de la vida es un milagro y un misterio.
>
> ~H. G. WELLS

Por lo pronto, el viejo gato manchado y yo éramos los únicos en la cocina. Con una sonrisa de satisfacción, le pasé el pie descalzo por el suave pelaje.

Me encantaba este rato de tranquilidad y soledad, hundida hasta los codos en harina, rodeada por los olores del café y la canela. Cuatro pasteles recién horneados se alineaban en el mostrador, y dos más se hallaban en el horno. El pavo esperaba a ser rellenado; la masa del pan se esponjaba. Afuera, los sueños de Bing Crosby se hacían realidad. Azotada por el viento, la nieve golpeaba las ventanas y se acumulaba en las calles.

El reloj del horno timbró y yo tomé las gastadas agarraderas, evitando la parte raída. Sí, los pays de calabaza estaban perfectos, fijo el relleno a la orilla y la unduosa costra dorada pero no quemada. Al ponerlos a enfriar sentí el súbito e imperioso impulso de llevarle un pastel a nuestra vecina, a la que llamábamos George.

George, cuyo verdadero nombre era Beulah May, había vivido a la vuelta de nuestra casa desde que mis hijos eran bebés. Como yo, también ella sentía que la mejor parte de las fiestas era cocinar. Normalmente comparábamos notas, pero este año había estado más agitado de lo habitual, y me di cuenta de que no había hablado con ella en semanas.

"Llévale a George un pay de calabaza", me dijo una voz. Sonó como el rugido atronador y retumbante de Charlton Heston. No era una voz que se pudiera ignorar.

—George no necesita un pastel. Probablemente tiene más que yo —me dije en voz alta.

Pero la necesidad de regalarle un pay a George persistió.

"Está nevando", me dije. "Voy a sentirme ridícula. Caeré en el hielo y moriré congelada."

Tenía argumentos de sobra. Pero de pronto, sin darme cuenta de lo que hacía, tomé un abrigo, me puse las pantuflas y saqué un pay aún caliente envuelto en un trapo blanco por la puerta trasera y hacia la calle, en dirección a la casa de George.

Annie, su nieta, de nueve años de edad, me vio llegar y abrió la puerta. Su abuela estaba justo detrás de ella, y miraba con preocupación.

—¡Entra, que está nevando! —dijo George mientras me jalaba para meterme a la casa—. ¿Dónde están tus botas? ¿Estás loca?

Me sorprendió darme cuenta de que no me había puesto gorro y mis pies estaban casi descubiertos, aunque no tenía frío.

—Te traje un pay de calabaza —le dije—. Pensarás que estoy demente, pero oí una voz que me decía que necesitabas uno. —Me sentí sonrojar—. Quizá ya tengas seis…

En vez de reírse de mí, George se cubrió el rostro con las manos y rompió a llorar.

—¡No —exclamó entre gimoteos—, no tengo uno solo! No hice ninguno este año.

Me quedé atónita. ¿George no había cocinado para navidad? Reparé entonces en lo silenciosa que estaba la casa.

—¿Dónde están todos? —pregunté.

Las fiestas de George siempre incluían al menos a veinte personas apiñadas en torno a la mesa del comedor. Me asomé a la ventana.

—¿Y dónde están todos los coches?

George hurgó en sus bolsillos en busca de un pañuelo.

—Sólo estamos Annie y yo. Pensábamos ir a casa de Sue. Con el nuevo bebé, no pudieron venir a casa como de costumbre. Pero hay mal tiempo en Chicago, y cancelaron nuestro vuelo. —Dejó de buscar el pañuelo y se enjugó las lágrimas con los dedos—. ¡Ay!, sé que esto parece ridículo comparado con los problemas de otros, pero todos estamos muy contrariados. Será la primera vez que no la pasemos juntos. —Miró el suelo, y el labio inferior le tembló—. John se va a Irak. Quién sabe cuándo tengamos otra oportunidad de vernos.

¿Ningún pariente en navidad? Esto podría no parecer una crisis para algunas personas, pero yo sabía lo que significaba para George.

Soltando un suspiro, ella me retiró el pay y lo puso en la mesa redonda de la cocina.

—Pero vamos a estar bien —dijo, alzando el mentón con un dejo de osadía—. La cena de navidad no será lo mismo, pero tengo un jamón enlatado.

—¡Vayan a mi casa! —le dije—. Tú eres como de la familia, y bien sabe Dios que habrá mucho de comer.

George sacudió la cabeza.

—Gracias, pero no. Annie quiere ver "Una historia de navidad" en la tele, y los chicos llamarán a la hora de la cena. —Respiró hondo y rió entre dientes, tratando de aligerar la situación—. Además, debes saber que le dije al Señor que para arreglármelas me bastaría con un pay de calabaza.

Hizo una pausa, sonriendo.

—Y ya está aquí.

Annie se puso a dar de brincos, haciendo rebotar sus rizos oscuros.

—Abue, ya se te concedió ese favor. ¿Es esto un milagro?

—No, no lo es —contesté, avergonzada. ¿Por qué Dios habría de elegirme como su mensajera?

—No es un milagro —confirmó George, esbozando una sonrisa—. Lo sería si Mary hubiera traído crema batida.

~Mary Vaughn, entrevistada por Sally O'Brien

38

Milagro en las nubes

Fijé la vista en el cielo bañado por el sol. El calor de un día de mediados de julio pesaba sobre mí. Las algodonosas nubes caminaban, jugando a las escondidillas. Esto me recordó los lejanos días de la infancia, cuando mi desbocada imaginación veía imágenes en las nubes… un elefante, un oso, un pez.

Pese al opresivo calor, había salido momentos antes, necesitada de la suave quietud de la soledad. La doble exigencia de cuidar a mi hermana mientras se sometía a seis extenuantes sesiones de quimioterapia y de hacerme cargo de la casa, lo que incluía atender a nuestro padre, de ochenta y siete años de edad, así como a la suegra de mi hermana, que sufría de demencia senil, me había dejado sin fuerza, tanto física como espiritualmente.

> Decid a los de corazón apocado: "Confortaos, no temáis; he aquí que vuestro Dios viene…".
>
> ~ISAÍAS 35, 4

El diagnóstico de cáncer ovárico de mi hermana había sacudido cada parte de mi ser. Pasé muchas horas de rodillas, pidiendo a Dios que tuviera misericordia de mi hermana, quien era, en más de un sentido, mi otra mitad.

Buscaba una señal que me ayudara a reponerme, que reforzara mi tambaleante valor, morosa fe y fatigado corazón. Alcé la mirada otra vez, para contemplar el horizonte. ¿Podía ser verdad aquello? Entrecerré los ojos contra la bruma del sol y el esmog.

Ahí, en las nubes, apareció el Señor. Tendidos los brazos, parecía hacerme señas. Yo parpadeé, segura de que mis ojos me jugaban una mala pasada.

Pero no. Él seguía ahí, una quieta presencia, un regalo para mi moral abatida.

"¡Señor mío!", oré. "¡Retira de mi hermana este cáliz y, si es tu voluntad, cúrala!"

Permanecí ahí, inclinada la cabeza. Esperando. Haciendo todo lo posible por escuchar. Deseando que mi alma rebelde se sometiera a su voluntad.

Una voz dulce dijo en mi mente: "Tu hermana está en mis manos, hija mía. ¿Cómo puedes temer?".

"Ya no temo."

Pasó el momento. La imagen se devaneció, y yo me quedé preguntándome si había imaginado todo el episodio.

¡No! No iba a dudar. El Señor se me había aparecido, y me había dado el precioso regalo de confirmar su amor sustentador por mi hermana y por mí.

Fortalecida, entré a casa de nuevo, renovada, lista para servir, sabiendo que mi hermana… y yo… estábamos en manos de Dios.

~Jane McBride Choate

39

¿Viste a ese niño?

El Domingo de Pascua fue el día en que el doctor le quitó el respirador a mi hijo, de tres días de nacido, para ponerlo en mis brazos. Sus pulmones no daban para más; la traqueotomía había dejado de ser una opción, porque el escáner de tomografía axial computarizada (TAC) no mostró actividad cerebral alguna. Una enfermera cubierta de harapos moteados de ositos nos llevó entonces a una sala azul, un cuarto privado junto a la unidad neonatal de cuidados intensivos, donde nos dejó ante un ventanal. El estacionamiento se veía abajo. A lo lejos se alzaba una antigua iglesia de piedra, cuyo campanario apuntaba al cielo. Mi hijo, Jeffery James, dio la batalla hasta exhalar su último suspiro, y entonces su cuerpecito se puso flácido.

> Mas Jesús volviéndose, y mirándola, dijo: "Confía, hija; tu fe te ha salvado".
>
> ~MATEO 9, 22

Todo fue silencio, y yo lloré.

No sé cuánto tiempo pasamos juntos en esa sala azul, pero, ahora que lo recuerdo, me parece una eternidad. Miré el cuerpo de mi bebé. Miré la iglesia. Pensé: "Qué ironía. Mi hijo nació el mismo día del aniversario de la muerte de Jesús". Sollocé. "Y murió el mismo día en que Jesús se levantó de entre los muertos."

Maldije a la iglesia. Maldije a Jesús. Maldije a Dios.

Pasé once días más en el área de maternidad, combatiendo una infección. El suero introducía poderosos antibióticos en mi cuerpo. Y cada mañana, tarde y noche, madres y padres pasaban por el corredor frente a mi habitación cargando a bebés sanos.

Cuando me dieron de alta, llevé conmigo un oscuro mechón de mi hijo.

Días después de mi vuelta a casa, un modesto entierro, planeado por mi madre, se celebró en el cementerio colina arriba de mi casa. Mi única petición: ningún cura católico. Un ministro episcopal ofició una breve ceremonia, llamando a nuestro hijo "el más pequeño de los ángeles". Y cuando su diminuto ataúd descendió al abismo, mi esposo llenó de tierra la pala y arrojó un montón de polvo antes de caer de rodillas.

Ese primer año fue el más difícil de mi vida. Me sentía perdida. La primera semana me sentaba sola en la adornada recámara de mi hijo, negándome a recibir a nadie. Pero la gente llegaba de todas maneras, tratando de ofrecer sus condolencias. Por un tiempo, semanas o meses quizá, esperaba a que la casa se sumiera en tinieblas y subía al cementerio para sentarme junto a la tumba de mi hijo. Su padre y yo éramos jóvenes y pobres, y aunque su sepulcro no tenía epitafio, yo podía encontrar a mi bebé en la oscuridad.

Ese año volví a embarazarme, y al siguiente di a luz a una bebé sana y hermosa. Aunque ella jamás mitigaría el dolor que yo sentiría siempre por el hijo que había perdido, la querría con todo mi corazón y toda mi alma. Nunca le hablaría del hermano que casi había tenido. Mi madre me preguntó un día si la haría bautizar, y yo contesté: "No". Jamás volvería a poner un pie en una iglesia. Y pese a la ausencia de Dios y la iglesia en nuestra vida, mi hija creció y se desarrolló.

Los años pasaron deleitosamente, y cuando mi hija tenía diez años me preguntó por qué nunca íbamos a la iglesia. Estábamos sentadas a la mesa de la cocina y nevaba levemente afuera cuando ella preguntó:

—¿Crees en Dios?

Me contó que su mejor amiga iba a la iglesia todos los domingos, y que ella también quería ir. Yo le dije simplemente que no creía en Dios. Que la religión había formado alguna vez parte de mi vida. Me habían educado en la fe católica igual que a su mejor amiga, Megan, pero muchos años atrás había tenido una crisis de fe.

Ella se alzó de hombros e inquirió:

—¿Puedo ir a misa con Megan y su familia este domingo?

Yo suspiré, pero consentí. ¿Quién era yo para negarle a mi hija el derecho a tomar sus propias decisiones acerca de la religión?

Durante dos años, la misa semanal con Megan y su familia se convirtió en un ritual para ella, y mientras aprendía más y más sobre la fe católica, su deseo de pertenecer a la iglesia aumentó. Mi madre planeó su bautizo esa primavera y, ante una copa de vino una noche, me preguntó si había pensado en la confirmación de mi hija. No, no lo había hecho. Pero, aparentemente, mi madre y mi hija sí.

—El curso de confirmación comenzará este otoño —me dijo—. Durará todo el año. Y tu hija necesitará una madrina.

Yo sabía qué significaba "madrina" para mi madre: que yo tendría que asistir al curso con mi hija.

—Mamá —repliqué—, ya sé adónde vas. Llevas años fastidiándome con que regrese a la iglesia. —Me paré de la mesa—. La respuesta —dije— es no. Y tú sabes por qué.

Hablamos de la culpa una hora.

—No culpes a Dios —insistía mi madre—. El Señor estará ahí esperándote cuando decidas volver a él.

Finalmente, por cansancio, cedí.

—No estoy regresando a la iglesia —le dije—, ni a él. Pero si la religión católica es lo que mi hija de veras desea, iré al curso con ella.

Mi madre creyó que había ganado.

—Tendrás que acompañarla a misa cada semana —dijo—. Una madrina tiene que ser un modelo a seguir.

Así, cuando septiembre llegó, y las hojas empezaron a cambiar de color, cada domingo mi hija y yo asistíamos juntas a la misa de las 10:30 de la mañana, mientras que en la tarde soportábamos hora y media de instrucción religiosa. Y aunque por lo general yo estaba físicamente presente en la banca, mi mente y espíritu solían estar en otra parte.

El Domingo de Pascua de ese año, mi madre, mi hija y yo asistimos juntas a la ceremonia. Tras acomodarnos en fila en la banca, yo me arrodillé en un extremo y saludé a Dios. Nos paramos para oír el evangelio, y nos sentamos mientras el cura daba su homilía: la historia de la resurrección de Jesús. Yo no escuchaba. Había oído esa historia un millón de veces. En cambio, pensaba… pensaba en el Domingo de Pascua en que había perdido a mi hijo. Alcé la mirada hacia la cruz detrás del padre, y pregunté en silencio al crucificado por qué Dios me había quitado a mi hijo. No hubo respuesta, sólo el monótono sonsonete del sacerdote, que retumbaba en la iglesia callada.

De repente, suaves pisadas se acercaron desde atrás. Un niño de unos trece años se detuvo en el pasillo a mi derecha. Tras mirarlo, estuve a punto de soltar un grito. Era casi idéntico a mí: cabello oscuro, ojos verdes, pecas dispersas en la nariz y las mejillas. Viendo mis ojos anegados en lágrimas, él reaccionó con una dulce sonrisa que parecía decir: "Todo va a estar bien".

Cuando me volví hacia mi madre y mi hija, ya lloraba a mares. Ellas me observaron con preocupación, y cuando volteé hacia el niño, ya se había ido.

"¡Qué tonta!", pensé camino a casa. "Ridícula." Sacudí la cabeza, y jamás mencioné ese momento a mi madre ni a mi hija. Olvidé todo a ese respecto.

En mayo, la confirmación de mi hija vino y se fue. El verano llegó con sus mañanas cálidas, y yo di en tomar mi café en una silla en el portal. Casi todas las mañanas mi hija salía corriendo de la casa, me plantaba un beso en la mejilla, me informaba de sus planes y volaba para reunirse con sus amigas en la ciudad. Un precioso día de julio, sin embargo, salió a rastras y todavía en piyama y pantuflas, el pelo hecho a un lado por la almohada.

Se sentó en los escalones del portal.

—Tuve un sueño muy raro —comenzó—. Un niño un poco mayor que yo estuvo anoche en mi recámara. —Se frotó los ojos—. Dijo que todo iba a estar bien, que velaría por mí. Dijo que era mi hermano.

Me volteó a ver.

—Se parecía al niño que vi en el pasillo de la iglesia el día de la Pascua. Qué extraño, ¿no? —dijo—. ¿Viste a ese niño, mamá?

Sus brillantes ojos azules se iluminaron de reverente temor.

—Tu hermano —susurré.

Supe en ese momento que Dios había enviado a mi hijo a buscarme no una vez, sino dos. Y que, sin la menor duda, yo nunca volvería a perderme.

~Kristen Hope

40

Bebés ángeles

Mi hermana Michelle y yo estábamos muy contentas de que estar embarazadas ambas de nuestro segundo hijo. Las fechas de parto se preveían con sólo seis semanas de diferencia. Blake, mi hijo, nació siete semanas antes que su prima, en perfectas condiciones. Mi hermana dio a luz a una niña preciosa, Kennedy, quien, trágicamente, no se logró.

Este hecho fue el más difícil que mi familia haya enfrentado hasta entonces. El proceso de recuperación fue largo y lento.

Blake tenía cuatro meses cuando murió Kennedy. Cada vez que él entraba a la recámara de su prima en casa de mi hermana, se dirigía a un punto específico y reía, hablaba y hacía señas. Siempre decíamos que tal vez Kennedy iba a jugar con él.

> Entonces dije: "¿Qué son éstos, señor mío?". Y díjome el ángel que hablaba conmigo: "Yo te enseñaré qué son éstos".
>
> ~ZACARÍAS 1, 9

Tiempo después, Michelle y su esposo se mudaron. En su nueva casa, Blake no parecía ver o hablar con su prima como lo hacía en el cuarto de ella en la antigua casa. Esto me entristeció un poco.

Una noche, cuando Blake tenía unos dos años y medio, estábamos solos en la sala, y yo lo arrullaba para que se durmiera.

De pronto, él se enderezó y comenzó a señalar insistentemente la pared, al tiempo que reía y hablaba. Era obvio que no estaba hablando conmigo, así que lo bajé. Atravesó la sala hasta el lugar donde había fijado la vista mientras yo lo cargaba.

—¿Con quién hablas, Blake?

—Bebé —respondió, y siguió hablando.

Luego regresó junto a mí, emocionado.

—¿Ves la bebé, mamá? ¿Ves la bebé? ¡Allá!

Era como si estuviera viendo a su mejor amigo tras haber perdido contacto con él mucho tiempo.

Yo le pregunté:

—¿Cómo se llama la bebé?

—Baby Kenny.

¡Se me puso la piel de gallina! Pensé que no lo había oído bien, o que decía y oía lo que yo quería creer.

Así que le pregunté lo mismo tres veces más, y él contestó siempre:

—Baby Kenny.

En ese momento supe que Kennedy estaba en mi casa, jugando con mi hijo. Me senté a verlo con ojos llenos de lágrimas, dando gracias a Dios de que hubiera mandado a Kenny a cuidarnos. Yo no quería que la experiencia acabara. Pero diez minutos después, justo tan abruptamente como Blake la había visto y comenzado a hablar, se detuvo y volvió a mí.

Fue un momento agridulce.

Kennedy sigue viniendo a nuestra casa, aunque no tan seguido como yo quisiera. Pero siempre le agradeceré a Dios que me haya permitido "ver" el milagro de los ángeles a través de los ojos de un niño de dos años y medio.

~Monica Matzner

Caldo de Pollo para el Alma

5

CAPÍTULO

Gracia redentora

Porque de su plenitud tomamos todos, y gracia por gracia.

~JUAN 1, 16

41

De la oscuridad

Noches sin dormir. Nada de apetito. Una cara gris reflejada en el espejo. Todo esto me definió en ese año de depresión. Algunos melancólicos lo han llamado "noche oscura del alma". Yo lo llamé "lo más parecido a la muerte en vida".

Algunos días me acurrucaba en posición fetal, sin poder ni querer moverme. Otros, yo parecía estar bien, y le hacía a mi hijo sándwiches de crema de cacahuate con mermelada. Pero ninguna risa resonaba en mi cocina. Vida y comida eran insípidas.

> Sáname, oh, Jehová, y seré sano; sálvame, y seré salvo, porque tú eres mi alabanza.
>
> ~JEREMÍAS 17, 14

Los atardeceres habían sido siempre mi momento favorito, pero no en ese año oscuro. Ya no disfrutaba de los dorados y naranjas del crepúsculo de Kansas. El atardecer significaba que la noche estaba cerca, y yo le tenía miedo a la soledad. Todos dormían mientras yo me balanceaba en una esquina del baño. ¿Estaba loca? "Depresión clínica", dijo el doctor. "Ni caso tomar medicinas. Nadie sabe cómo empieza ni cómo termina eso."

Mis rutinas no marchaban. La música no contenía dicha alguna. El piano reposaba en la esquina de la sala, sus teclas de marfil burlándose de mí. Ninguna canción vibraba en la casa. Yo llenaba mi diario con palabras oscuras y desalentadoras: "triste", "apatía", "inútil". Nada parecía importar en mi vida, y aborrecía sentirme tan despreciable. Lo sentía por mi hijo. No podía jugar con él ni leerle sus libros. Todos los crayones de mi caja eran grises.

Trataba de rezar, pero Dios guardaba silencio. Amigas venían a visitarme, pero nadie tenía una solución. Otros oraban por mí, pero no pasaba nada. Los días parecían de treinta y cinco horas, las noches interminables. Las horas se estiraban en meses, y aun así no había consuelo. Le rogaba a Dios que me dejara morir.

Un buen día me senté a mi escritorio con la esperanza de que un poco de creatividad se filtrara en mi "perdidez". Ansiaba escribir de nuevo, hacer párrafos que tuvieran sentido, vivir en mis personajes de ficción. Cerré los ojos y le pedí a Dios que me ayudara. "No puedo más. No sé qué hacer."

De mi oscuridad salió una luz que me hizo señas de que fuera a la sala. Salí de mi cuerpo y vi a Dios junto a un árbol de navidad. Su rostro era indiscernible, su cuerpo una visión opaca. Aunque no podía ver sus facciones, supe que era él. Pero más emocionante aún que su aparición fue la gran caja dorada que me tendió. La niebla en mi cerebro se disipó mientras yo me concentraba en la etiqueta blanca del regalo. Sujeta a un moño reluciente, decía: "Salud".

Entonces regresé a mi escritorio, despierta y totalmente alerta. Temerosa de respirar, cerré los ojos y esperé. Una presencia alentaba a mis espaldas: Jesús. Sus gráciles manos de carpintero tocaron mi cabeza, y un arranque de fuerza llegó al fondo de mi destrozado cerebro. Como un jarabe de efecto lento, la calidez de su tacto se extendió de mi cabeza a las puntas de mis pies. Sinapsis dañadas volvieron a trabajar. Emociones muertas cobraron nueva vida, emergiendo por medio de la personalidad y la voluntad. Sentí ese brillo milagroso en cada tejido de mi ser, llenándome con el increíble don de la curación.

Estuve sentada frente a mi escritorio horas enteras, repitiendo "Gracias" en todos los idiomas que conocía.

La oscuridad se había retirado, y en su lugar estaba la luz de la santidad. Yo quería vivir y ser buena madre otra vez.

Toqué mis vaqueros y sentí cada hilo de la mezclilla. Mi estómago gruñó. Lágrimas largamente contenidas liberaron el veneno de la condena.

No más despreciable, me sentí amada con la divina intimidad de mi Señor. Tendí los dedos a la computadora y escribí una frase completa: "Dios me ha curado, amén".

~R. J. Thesman

42

La sorpresa de Malaquías

Recibí la noticia del banco por correo. "Haga al menos un pago de hipoteca para el próximo lunes o se iniciarán los procedimientos de ejecución."

No sabía qué hacer. Joan, mi esposa, acababa de dejar su trabajo como enfermera para cuidar de nuestros hijos, Michael y Daniel. Nos habíamos reunido con el pastor y reafirmado nuestra decisión de que ella se concentrara en la educación de los chicos.

—Tal vez haya problemas financieros, pero el Señor proveerá —nos dijo el pastor—. Ocuparse de los hijos no es una carga, como parecen creer algunos padres. Es un ministerio de servicio al Señor.

Yo tenía un buen empleo, pero no un puesto ejecutivo. Llegaban a su fin los años setenta, y la economía era un desastre. Inflación de dos dígitos; tasas de interés de dos dígitos; largas colas para comprar gasolina.

Yo no ganaba lo suficiente para mantener a mi familia.

Toda esa semana lidié con el problema. Había escarbado en mi mente como un topo. "Cometiste un gran error. Vas a perder tu casa."

> "Traed todos los diezmos al alfolí, y haya alimento en mi casa; y probadme ahora en esto", dice Jehová de los ejércitos, "si no os abriré las ventanas de los cielos y vaciaré sobre vosotros bendición hasta que sobreabunde."
>
> ~MALAQUÍAS 3, 10

Estaba preocupado casi todo el tiempo. Sabía que la Biblia aconsejaba: "No te angusties por nada". Pero por más que trataba de subir la colina de la fe, seguía cayendo en el pantano de la aprensión.

La situación parecía irremediable. Yo no podría conseguir ese dinero, ni dar con una idea para lograrlo. En unos días se iniciaría la acción legal que me arrebataría la casa de mi familia.

El viernes era día de pago, pero la mayor parte de ese dinero debía destinarse a necesidades como comida para mi familia. El resto no era ni por mucho suficiente para hacer un pago de la hipoteca.

No le conté a nadie, ni al pastor, ni al pastor adjunto, ni a nadie más de la iglesia, acerca del apuro financiero de mi familia, y al mismo tiempo tuve que hacer frente a un nuevo problema. Como cristiano creyente en la Biblia, creía mi deber ante Dios contribuir con la décima parte de mi ingreso a su iglesia. Pero ¿y si me saltaba una semana? Podría compensarlo en otra ocasión. Si conservaba el dinero del diezmo, estaría mucho más cerca de poder hacer el pago de la hipoteca.

Busqué en mi Biblia el libro de Malaquías y leí: "'Traed todos los diezmos al alfolí, y haya alimento en mi casa; y probadme ahora en esto', dice Jehová de los ejércitos, 'si no os abriré las ventanas de los cielos y vaciaré sobre vosotros bendición hasta que sobreabunde'."

Mi decisión estaba tomada. El domingo en la mañana deposité el cheque de mi diezmo en el platón de la ofrenda.

Inmediatamente después, volví a preocuparme. Me preocupé el resto de la mañana. Me preocupé toda la tarde. En la noche, Joan y yo regresamos a otra ceremonia en la iglesia, a todo lo largo de la cual no dejé de preocuparme.

Terminada la ceremonia nocturna, el pastor adjunto se me acercó sonriendo y me tendió un sobre.

—El Señor me pidió que le diera esto —dijo, y se marchó.

El sobre contenía un cheque por la cantidad exacta del pago de la hipoteca.

No sé cómo se enteró el pastor adjunto de mi problema, o cómo decidió que debía hacer algo al respecto. Pero lo que sí sé es que yo di mi diezmo y Dios cumplió su promesa de derramar sobre mí sus bendiciones.

Desde ese domingo, hace treinta años, hasta la fecha, mi familia no ha tropezado con dificultades económicas de ningún tipo.

~David Heeren

43

Desafiando a la muerte

Un sábado, yo trabajaba un turno de dieciséis horas en la unidad de cuidados intensivos (UCI) y me tocó recibir al siguiente ingreso. Cuando me dieron la asignación y el reporte, supe que aquélla sería una noche intensa. El señor Smith, caballero de setenta y seis años de edad, había sufrido un derrame cerebral, confirmado por un escáner de tomografía computarizada (TC). Llegó a la unidad a las tres de la tarde.

Por el reporte me enteré de que el señor Smith había sido un hombre muy activo y que tenía esposa, cuatro hijos adultos y varios nietos. Era muy apegado a su familia, aunque tres de sus hijos vivían en otros estados. Aficionado a la jardinería, se mantenía ocupado el día entero.

> Para que vuestra fe no esté fundada en sabiduría de hombres, mas en poder de Dios.
>
> ~1 CORINTIOS 2, 5

Cuando sufrió el ataque, su hemorragia cerebral le provocó un paro respiratorio. Su familia fue informada de que su condición era grave. Tenía ataques continuamente. Su ritmo cardiaco y presión arterial eran inestables. No pasaría la noche.

Su esposa nos pidió hacer todo lo posible por mantenerlo vivo hasta que sus tres hijos llegaran a despedirse de él. Una de sus hijas vivía cerca, y estaba al lado de su padre. La señora Smith se comunicó por teléfono con los demás: un hijo en Delaware, una hija en Nueva Jersey y otro hijo en Virginia.

Dos horas después, yo colgaba la quinta ronda de suero para estabilizar el ritmo y presión arterial del señor Smith cuando su esposa me rogó que pidiera con ella que él despertara y sanara, pero que, si debía morir, viviera al menos lo suficiente para ver a sus hijos.

—¿En cuánto tiempo estarán aquí? —pregunté.

—Siete horas.

Recé con ella:

—Señor, estabiliza la presión arterial y ritmo cardiaco del señor Smith, para que pueda pasar la noche.

Diez minutos después de nuestro rezo, el ritmo cardiaco del paciente había caído a cuarenta, y luego a treinta, hasta finalmente desaparecer por completo. Se llamó al equipo de paro cardiaco. Éste se ocupó del paciente durante veinte minutos. Pero, debido a la hemorragia cerebral, se determinó que aun si su ritmo cardiaco volvía a la normalidad, el señor Smith jamás saldría del estado de coma. Tras hablar con su esposa, el doctor de emergencia invocó el código, canceló todas las medidas de resucitación y declaró muerto al señor Smith.

Como él había sido mi paciente, era mi responsabilidad quitarle todos los tubos y mangueras, y bañarlo.

No había nadie más en el cuarto, y mientras yo retiraba los tubos y mangueras intravenosas, pedí de nuevo que el señor Smith recuperara el pulso y viviera para despedirse de sus hijos. Normalmente el procedimiento consiste en retirar las cabezas del electrocardiograma y apagar el monitor. Por alguna razón, yo apagué el monitor antes de quitar las cabezas. Cuando empezaba a desprender el respirador, las demás enfermeras llegaron corriendo.

—¿Qué haces? —me preguntó una de ellas.

Contesté que quitaba las mangueras y limpiaba al paciente que acababa de fallecer. Una enfermera encendió el monitor junto a la cama. Yo me estremecí al mirarlo: el corazón del señor Smith latía de nuevo. Mientras yo veía el monitor, el ritmo pasó de treinta a alrededor de cincuenta.

—Es el efecto de la medicina —dijo una de las enfermeras—. Todas sabemos que esto ocurre a veces; no pasa nada.

Al buscarle el pulso, se lo sentí en el cuello. Así, volví a encender el respirador, para darle oxígeno. Viendo el monitor, todas comprobamos que el corazón del señor Smith, declarado muerto minutos antes, palpitaba aún. Él estaba vivo otra vez.

A las 10:30 de la noche sus cuatro hijos entraron a su cuarto. La señora Smith me sonrió, en muestra de nuestro mutuo reconocimiento de que Dios había respondido a nuestras oraciones.

El anciano murió horas después, en compañía de su familia, de la que se despidió debidamente. No estaba bien ni había mejorado en el hospital, pero aun así Dios hizo un milagro: pese a habérsele declarado muerto, el señor Smith vivió ocho horas más.

~Kim D. Armstrong

44

La campana de la verdad

Tenía diecinueve años y vivía sola en un estudio en la ciudad de Kansas. Era la temporada navideña y la autocompasión me había vencido. Sin trabajo y con dinero apenas suficiente para pagar la renta, lo único que tenía era una caja de cereal, un bote de leche, cinco dólares en una cuenta bancaria y un billete de un dólar en la bolsa.

> Y cualquiera que dejare casas, o hermanos, o hermanas, o padre, o madre, o mujer, o hijos, o tierras por mi nombre, recibirá cien veces tanto y heredará la vida eterna.
>
> ~MATEO 19, 29

Tiempo atrás había tomado una decisión fatídica. Me vi obligada a dejar la universidad por falta de dinero. Así que hice mis maletas y tomé un autobús con sólo cincuenta dólares en el bolsillo. Mis padres se estaban divorciando y yo no tenía apoyo económico. Mi empleo temporal de salario mínimo había llegado a su fin. Era nueva en la ciudad, y estaba sola y sin amigos.

Así que ahí me tienen, en la ciudad de Kansas, sentada en mi cama plegadiza y asomándome por la ventana. Me puse a pensar: "A nadie le importa si vivo o muero. Podría estar tirada en el arroyo sin que le importara a nadie".

Pero luego pensé: "Tengo que salir de aquí, salir de este cuarto, antes de hacer algo que pueda lamentar".

Me abotoné mi viejo abrigo verde lima, que alguna vez había formado parte de mi nuevo guardarropa universitario. Ahora tenía agujeros en el codo y estaba rasgado en el hombro, desde donde sobresalía relleno blanco.

Bajé los cinco tramos de escalera con el dólar en mi bolsillo. Cuando abrí la puerta, sentí un frío glacial. El viento helado me dio en la cara, así que entrecerré los ojos. Eché a andar. Y a andar. Sin destino fijo. Sólo sabía que tuve que salir de mi departamento. Por fin llegué a un parque con bancas y una fuente, donde pude sentarme, llorar y rezar.

Con los ojos cerrados, pidiendo a Dios ayuda, su sabiduría, una señal, lo que fuera, oí una voz. Un hombre me hablaba. ¿Era ésa una señal? Al abrir los ojos, ¡vi sentado a mi lado a un pobre borracho que me invitaba a salir!

Enfilé de nuevo a mi departamento. Para ahora el cielo se había animado, ofreciendo una combinación de lluvia, aguanieve y nieve. Sin gorro ni paraguas, mi maltrecho abrigo se empapó como esponja a causa de la gélida lluvia, y el pelo mojado me cubrió la cara.

Al pasar junto a tiendas lujosas bellamente decoradas para la temporada navideña, me sentí avergonzada por mi apariencia poco agraciada. Unos pasos más adelante me hallé fuera de una pequeña cafetería, a cuya ventana me asomé. Aun en esa cafetería, las mujeres llevaban pieles y ropa bonita. ¿Qué se sentiría platicar con amigas ante una bonita y caliente taza de té, luciendo bien y viendo el mal tiempo afuera? Me pregunté si acaso yo podría comprar una taza de té con mi único dólar, pero reparé en que, con el impuesto y la propina, no podía permitírmelo, así que reemprendí mi camino a casa.

Fría y mojada, me pregunté: "¿La vida podría ser peor que esto?".

Fue entonces cuando tropecé con una mujer del Ejército de Salvación, que hacía sonar una campana frente a una cubeta roja.

"Bueno", pensé, "tú al menos tienes brazos y piernas, vista y salud, así que eres mucho más afortunada que mucha gente a la que el Ejército de Salvación trata de ayudar." Así, metí la mano a la bolsa y di mi último dólar al Ejército de Salvación.

De vuelta en mi departamento, abrí el buzón y encontré un sobre, mi estado bancario. Ya sabía lo que decía. Pero cuando lo abrí para archivarlo, vi que había un error en él: no mostraba el esperado saldo de cinco dólares, sino uno de ciento cinco.

Yo siempre había sabido con exactitud cuánto tenía en mi cuenta, hasta el último centavo. Algo estaba mal. No tenía intención de gastar un dinero que no era mío. Llamé al banco. No correría riesgo alguno. El empleado me dijo que, efectivamente, ese dinero me pertenecía, pero no le creí.

Habiéndome puesto el andrajoso y mojado abrigo verde, volví al frío. Por casualidad, el banco estaba justo frente a la fuente en la que yo había llorado un par de horas antes.

Entré.

—¿Puedo ver al gerente, por favor?

Seguro yo ofrecía un espectáculo repugnante: personas bien vestidas veían a una gélida pilluela pedir al empleado que eliminara un excedente erróneo.

Cuando él entró a la oficina para checar el error, yo esperé pacientemente en un sofá de cuero que rechinaba cuando me movía, mientras agua caía a cántaros de mi cabello. A su regreso, parecía desconcertado y se sentó, rascándose la cabeza.

—No me lo explico —dijo—, pero ese dinero es suyo.

—¡Imposible! Sé cuánto tenía hasta el último centavo, y eso salió de la nada.

Dijo entender mi preocupación, porque aquella suma no había aparecido en estados anteriores.

—Nuestros archivos indican que en julio pasado se hizo un depósito a su cuenta, y apenas ahora lo registramos. Por eso apareció por vez primera en su estado bancario en diciembre. Pero el dinero es suyo, y no debe preocuparle que se lo reclamemos.

Cuando el dinero es escaso, uno sigue la pista de todos y cada uno de sus centavos. Yo estaba completamente segura de que no había hecho ese depósito de julio, pero no pude convencer al empleado de eso.

Volví a casa, dando gracias a Dios por el dinero extra, que usé para comprar con descuento un boleto de avión para visitar a mi familia en navidad. Mi espíritu sanó compartiendo con ella esas vacaciones sagradas.

Meses después le conté a una amiga acerca de la misteriosa aparición de los cién dólares.

—¿No acababas de dar tu último dólar a la caridad? —preguntó ella.

—Bueno, sí…

—¿No le ves? —repuso—. ¡Fuiste recompensada con un ciento más!

La piel se me puso de gallina y un escalofrío recorrió mi espalda. Llamo a esto el repicar de la campana de la verdad en mi columna. Había recibido una bendición, un milagro de navidad.

~Morgan Hill

45

No estás sola

¡Estaba totalmente sola! Miré la ventana de la cocina. La brillante luz del sol revelaba los rayones que yo había dejado al limpiarla.

"No importa", masculle. "Nadie va a venir a verla."

Intenté concentrarme en mis deberes de fin de semana. Mantenerme ocupada solía ayudarme a superar mi depresión y amargura. Acometí con ganas todo lo que había que hacer, pero nada salía bien. La aspiradora hizo corto y la lavadora no giraba, habiendo pilas de ropa por lavar.

Fui a la cochera. Me ocuparía del jardín. Trabajar al aire fresco me tranquilizaba siempre, y me daba tiempo para pensar. Intenté arrancar la vieja podadora una y otra vez. Necesitaba una nueva, pero no podía comprarla por lo pronto. Apenas si podía arreglármelas para pagar las cuentas.

> Y apareciósele Jehová aquella noche y dijo: "Yo soy el Dios de Abraham, tu padre; no temas, que yo soy contigo".
>
> ~GÉNESIS 26, 24

Me había casado con mi novio de la infancia y habíamos sido bendecidos con tres hermosas hijas. Ahora, luego de diez años de matrimonio, todo había terminado.

Después del trabajo, pasaba con las niñas todo mi tiempo libre, yendo a picnics, jugando, leyendo con ellas, hablando y escuchando para tratar de aligerarles el dolor causado por el divorcio. Pero todo eso se había olvidado este fin de semana.

Se morían de ganas de partir. Su padre y su novia pasaron por ellas para llevarlas a Six Flags. Estaban muy emocionadas. No podía culparlas (yo no podía llevarlas a lugares así), pero me dolió verlas tan ansiosas. ¿Mi tiempo a su lado no significaba nada para ellas?

"¡Claro que sí!", farfullé, mientras la podadora finalmente cascabeleaba y arrancaba. "Deberías avergonzarte de pensar eso mientras las chicas se divierten. Necesitan estar con su padre."

Pensar en él me llenaba de odio y amargura. Antes, nunca tenía tiempo para ellas, aun si ellas mismas se lo pedían. Estaba muy ocupado, decía; tenía que trabajar.

Pateé una pelota para dejar paso libre a la podadora, e imaginé que era él. Furiosa, podé todo a mi paso, maleza y flores por igual. Y no dejaba de pensar: "Estoy completamente sola y nadie me quiere."

Entré a la casa exhausta. Intenté hacer el resto de mis labores domésticas, pero ya no tenía energía. A la hora de la cena estaba demasiado cansada y molesta para comer algo. Era sábado en la noche y estaba sola. ¡Sentía tanta lástima por mí! Rompí a llorar y me eché bocabajo en el sillón. En mi dolor y desdicha, clamé:

—¡Ayúdame, Señor! Estoy completamente sola y a nadie le importa; ¡nadie me quiere!

Los sollozos sacudieron todo mi ser. Tendida en el sillón, temblaba, lloraba y susurraba una y otra vez: "Por favor ayúdame, por favor ayúdame, por favor…".

Me paralicé al sentir que un brazo rodeaba mis hombros. Mis sollozos se aquietaron.

Acostada en el sofá con el peso de un brazo a mi alrededor, escuché un murmullo en mi oído: "No estás sola; yo siempre estaré contigo. Te amo, y lo haré siempre".

Me quedé perpleja, sin poder moverme unos segundos. Poco a poco me incorporé y, estremecida, pasé la mirada por la sala, tratando de entender qué había sucedido. Aún sentía el calor del brazo sobre mis hombros, y supe que no había imaginado ese murmullo.

Entonces caí en la cuenta: no estaba sola. Sentía conmigo a mi Señor y salvador Jesucristo, en ese cuarto. Sentada en el sillón, me sentí amada y protegida. Él me amaba y se preocupaba por mí, lo suficiente para decírmelo.

Pasé aturdida el resto del fin de semana, abrumada por lo ocurrido. Jesús me había dicho que me amaba; había prometido que nunca me abandonaría y siempre estaría conmigo. Lloré algo más. Esta vez fueron lágrimas de alegría.

Mi vida cambió esa noche. El odio y la amargura desaparecieron. Dejé de preocuparme de sentirme sola o malquerida. Las niñas me dejaron sola muchas veces para ir con su padre, pero ahora me daba gusto que pudieran pasar tiempo con él. Aún me las veía negras para trabajar y llegar a fin de mes, y para hallar tiempo para ser madre soltera. Aún tenía problemas que enfrentar, pero alguien me ayudaba en todos ellos.

Siempre que volvía a inquietarme o a sentir lástima por mí misma, cerraba los ojos y recordaba aquella noche. Sentía el brazo de Jesús en mis hombros y oía su dulce voz: "Te amo, no estás sola; yo siempre estaré contigo".

Y, efectivamente, así es.

~Pat Kane

46

Salvada por la mano de Dios

Mi buena amiga Reena y su hija Nicky siguen tratando de entender lo que le pasó a Nicky cuando estuvo a punto de morir en los Himalaya. Reena había planeado acompañar a su madre, de ochenta años de edad, a una peregrinación a Badrinath, en los Himalaya, pero una ciática severa se lo impidió. En su lugar, fue su hija Nicky, profesora de botánica de veintisiete años, quien acompañó a la anciana.

"No temas delante de ellos, porque contigo soy para librarte", dice Jehová.

~JEREMÍAS 1, 8

Abuela y nieta partieron juntas… una para ofrecer sus devociones al Señor y otra para recolectar muestras botánicas interesantes en esas prístinas montañas. Ambas formaban parte de un grupo que contrató un autobús para los peregrinos, y que previó escalas para descansar y comer en el camino.

Los monzones desahogaron toda su furia aquel agosto. Lluvias en las montañas acompañaban a vientos tempestuosos y un frío húmedo. La madre de Reena cayó víctima de una fiebre severa y terrible dolor en todo el cuerpo. No queriendo detener al resto del grupo, los organizadores dispusieron que Nicky y su abuela se quedaran en un albergue remoto mientras los demás continuaban su arduo ascenso. Ramu, un mozo fiel, les cocinaría, haría el aseo y velaría por su comodidad.

La abuela estaba deshecha.

—¡Venir desde tan lejos para no ver el rostro del Señor! —se quejaba, casi tan angustiada como adolorida.

—¡No te preocupes, abue! Dios está en todas partes. Si realmente te lo propones, podrás verlo, porque está en cada árbol, flor y hoja de pasto —la consolaba Nicky.

La vista desde el albergue era encantadora, y ambas pasaban horas enteras en la terraza contemplando las estribaciones, densamente cubiertas de altos cedros, pinos y álamos. Dos días después, sin embargo, Nicky empezó a impacientarse. Aunque seguía lloviendo en ráfagas neblinosas, decidió ir a dar un paseo en los senderos montañosos.

—¡Ten cuidado! —le advirtió la abuela mientras se envolvía en una bufanda de lana y se marchaba.

Los caminos eran empinados y resbalosos, pero Nicky extremó precauciones, y recogió varias plantas. "Regresaré a examinar aquéllas", pensó de pronto.

Cuando se volvió, vio una flor bellísima, una auténtica rareza. Estaba algo abajo en una pendiente empinada, pero una vereda apenas visible le hizo creer que podría alcanzarla. Comenzó a descender, apoyando firmemente los pies. Un paso en falso y rodaría por el precipicio, trescientos metros abajo. Llegó hasta la flor, la cortó triunfalmente y emprendió con cuidado su retorno.

Fue entonces cuando el desastre la alcanzó. El suelo bajo sus pies empezó a ceder. Las lluvias habían aflojado la tierra. Nicky había oído hablar de avalanchas de lodo, y comprendió que estaba atrapada en el comienzo de una. Intentó aferrarse a algo, pero no había ningún árbol, rama ni arbusto. Mientras sus manos tanteaban desesperadamente el suelo, se asía a puñados de hierba. Intentó fijar los pies en la suave tierra a fin de parar su descenso, pero fue en vano. Quiso pedir ayuda, pero su garganta estaba seca por el miedo y de ella salió sólo un graznido débil.

"¡*Bachao*! ('¡Auxilio!')", rogó para sus adentros, mientras empezaba a resbalar inexorablemente.

De pronto, una mano cálida tomó la suya.

—¡Déme la mano, señora! —dijo una voz sobre ella.

Mirándola, extendidos los brazos, estaba Ramu, el mozo del albergue. Bajó con la agilidad y firmeza de los montañeses y tiró suavemente de ella.

"¡Qué calientes tiene las manos!", pensó Nicky mientras Ramu la ayudaba a ponerse de pie. Ella agradeció profusamente su auxilio y reanudó su marcha.

Cuando entró al albergue, su abuela vio su rostro crispado y preguntó, preocupada:

—¿Qué pasó, hija?

Nicky le contó el incidente, y añadió al terminar:

—Si Ramu no hubiera llegado, en este momento yo estaría tendida en el fondo del valle.

—Pero eso es imposible —dijo la abuela—. ¡Ramu estuvo conmigo toda la mañana, alimentando el fuego y deleitándome con leyendas!

Ramu entró justo entonces, llevando un almuerzo humeante.

—Estuve haciéndole compañía a Maaji, y sólo salí a la cocina cuando vi que usted llegaba.

La anciana y Nicky se miraron maravilladas.

—¿No dijiste que Dios está en todas partes? —preguntó la abuela en voz baja.

~Mita Banerjee

47

Regalo de aniversario

¿Te das cuenta de que ya llevamos casi nueve años de casados? —preguntó Shannon, mi esposo, apretándome la mano al llegar a casa.

—¿Qué quieres que hagamos para nuestro aniversario? —inquirí. Sacudió la cabeza.

—Las cosas están muy difíciles, nena. Este año no podremos permitirnos regalos. Pero voy a ver si mis padres pueden cuidar a los niños para que al menos podamos salir a cenar.

> La excelencia de un obsequio reside en que sea apropiado, más que valioso.
>
> ~CHARLES DUDLEY WARNER

Él tenía razón. En los últimos meses, cada vez que movíamos algo, se rajaba, crujía o caía en pedazos. Habíamos agotado nuestros ahorros pagando reparaciones. De todas maneras, yo quería regalarle algo a mi esposo; siempre le obsequiaba algún detalle en nuestro aniversario, y no quería romper la tradición. No era necesario que fuera algo costoso; algo de alto valor sentimental haría que ese día resultara extraespecial.

En fecha reciente, yo había terminado un curso sobre el poder de la oración, así que le pedí a Dios que me diera una idea.

Dos días antes de nuestro aniversario, tendía la cama cuando desde ella rodó una moneda de un centavo. La recogí y vi la fecha: 1996, el año de nuestra boda.

¡Eso era! A Shannon le encantaba coleccionar monedas. Todo el tiempo íbamos de compras a tiendas de antigüedades para buscarlas. Si yo encontraba una moneda de cinco, una de diez y una de veinticinco centavos de 1996, podría regalarle un juego completo. ¡Qué ganas me dieron de poner en marcha el proyecto de una vez! Era de bajo costo y alto valor sentimental. Tan pronto como terminé de tender la cama, inicié mi cacería.

Comencé en la sala, y seguí luego por toda la casa. Volteé cada cojín y busqué en cada cajón. Más tarde hallé una moneda de cinco centavos de 1996 en el cajón de triques de la cocina. Después revisé cada una de mis viejas bolsas en el clóset. En un monedero hallé una moneda de diez centavos del año indicado. ¡Ya sólo me faltaba la de veintincinco! Pensé en comprar un estuche pequeño y barato para guardarlas, pero quería tenerlas todas antes de adquirirla.

¿Dónde más podía buscar?

Recordé entonces el cambio que solía guardar en el coche. Armada con una bolsa Ziploc, me dirigí al garage.

¡El cambio en el coche es horrible! Me rompí varias uñas tratando de sacar monedas de los portavasos, llenos de semillas de ajonjolí de hamburguesas y basura pegajosa de envases de refresco. Si encontraba ahí una moneda de veinticinco centavos de 1996, tendría que limpiarla antes de guardarla en el estuche. Pero aunque busqué todo el resto de la tarde, no hallé lo que buscaba.

Como Dios me había dado la idea, tenía que confiar en él.

Más tarde le llamé a mi mejor amiga para contarle mi plan. Ella me dijo:

—Qué necedad; ¡haz una tarjeta y punto! Además, Dios no tiene tiempo para andarse preocupando por esas cosas.

Sé que debo haber parecido una loca, pero no me importó. No hice caso a mi amiga, y seguí rezando. Sabía que esto era una prueba, y estaba segura de que le importaba a Dios.

Puse una carga en la lavadora y empecé a hacer la cena. Me acordé entonces que no había revisado el buró de Shannon. Corrí a la recámara y vacié su cajón. Al fondo vi una moneda como la que buscaba. Me temblaban las manos cuando la volteé para ver la fecha… 1995. ¡Sentí como si Dios rompiera a reír! Ése había sido el año en que nos comprometimos. Pero no funcionaría; necesitaba una moneda de 1996. La volví a echar al cajón junto con los demás cachivaches y regresé a la cocina. Ya sólo me quedaban veinticuatro horas, así que recé con más fervor todavía.

A la mañana siguiente, Shannon me deseó feliz aniversario y se fue a trabajar. Tras llevar a los niños a la escuela, le llamé a mi suegra para pedirle que buscara en su casa la moneda de veinticinco. Dijo que lo haría, así que fui a A. C. Moore a comprar el estuche. Cuando terminé mis diligencias ya era hora de ir a recoger a los niños. Volvimos a casa y saqué el estuche. Decidí, como último recurso, incluir la moneda de veinticinco de 1995 hasta localizar la que necesitaba. Vi mi reloj; eran casi las cinco. Mis suegros no tardarían en pasar por los niños, y Shannon regresaría pronto del trabajo. Disponía de treinta minutos antes de cambiarme.

Iba de la cocina a la recámara cuando recordé que no había echado a andar la secadora. Me detuve en el cuarto de lavado, puse el reloj y apreté el botón de inicio. Había dado siete pasos a mi cuarto cuando, de repente, oí que de la secadora salía un fuerte ruido metálico.

¡No podía ser! ¿Era posible aquello?

Corrí de vuelta al cuarto de lavado. Con manos trémulas, abrí la puerta de la secadora y saqué cada prenda, sacudiendo una por una. Cuando llegué al último par de jeans, me asomé dentro de la máquina. Pegado en la lámina del fondo estaba un terrón de suavizante de telas. ¿Cómo había ido a dar ahí? El suavizante va en la lavadora, no en la secadora. Sin embargo, dentro del viscoso terrón había una moneda de veinticinco centavos. ¡Ay, cómo reí! Me moría de ganas de ver la fecha. Desprendí la moneda y la froté. ¡Era de 1996!

Lloré y reí al mismo tiempo. No sólo había encontrado mi moneda de veinticinco centavos de 1996, sino que también me percaté de que había experimentado dos milagros ese mismo día. ¿Cómo era posible que una moneda se adhiriera a una secadora embutida en un terrón de suavizante de telas? Creo que esto tiene sólo una respuesta: con apenas treinta minutos a mi disposición, ésa fue la única manera en que Dios pudo lograr que yo me asomara a la secadora.

Tenía el tiempo contado para remplazar la moneda de veinticinco de 1995 por la de 1996. Sobra decir que ése fue el aniversario más emotivo que hayamos compartido nunca. Gocé más contándole mi historia a Shannon que al darle el regalo. Ese estuche especial cuelga aún de una pared de nuestra recámara. Y cada vez que lo veo, me recuerda que Dios sí cumple su palabra, aun en las pequeñas cosas.

~Amy S. Tate

48

En sus manos

Amy, mi amiga de la infancia; Peggy, su mamá, y mi madre hicieron juntas un viaje de carretera al mercado de antigüedades más grande del mundo, en Canton, Texas. Las cuatro hemos tenido aventuras maravillosas, pero yo me perdí ese viaje porque vivía entonces en Chicago.

Tras un día de compras, Peggy tomó el volante de vuelta a casa, con la camioneta repleta de tesoros recién adquiridos, como regalos de navidad, adornos navideños y hasta un cuchillo de carnicero con mango de cuerno de alce, ¡prueba de que nunca sabes qué encontrarás en Canton!

> Jehová lo guarde,
> y le dé vida.
>
> ~SALMOS 41, 2

El ir y venir de historias produjo un ambiente de gran camaradería. Mi mamá, que casi no oía la conversación desde el asiento trasero, pensó quitarse el cinturón de seguridad. Pero habiendo dado clases de educación vial durante años, decidió que era preferible perderse el chisme que no estar bien segura.

Cuando la camioneta, a noventa y cinco kilómetros por hora, se incorporó al carril de vehículos de carga en plena hora pico, los otros cuatro carriles estaban llenos de autos que se detenían a cada momento.

Cerca, un coche blanco paró en seco para no chocar con otro. El camión que venía atrás de él viró bruscamente para librarlo, ¡cruzando así la doble línea justo frente a la camioneta de Peggy! Ésta no pudo hacer nada: chocó con el camión, golpeó con una barrera de cemento y salió volando hacia el tránsito en contraflujo. Pero, a medio camino, la camioneta giró a la derecha, voló treinta metros más, cayó, rebotó sobre sus llantas y volvió a salir disparada a las alturas. Dio entonces una vuelta completa hasta aterrizar de cabeza, parabrisas contra parabrisas, en otro carro, desde donde rodó para caer finalmente sobre el lado del conductor, a tres carriles de distancia del de vehículos carga. Fueron seis puntos de impacto en total.

Una vez que se detuvieron, mi mamá gritó:

—¿Estás bien, Amy?

—Sí.

—¿Y tú, Peggy?

Esta vez no hubo respuesta.

Amy vio que un derrame líquido comenzaba a acumularse alrededor de la camioneta.

—¡Tenemos que salir ahora mismo!

Peggy recuperó el conocimiento mientras Amy empujaba la puerta para abrirla.

—¡No se mueve!

La gente se arremolinó en torno al auto, tratando de abrir la puerta.

Justo en ese momento, apareció un hombre vestido de blanco, quien abrió la puerta y sacó a las pasajeras una por una.

Cuando Peggy lo vio, pensó: "Ha de ser un lavatrastes, o un cocinero". Una vez afuera, volteó para buscarlo y ya no estaba.

Pasado el desastre, un policía que viajaba al otro lado de la barrera de cemento dijo:

—Juré que cruzarían la barra de contención y me caerían encima. Algo hizo que su vehículo girara en pleno vuelo.

Cuando llegó el equipo de rescate, la camioneta fue puesta de nuevo sobre sus ruedas. La puerta que el hombre de blanco había abierto tan fácilmente estaba atorada otra vez.

Un señor se acercó a mi mamá y señaló la camioneta:

—¿Qué hicieron con la gente que venía en ese coche?

—Nosotras éramos las que veníamos en ese coche —respondió mi mamá.

—¿En serio? ¡Vaya! Yo vi el accidente, y juré que quienes venían ahí no saldrían vivos.

Momentos después, un paramédico de emergencia se aproximó a mi mamá haciendo señas en dirección a la camioneta:

—¿Adónde se llevaron a la gente de ese vehículo?

—Somos nosotras —repitió mi mamá.

El paramédico sacudió la cabeza:

—Jamás he visto un accidente así del que todos salieran vivos.

—Es un milagro que hayamos sobrevivido —resumió Amy.

Aparte de que las tres salieron caminando de ese desastre, la única lesionada fue Peggy, con un dedo roto.

—En medio de tanto rebote, voltereta y jaleo —recordaría mi mamá—, nunca sentí una sacudida. Ninguna de las cosas que compramos me pegó. ¡Llevábamos suelto un cuchillo de carnicero, por Dios! Mientras dábamos vueltas, sentí la inconfundible presencia de alguien que me sostenía (¡me cargaba!) hasta que la camioneta hizo alto.

Hasta la fecha, mi madre proclama:

—Me consuela saber que, pase lo que pase en la vida, Dios me tiene en sus manos.

~Michelle Sedas

49

El milagro de Pascua

Mi hermana Sandy tenía sólo veinticinco años cuando empezó a sentir que le faltaba el aire y le dolía el pecho. Tosía mucho, pero pensó que era sólo un resfriado agudo. Sin embargo, cuando el dolor la tiró al suelo una noche, fue a ver al médico para que la revisara.

—Le tengo malas noticias —dijo el doctor, mirando su expediente. Joven y no fumadora, jamás esperó oír estas palabras—: Tiene cáncer de pulmón. Y parece que está avanzando.

Sandy alzó los ojos, horrorizada. ¡Cáncer de pulmón! Su esposo fumaba, pero ella no había tocado un cigarro en su vida. No obstante, era a ella a quien se le dictaba tal sentencia.

> Glorificarte he, oh Jehová, porque me has ensalzado.
>
> ~SALMO 30, 1

—Sólo quince por ciento de los pacientes sobreviven cinco años —añadió el médico. Explicó las opciones de tratamiento, le palmeó el hombro y se fue.

¿Quién cuidaría del bebé de Sandy, de apenas un año de edad?

¿Cómo iba a arreglárselas su esposo?

Volvió a casa, ajena a lo que la rodeaba. "Quince por ciento de los pacientes sobreviven cinco años", repetía como un mantra en su interior. Tenía que hacer planes, y no había tiempo que perder.

Avisó a sus amigos y parientes políticos, y empezó la quimioterapia. A veces regresaba a casa del tratamiento, y vomitaba sin parar. La sensación de vacío le aquejó al declararse la depresión. Trataba de lidiar lo mejor posible con ese dolor brutal. Su esposo le lanzaba miradas de angustia mientras contemplaba una vida sin ella.

Finalmente, Sandy consultó al cura.

—Tienes que poner las cosas en perspectiva, Sandy. Si no fuera el cáncer, podría ser un autobús —dijo él, filosóficamente—. Disfruta cada día y no te preocupes por el mañana, porque no llega aún.

La perspectiva ayudó a Sandy a comprender que quizá él tenía razón. Cuando su energía se lo permitía, participaba en actividades de la iglesia, cuidaba de su hijo y se mantenía ocupada con su esposo.

El doctor no fue tan optimista, sin embargo. Luego de una nueva ronda de pruebas, anunció que el cáncer se propagaba cada vez más.

—Vaya a casa a hacer su testamento. Todo indica que sólo le quedan seis meses de vida.

¡Seis meses! ¡Sandy no podía aceptarlo! Dijo a todos:

—¡Espero un milagro de Pascua!

"¿Para qué creen los médicos que existe Dios, a todo esto?", se preguntaba exasperada. "Sólo él sabe cuándo ha llegado la hora de alguien."

Mientras los días se sucedían uno tras otro, Sandy esperaba la primavera con más fervor que el habitual. Sembraba plantas y recortaba las lilas cuando su energía se lo permitía. Entonces comenzó la cuenta regresiva: tres semanas, luego dos. Faltaban unos días para la Pascua cuando Sandy fue a revisarse con su doctor.

Él hizo la usual ronda de pruebas y salió de prisa del consultorio. Volvió con otros médicos, que miraban a la enferma mientras examinaban los resultados y consultaban su expediente.

El tiempo se detuvo. Mi hermana supuso lo peor. ¿El cáncer se había extendido más rápido de lo previsto?

—Sandy, no sé cómo decirle esto… —comenzó su médico.

Ella sintió el alma en un hilo mientras esperaba a que el doctor terminara. Él continuó serenamente:

—No vemos señales de cáncer por ningún lado. Simplemente… desapareció. No tengo explicación para esto, salvo la de que… es un milagro.

Sandy miró sorprendida a los doctores. No podía creer a sus oídos. ¿Desapareció? ¡Desapareció! Quiso salir corriendo a casa para hablar por teléfono. Quiso abrazar a su hijo.

Corrió a su coche y miró al cielo, que de repente había adoptado un tono azul oscuro. Nubes acolchadas se tendían perezosamente en el horizonte, y los olores y sonidos de la primavera la envolvieron.

Su milagro de Pascua había ocurrido, después de todo.

~Diane Ganzer

50

Hablando de corazón

Rich, mi esposo, y yo decidimos aumentar nuestra familia adoptando un hijo. Podíamos seguir muchas vías para ello, pero una llamó extraordinariamente nuestra atención: en el periódico había aparecido un artículo sobre una familia local que viajó a Rumania a adoptar un niño. Nosotros nos preguntamos si podríamos hacer lo mismo, y hablamos con esa familia, pero el proceso de adopción parecía complicado: Rumania estaba muy lejos, se hablaba allá un idioma diferente al nuestro y no sabíamos nada del derecho internacional de adopción.

> Ahora, pues, ve, que yo seré en tu boca, y te enseñaré lo que hayas de hablar.
>
> ~ÉXODO 4, 12

Peor todavía, el gobierno dificultaba cada vez más la adopción por parte de extranjeros, pese a que los orfanatorios estaban a reventar. Los huérfanos apenas si recibían atención médica, y en algunos casos ni siquiera veían satisfechas sus necesidades básicas, de alimentación, ropa y una cama limpia y abrigadora. Los empleados hacían cuanto podían con los recursos a su disposición, pero eso no bastaba. Los niños sufrían.

Para mí fue fácil decidir tomar un avión al otro lado del mundo, hasta un pequeño país del que sabía muy poco. Lo fue porque hacía lo correcto. Partí a Rumania sola, sin mi esposo; no era posible que ambos nos ausentáramos de nuestro trabajo. Dejarlo me resultó casi insoportable, y nunca olvidaré lo sola que me sentí cuando despegó el avión.

En el largo vuelo me preocupó lo que encontraría allá. Jamás había salido de mi país, y temía batallar con la barrera del idioma, sobre todo porque sufro del oído y dependo en alto grado de la lectura de labios.

Contraté como traductor a un tal Dragos, pensando que me sería indispensable, pero aun así todo esto fue un gran reto para mí. Él hablaba un inglés imperfecto, y yo apenas si podía leerle los labios para entenderle. Tenía que poner mucha atención a cada palabra, y le hacía repetir todo y hablar más despacio. Dragos fue sumamente paciente con mi problema de audición.

Los días se volvieron semanas y todo parecía complicarse hasta que encontré a Adela, aunque fue más bien ella quien me encontró a mí. Pero para poder convertirme en madre de esa niña preciosa, tenía que resolver mucho papeleo. Tuve que realizar innumerables trámites y hacer circo, maroma y teatro para poder acudir a citas en la embajada estadunidense, reunirme con trabajadoras sociales y traducir algunos documentos al rumano y otros al inglés. Parecía que eso tardaría una eternidad, y me inquietaba que pasara algo. Pero todo se acomodó como por arte de magia.

Cuando llegó el día en que al fin conocería a Rada, la madre biológica de Adela, yo era un manojo de nervios. ¡Recibiría a mi hija! Emocionada, aterrada y aliviada, ansiaba volver tener a Adela en mis brazos. Me había convencido de que la madre biológica de Adela debía creer que yo era tan especial que cuidaría y amaría por siempre a su bebé como nadie más en el mundo.

Dragos permaneció a mi lado para que yo pudiera concentrarme en el momento más bello de mi vida: recibir a Adela, mi nueva hija.

El tiempo pareció detenerse cuando miré a Rada, y ella a mí. Mi corazón latía con tanta fuerza que amenazaba con salírseme del pecho. Me pregunté cómo podría decirle a Rada que todo estaría bien. Ella sólo hablaba rumano, y yo sólo inglés. Me tomó del brazo, y sentí que mi corazón empezaba a derretirse. Puso delicadamente a Adela en mis brazos mientras yo recibía a mi bebé con una efusión de amor. ¡Su piel era tan cálida y suave! Posé una mano en la cabecita de Adela, y Rada puso la suya en la mía.

Luego humedeció sus labios resecos y me habló con voz muy baja:

—Usted la va a poder cuidar. Yo no puedo, soy muy joven.

—La amaremos y protegeremos con todo nuestro corazón, no se preocupe —dije, aunque sabía qué estas últimas palabras eran en vano.

Ella sonrió cordialmente.

—No me voy a preocupar, porque veo en sus ojos cuánto la quiere ya. Y sé que usted le dará un hogar hermoso.

Los ojos se me anegaron de lágrimas que rodaban sin control por mis mejillas.

—¡Usted me ha dado el don de la vida, del amor, la oportunidad de volver a ser mamá! —le dije gimoteando, y ella tampoco pudo contener más el llanto—. La admiro por tener el valor y el amor de separarse de ella.

Rada asintió con la cabeza, como aceptando mis palabras, y el silencio cayó sobre nosotras, al tiempo que contemplábamos maravilladas a la niña que entre las dos cargábamos.

—¿Sabe que ella es idéntica a usted, igual de hermosa y perfecta? Tiene su cabello —le dije, mirando sus ojos café oscuro.

Rada se sonrojó y sonrió, y posó la mirada en Adela.

—¡Qué amable! —dijo en un murmullo.

Ambas miramos a Adela, yo puse mi mano en su barriguita y ella pareció sonreírnos, como si supiera que aquél era un momento especial. Rada puso su mano en la mía.

—Ya la conoce —afirmó—. Le sonríe.

—No —repliqué—, nos sonríe a las dos.

Fija la vista en nuestra bebé, estudiábamos cada detalle de su carita. Yo sabía que Rada grababa esa imagen en su memoria; la consolaría a través de los años. Sentí que la madre retiraba poco a poco sus manos y se marchaba en silencio, y supe que ésos eran los pasos más difíciles que ella daría nunca. Verla partir fue surreal, y quedó impreso en mi recuerdo para siempre.

Dragos apoyó su mano en mi hombro y se inclinó para ver el bulto envuelto entre mis brazos.

—Creí que iba a necesitarme —dijo melodiosamente.

Me volví hacia él y leí sus labios.

—No entiendo.

—¿Para qué me contrató en esta ocasión?

No me dio oportunidad de contestar.

—La vi con Rada: no le leía los labios, y habló con ella en perfecto rumano. Pensé que no sabía nuestra lengua...

—No la sé.

—¿Cómo la habló entonces?

Nadie podría haber estado más sorprendida que yo. Mi corazón me revoloteó en el pecho.

—Fue un milagro.

~Denise Colton-D'Agostino, entrevistada por Barbara Canale

51

Ten un poco de fe

No creo que mi esposo y yo comprendiéramos de verdad en qué nos habíamos metido. Claro que sabíamos que las cosas serían difíciles. Cursábamos todavía nuestros estudios universitarios, estábamos recién casados y acabábamos de tener nuestro primer bebé. La vida era un caos, y el dinero escaso, pero teníamos amor más que suficiente para sobrellevarlo todo. ¿Qué otra cosa necesitábamos?

Ahora, pues, no tengáis miedo; yo os sustentaré a vosotros y a vuestros hijos.

~GÉNESIS 50, 21

La vida nos enseñó pronto que el amor no lleva comida a la mesa ni hace aparecer mágicamente alimento para bebés.

Esta realidad se me impuso por sí sola mientras contemplaba desconsoladamente las bien alineadas latas de alimentos para bebés en el anaquel de la farmacia. Había docenas de variedades: de marca, sin ella, especiales, sin soya y sin lactosa. Lo que todas tenían en común, sin embargo, era que estaban fuera de mis posibilidades.

Abrí mi bolsa por centésima vez esa mañana y quise ponerme a llorar: tenía 2.23 dólares. No me alcanzaba ni para una lata de leche.

Mi dulce bebé dormía en el carrito, y en ese momento me invadió el pánico. ¿Qué pasaría cuando le diera hambre y yo no tuviera nada que ofrecerle? Claro que podía recurrir a mi mamá o a mi suegra, pero considerando que estaban a muchos kilómetros de distancia, tal cosa no me serviría de nada ese día. Una inesperada reparación del coche había consumido cada centavo extra ese mes. Y mi bebé iba a pasar hambre.

Compré cuatro paquetes de sopa ramen, preguntándome si estarían en la lista de "alimentos aceptables para bebés de tres meses de edad".

Mi esposo nos esperaba en el coche y, tras asegurar al bebé, me desplomé en el asiento del pasajero.

—¿Qué diablos estamos haciendo? —contuve un sollozo—. Apenas si podemos pagar la renta, apenas si podemos estudiar ¡y ahora resulta que ni siquiera podemos comprar alimento para nuestro hijo! ¡No nos lo merecemos!

Mi esposo tomó mi mano y la besó, ahogando el llanto por su parte.

—Ten un poco de fe, Em —me dijo—. Sabíamos que no sería fácil. Ya se me ocurrirá algo. No dejaré que el bebé pase hambre, y tampoco Dios lo permitirá.

En ese momento, algo en mí simplemente estalló. Él siempre tenía que andar metiendo la "fe" en todo. Yo jamás había sido de quienes hacen depender sus esperanzas de una idea tan abstracta, y aquello me pareció entonces cómicamente frustrante.

—¿Fe? —pregunté en tono insidioso—. ¿Crees que la fe le va a dar de comer en este momento a nuestro hijo? ¿Que va a llenar mágicamente nuestro refri? Si de verdad Dios quisiera ayudarnos, no nos habría dado un hermoso bebé para después permitirle pasar hambre. La fe no nos ha servido de mucho hasta ahora, Ryan; ¿por qué habría de empezar a servirnos de repente?

Guardó silencio. No me reprendió, ni me sermoneó, y ni siquiera dijo algo con lo cual hacerme sentir su reprobación. Sólo me besó la mano otra vez, y encendió el coche.

—Bueno, aun así yo tengo fe —fue lo único que replicó.

El camino a casa transcurrió en silencio. Me preocupaba la noche que nos aguardaba. Tenía suficiente leche para un biberón, quizá dos si diluía la mezcla. En la mañana hablaría con mi mamá, me tragaría mi orgullo y le pediría hacer un depósito a mi cuenta de cheques. ¡Si yo hubiera podido comprar una lata para arreglárnoslas hasta el día de pago! Aun así, supuse, era preferible hacer a un lado el ego y pedir ayuda que permitir que mi bebé pasara hambre.

Ryan cortó el hilo de mis pensamientos cuando, deteniéndose en el pequeño estacionamiento de la oficina de correos, anunció:

—Parada en el correo. Se me olvidó pasar a recogerlo ayer.

Nuestra unidad habitacional no contaba con servicio de correo, así que todos los días teníamos que ir a la oficina postal a revisar nuestro buzón. Estaba lloviendo y hacía frío, así que maldije este inconveniente mientras bajaba del coche de un salto.

Inserté la llave en el buzón y me sorprendió ver otra entre nuestras cartas, junto con esta nota:

"Usted recibió un paquete demasiado grande para su buzón. Use esta llave para retirarlo del buzón 40C."

¿Qué podía ser ese paquete? No esperábamos ningún envío de gran tamaño.

Hallé el buzón 40C y di vuelta a la llave. Al abrir la puerta, el corazón me dio un vuelco. Reconocí de inmediato el símbolo de la caja: era el logo del alimento para bebé que usábamos para nuestro hijo. Con la emoción de una niña la mañana de navidad, abrí el paquete, el cual contenía dos latas grandes de leche y un cupón para otras dos, por canjear en la tienda.

Aún sorprendida, salí corriendo hasta mi paciente esposo. Le enseñé el fantástico envío y comencé a derramar lágrimas de alivio. Saber que mi hijo no pasaría hambre ese día ni el resto de la semana fue la sensación más liberadora que hubiera experimentado hasta entonces.

—No sé qué pensar —le dije a Ryan—. No puedo creer que justo hoy hayamos tenido la suerte de recibir muestras gratis de leche.

—¿Tienes fe ahora? —preguntó él, sonriendo.

Ese día fue el comienzo de mi relación con Dios. Aprendí que él siempre está a nuestro lado. Nunca nos deja solos. Lo único que necesitamos es tener un poco de fe.

~Emily Weaver

52

Puede volver a pasar

lgunas personas tienen la suerte de ver ocurrir un milagro en su vida. Yo he sido bendecida no con uno, sino con dos de ellos.

Siendo neoyorquina nativa, yo, como muchos otros en la Gran Manzana, hice de mi carrera mi prioridad. Esto puede ser emocionante, no siempre fácil, y ocasionalmente calculador y desalmado. Trabajar tiempo extra era un hábito regular para cumplir con las fechas límite de diciembre. En mi industria, la moda, se hallaba entonces bajo creación una nueva línea, y dado que faltaba menos de un mes para el mercado de la semana de primavera, yo trabajaba horas extras.

> Preservar vivo a un hombre en medio de tantos azares y hostilidades es un milagro tan grande como crearlo.
>
> ~JEREMY TAYLOR

Una noche se me había hecho tarde y la nieve empezaba a acumularse. Tomé mi abrigo y me dirigí a mi pequeño departamento, de una sola recámara, con trabajo pendiente bajo el brazo. Al llegar a casa dejé mi bolsa y papeles, me sacudí la nieve del cabello y salí corriendo a la cocina de comida china para llevar con objeto de comprar una sopa para mi cena.

En la esquina esperé a que cambiara la leyenda "ALTO" acariciando la expectativa de una sopa caliente y una larga noche de trabajo.

Había muy poco tráfico cuando la tediosa luz cambió al fin. Justo cuando yo avanzaba en dirección al otro lado de la calle, vi que unas luces brillantes se me acercaban. Supe que un coche me alcanzaría de un momento a otro.

Un instante después, me levantaba del suelo.

Lo primero que pensé fue que el coche se había detenido y yo había resbalado en el lodo. ¡Qué alivio! Pero luego me fijé que faltaba algo. Mis anteojos. Y mis zapatos.

Transeúntes llegaron corriendo a mi lado.

—¿Está usted bien?

—Ya llamé a una ambulancia.

—Fue sólo un resbalón —dije, aproximándome a la banqueta—. ¿Dónde están mis zapatos y mis lentes?

Un testigo hizo señas hacia un coche estacionado a un costado.

—La atropellaron, y su cuerpo cayó en el techo de ese automóvil. Pegó con la cabeza con el parabrisas.

Yo seguía sin creer que hubiera estado involucrada en eso. Aquellas personas debían estar equivocadas. La policía llegó e insistió en que debía ir al hospital. Nada de esto tenía ningún sentido para mí. Quizá mi cuerpo se hallaba en estado de choque, pero el hecho es que no me dolía nada ni tenía hemorragia alguna.

Alguien halló mis destrozados zapatos… a una cuadra de distancia. Mis lentes fueron encontrados al otro lado de la calle, retorcidos como un bizcocho. Yo seguía sin entender las implicaciones de todo eso. Tenía que comprar algo para cenar, y volver a casa a concluir mi trabajo pendiente.

Sin embargo, fui a dar al hospital, a bordo de la ambulancia. Al desvestirme, vi marcas negras y azules en las piernas, pero nada más. Me pincharon, aguijonearon y tomaron rayos X. Podía caminar, no había fracturas y no tenía conmoción cerebral. Los doctores preguntaron:

—¿Está segura de que fue atropellada?

—Eso dicen los testigos, y los reportes de la policía.

Al salir del hospital, reflexioné que tal vez se me había librado de un destino horrible para tener una segunda oportunidad. Quizá todo había sido una advertencia para aprender a valorar los preciosos momentos que se me concedían. Tomé esa experiencia como una instructiva lección de la vida, y no olvidé el mensaje jamás.

Mi vida siguió adelante con un matrimonio, y luego un embarazo. Como casi todas las parejas, mi esposo y yo estábamos extasiados. Yo cuidaba mi peso y comía bien. De hecho, mi antojo resultó ser una opción saludable: nunca estaba del todo satisfecha de espinaca fresca.

Mi parto estaba previsto para el 4 de junio. El obstetra me dijo que iba muy bien. En enero me hicieron un ultrasonido, y me fascinó ver a mi bebé rebotar, patear y moverse dentro de mí. Los paramédicos me informaron que era niño.

La mañana del 3 de febrero me sentí algo mareada y noté un poco de sangre. El doctor me había revisado días antes y todo marchaba bien. Le llamé de inmediato y dijo que podía ser algo normal, pero para estar segura hice una cita para esa misma tarde.

El médico descubrió entonces deficiencias en mi cérvix. ¡Debía hospitalizarme de inmediato! Tendría a mi bebé con diecisete semanas de adelanto. El médico me dijo con pesar:

—Será imposible salvar a su bebé; se anticipó demasiado.

Cuando llegué al hospital, me metieron en seguida a una sala. Mi esposo llegó minutos más tarde, y me tomó de la mano mientras el doctor nos informaba que en cuatro meses podíamos intentar tener otro bebé.

Una vez que di a luz, el bebé fue trasladado al área neonatal, vivo y con un peso de seiscientos setenta gramos. De piel traslúcida y órganos visibles, cabía en la palma de mi mano. Nuestro bebé hizo del área neonatal su hogar hasta el 4 de junio, fecha originalmente prevista para mi parto, día en que lo llevamos a casa.

Mi esposo y yo presenciamos cada día su milagroso desarrollo durante cuatro meses. Él no sólo sobrevivió, sino que se logró. Hoy, quince años después, sigue destacando en todos sus empeños.

Muchos dirían que lo salvó el milagro de las ciencias médicas. Pero yo creo que fue Dios quien nos salvó a ambos. El Señor me dio esta segunda oportunidad. Y hoy valoro mucho los preciosos momentos que se me conceden.

~Veronica Shine

53

La intuición de una madre

Vi mi reloj. Casi las cuatro… la hora en que había prometido que saldría del hospital. Prácticamente había vivido ahí desde que mi bebé fue internada. El pediatra detectó por primera vez el soplo cardiaco de Lisa cuando se la llevé a causa de un catarro persistente.

—Quizá no sea nada serio —me tranquilizó—, pero sería bueno que la vieran los médicos del Hospital Infantil.

> Una madre es una madre, el ser más sagrado entre los vivos.
>
> ~SAMUEL TAYLOR COLERIDGE

Dos días después, mi esposo, nuestros cinco hijos y yo fuimos a Denver para la cita de Lisa. Pensábamos pasarla bien allá, visitando el museo y comiendo fuera. En cambio, tuvimos que comer en la cafetería del hospital mientras esperábamos los resultados de los electrocardiogramas y los rayos X del pecho. Cuando los médicos nos llamaron al consultorio, nos enteramos de que Lisa tenía una afección llamada *ductus arteriosus*.

—Antes de nacer —explicó el doctor—, la sangre del bebé evita sus pulmones. Cuando empieza a respirar, se supone que un vaso sanguíneo temporal se cierra. El de Lisa no lo hizo, así que su cuerpo no está recibiendo sangre oxigenada. Necesita cirugía.

Esto me aterró, pero el doctor me tranquilizó de nuevo, diciendo que esa afección era muy común.

Lisa fue internada en el hospital, y su cirugía prevista para la semana siguiente.

Cuando nuestros amigos se enteraron de la hospitalización de mi hija, se portaron de maravilla, enviándonos comida y ocupándose de nuestros demás hijos. Yo volvía a casa cada noche luego de que Lisa se dormía, y salía de casa a las cinco de la mañana para estar en el hospital antes de que despertara. Este horario estaba teniendo un alto costo para nuestros demás pequeños, y aquel día mi esposo, que era entrenador de basquetbol, tenía un partido, así que no podría pasar a recoger a los niños para ir a cenar. Con el expreso aliento de las enfermeras, acepté salir temprano.

Miré mi reloj otra vez… justo las cuatro. Si no me iba pronto, quedaría atrapada en el tránsito de la tarde del viernes.

Sabía que tenía que irme, pero algo hacía que me resistiera.

Cinco minutos más no importarían gran cosa.

A las 4:05 racionalicé que podía cantarle a Lisa un par de canciones más.

A las 4:10 reajusté las persianas y regué las plantas.

A las 4:15 me agaché para poner la caja de música de Lisa. Ella no se veía bien. Sus labios estaban ligeramente azules y respiraba con dificultad. Asustada, apreté el botón de emergencia. Llegó una asistente, que me palmeó el hombro:

—Su bebé está bien. Váyase a casa con sus otros hijos. Nosotras nos haremos cargo de Lisa.

Sabía que ella estaba equivocada. Corrí al mostrador de enfermeras.

—¡Que venga alguien, por favor! —rogué—. Mi bebé no está bien.

Una de las enfermeras volteó a verme.

—No se preocupe; hace menos de una hora tomamos sus signos vitales. Ella estaba bien entonces. Alguien del siguiente turno volverá a revisarla en cuanto terminemos el informe. Váyase a casa y no se preocupe.

Para entonces, sin embargo, yo ya estaba histérica:

—¡Necesito ayuda! —grité, corriendo por los pasillos.

El consultorio del cardiólogo estaba junto a los cuartos de los pacientes. La secretaria se paró de un salto e intentó interceptarme mientras yo cruzaba la entrada. Tomé al doctor de la mano.

—Tiene que venir ahora mismo —le dije, sollozando—. Nadie me hace caso, y mi bebé se está muriendo.

—Ya le hemos hecho de todo —susurró el médico—, pero iré a verla.

No lo dejé ir por su propio pie: lo arrastré por el corredor.

Una mirada a mi lánguida niña, y el doctor se puso en acción.

El cuarto se llenó al instante de personal médico. Desde la esquina a la que fui relegada, yo oía con horror fragmentos de sus conversaciones:

"Falla cardiaca… cirugía inmediata… otro poco y… quizá habría muerto… un milagro que su afección se haya descubierto a tiempo."

Fue un milagro, pero Dios suele obrar sus prodigios por medio de la intuición de una madre.

~Ellen Javernick

54

Un milagro en Grecia

Mi amigo Steve vivía en la costa este de Estados Unidos, pero regularmente hacía viajes de negocios a Minnesota. Durante uno de ellos, cenaba en su restaurante griego favorito cuando se percató de que una mesera lo miraba con curiosidad. Tras entablar conversación con ella, se enteró de que era de una pequeña ciudad del norte de Grecia.

—¡Ahí es justo donde está ahora Tom, mi hermano gemelo! —exclamó él—. Tiene la beca Fulbright, y estudia iconos ortodoxos griegos.

—Lo sé. Lo reconocí a usted en cuanto llegó.

Ella acababa de regresar de un larga visita a su ciudad natal, donde había conocido a Tom en una librería.

> Por cuanto en mí ha puesto su voluntad, yo también lo libraré; pondrélo en alto, por cuanto ha conocido mi nombre.
>
> ~SALMOS 91, 14

Steve creía que las cosas pasan por una razón, y semanas después supo cuál era la de su casual encuentro con la mesera griega. Había vuelto a la costa este cuando se le informó que Tom había sufrido graves heridas en Grecia.

El día de la fiesta de la Asunción de la Virgen María en la religión ortodoxa griega, Tom recorría un sendero accidentado y poco concurrido cerca de un monasterio bizantino en el Monte Atos cuando, de repente, la vereda —formada por una antigua catarata— se desgajó, proyectando a Tom cuarenta y cinco metros abajo, a medio camino en la pared de un acantilado en la montaña. Quedó inconsciente, y cuando volvió en sí vio sangre por todas partes. Su brazo izquierdo exhibía huesos a simple vista. Tenía una pierna atrapada en un arbusto espinoso, mientras que la otra colgaba de la orilla del precipicio.

Aturdido, intentó determinar qué le impedía caer más. Se dio cuenta entonces de que lo sostenía el brazo rojo carmesí de una mujer, la cual rodeaba su cintura. Gracias a su estudio de los iconos, reconoció ese color: era el que representaba a la Virgen María. Tom cerró los ojos. Cuando los volvió a abrir, lo circundaba una intensa luz blanca, que se desvaneció un momento después.

Gravemente herido y en peligro mortal, Tom no podía moverse. Veía las copas de los árboles a sus pies, y se puso a considerar sus opciones. Más tarde comenzó a desesperarse, y se vio tentado a arrojarse por el acantilado para poner fin a sus sufrimientos. Nadie lo encontraría jamás en ese lugar remoto.

Una voz retumbante dentro de él respondió con firmeza a esa tentación: "¡No lo hagas! ¿Quién crees que eres para decidir tu destino?".

Inspirado, un increíble e incontrolable instinto de sobrevivencia se apoderó de él, y lo hizo hallar la fuerza necesaria para arrastrarse a la saliente, lejos del precipicio.

Sobrevivió los tres días siguientes a base de pasta dental, musgo y un puñado de garbanzos y pasas. Para beber, apretaba el suelo húmedo entre sus dedos, y entonces se lamía la manos para saciar su sed extrema. Las pasas se hinchaban a causa del rocío de la mañana, y brindaban un mínimo de líquido adicional. Conservó su energía gritando únicamente cuando oía que una embarcación llegaba o partía de la costa, abajo de él. Durante la oscuridad de la noche, su mente se llenaba de los rostros de todas las personas a las que había amado. Las veía ofreciéndole de comer y beber, y se imaginaba dándoles las gracias por ayudarle a sobrevivir.

Finalmente, el tercer día, los gritos de auxilio de Tom fueron escuchados. Con riesgo de su propia vida, lugareños, monjes y un experimentado equipo de rescate lo pusieron a salvo.

Los médicos que lo atendieron diagnosticaron una clavícula y vértebras cervicales rotas, un hombro parcialmente dislocado, costillas astilladas y el brazo izquierdo sumamente lesionado. Dijeron que era un milagro que, pese a que ese brazo se le había roto en treinta dos puntos, no hubiera infección, daño en los nervios ni arterias seccionadas.

Cuando Steve se enteró del accidente de su hermano y la severidad de sus heridas, le preocupó la limitada atención médica que Tom podría recibir en esa distante región de Grecia. Recordó entonces a la mesera griega que acababa de conocer, y ella lo remitió con un excelente doctor griego que ayudó a su hermano a recobrar la salud.

Aunque su recuperación fue difícil, Tom supo que era un milagro que la Virgen María hubiera sido la primera en rescatarlo aquel día.

Pero ése no fue el último milagro.

Durante su recuperación, Tom dio con una serie de veintidós cuadros que él mismo había dibujado meses antes del accidente. Los había titulado "La salida de la oscuridad". En ellos aparecía una persona de perfil que caía progresivamente de una orilla, y a la que luego se le veía tumbada en una plataforma. Esa persona pasaba de la oscuridad a la luz conforme se desplegaban las escenas. Cuando Tom hizo aquellos dibujos, su intención fue describir la vida como un calentamiento previo a un partido, un paso intermedio hacia el resultado último, que es la muerte y la vida eterna. Al volver a ver esos cuadros tras el accidente, le sorprendió su extrema semejanza con éste. Quizá Dios había tratado de llamar su atención y él no lo había escuchado. Cuando hizo los dibujos, Tom se hallaba en un abismo espiritual, estaba deprimido y se sentía lejos del Señor.

Durante su recuperación experimentó un explosivo crecimiento personal y espiritual. Lleno de fe, esperanza y caridad, se puso del lado de quienes sufren en el mundo entero. Ahora sabe que nunca está solo. Dios siempre está con él.

Tom no ve su accidente como algo "malo". Hoy cree que todo pasa por una razón. Cómo él mismo dice: "Basta con que estemos prestos a escuchar, y a poner en práctica los mensajes que recibimos".

~Mary Treacy O'Keefe

CAPÍTULO

Favores concedidos

Yo te he invocado, por cuanto tú me oirás, oh, Dios; inclina a mí tu oído,

escucha mi palabra.

~SALMOS 17, 6

Favores concedidos

55

Milagro en el Hudson

Era la mañana del jueves 15 de enero de 2009. Me encontraba en la ciudad de Nueva York, adonde viajaba con regularidad por motivos de trabajo. Eran las diez y media de la mañana y estaba nevando muy fuerte. Yo había consultado el pronóstico del tiempo porque, originalmente, tenía un vuelo a las siete a casa, en Charlotte, Carolina del Norte, y no quería quedarme varado en Nueva York. La página en internet del Weather Channel decía que dejaría de nevar y haría un buen día.

A las once me reuní con mi jefe, y seguía nevando.

—¿Qué haces todavía aquí? —me preguntó él—. Te vas a quedar varado en esta ciudad. Vete a casa lo más pronto que puedas.

> En retrospectiva, creo que ese día ocurrió algo extraordinario.
>
> ~CAPITÁN CHESLEY "SULLY" SULLENBERGER III

Hice entonces una nueva reservación, para el vuelo de las 2:45 de la tarde, asiento 16E.

Cuando subí al avión, me puse a mandar mensajes de texto en mi celular, así como a hacer llamadas telefónicas, hasta que cerraron la puerta de la cabina. Rodamos por la pista cerca de treinta minutos, como es común en el aeropuerto LaGuardia, y por fin despegamos.

Tras recostarme en mi asiento, el empinado ascenso me empujó contra mi respaldo. Abrí el periódico para leer el resto de *The Wall Street Journal* que no había terminado esa mañana.

De repente, sentí una explosión amortiguada. Todo el avión se estremeció.

"¿Qué fue eso?", me pregunté.

La aeronave hizo entonces un muy pronunciado peralte a la izquierda. Todo sucedía demasiado rápido. Pensé que el avión estaba fuera de control y que todo terminaría de un momento a otro. Pero el piloto, quien ya se había identificado como capitán Chesley Sullenberger, pareció recuperar el control, y estabilizó la nave.

No hubo pánico. Tras la inicial exclamación de sorpresa de todos, reinaba el más profundo silencio.

Yo miraba a mi alrededor para ver si escuchaba algo cuando oí que alguien decía a mi izquierda:

—Parece que pegamos con algo. Vi unas sombras.

Poco después, alguien más dijo:

—¡El motor izquierdo se está incendiando!

Aun en ese momento, no me preocupé demasiado. Pensé que había dos motores, y que, de ser necesario, podíamos volar con uno solo.

Pero más tarde me di cuenta de que el avión no hacía nada de ruido. Lo único que se oía era el silbido del viento. Entonces comprendí que estábamos volando sin motor. Literalmente, planeábamos, y no estábamos muy alto. Esto me hizo enderezarme como de rayo en el asiento, y llevarme las manos a la cabeza. Sentí un temor inmenso, como no había experimentado nunca.

Me puse a rezar fervorosamente. Repetía sin cesar: "¡Ayúdanos, Señor, por favor! ¡Perdóname, Señor, por favor!". Nada coherente; es que me pasaban demasiadas ideas por la cabeza.

Aun así, no perdí la esperanza: "Si al menos pudieran echar a andar un motor…". Con eso nos bastaría para regresar a LaGuardia. Llevábamos apenas tres minutos de vuelo; seguro podíamos dar la vuelta y aterrizar a salvo.

Pero la esperanza se desvaneció cuando me fijé que cada vez perdíamos más altura, siguiendo la orilla del río. Al percatarme de eso, el terror me invadió, y me di cuenta de que era probable que muriera en este aeroplano. No había nadie a quién recurrir más que a Dios.

Así que me puse a rezar de nuevo. Sentí al Señor a mi lado. Nunca antes me había sentido tan cerca de él. No me puse a negociar: "Si me salvas, yo…". En cambio, pedí por mi familia, mis hijos, mi esposa.

Poco después, el capitán Sully dijo en el altavoz:

—Les habla el capitán. Prepárense para un impacto.

Para mí, esas palabras no anunciaban otra cosa que muerte y dolor. La fría y dura realidad me sacudió, y no había nada que hacer ante ese hecho. Estaba sujeto a mi asiento, completa y absolutamente indefenso.

En medio de aquella desesperanza extrema, y por increíble que parezca, sentí cierta curiosidad. ¿Cómo sería la muerte? ¿Una oscuridad total? ¿O una luz brillante? ¿Una claridad perfecta? ¿Alegría? ¿Cómo sería estar en presencia de Dios? Creo que Dios nos da esperanzas a todos aun en los momentos más difíciles. ¡Esas esperanzas y la sensación de que seremos salvados representan una gran bendición!

Saqué mi BlackBerry. Quería mandarles un mensaje a mis hijos… darles algo que llevar consigo en la vida, una especie de conclusión. Intentaba hacer eso mientras miraba por la ventana, viendo pasar cada vez más rápido el agua. Dejé el BlackBerry, cerré los ojos y pedí: "¡Señor, déjame ver otra vez a mis hijos!". Y luego: "Esto les va a doler mucho, Señor mío".

Estaba aterrado, aunque no necesariamente por la muerte y lo que viene después, sino muy preocupado por el dolor que esto iba a provocar.

Pegamos entonces contra el agua. El BlackBerry salió volando y me golpeó justo en el caballete de la nariz, hasta casi hacerme perder el sentido.

Pero de repente nos detuvimos.

¡Supe de inmediato que estábamos bien!

El impacto no había sido demasiado traumático. Supe que el avión estaba intacto y no se había desgajado. Nadie iba a salir gravemente herido.

Recorrí el pasillo y encontré abiertas las puertas de emergencia. Vi un bello día, claro y azul, como de veinte grados, y luz solar que entraba a raudales. Fue la sensación más maravillosa que haya tenido nunca. Por simbólico que fuera, esto representaba un nuevo día, una nueva vida. Un comienzo.

Salí por la puerta, caminé sobre el ala y volví en busca de un chaleco salvavidas. Nadie había anunciado que aterrizaríamos en agua y no debíamos olvidar los chalecos salvavidas bajo nuestro asiento. Claro que todos los asientos de la fila junto a la salida habían sido arrancados, y no encontré ninguno.

No hice nada bien. Todo lo hice mal, pero aun así salí de ésta. Si me hubiera quedado en el ala, la cual se estaba hundiendo sin que hubiera ferrys a la vista, me habría ahogado, porque la hipotermia habría acabado conmigo en diez minutos.

Como sea, volví a salir al ala sin chaleco salvavidas. Vi entonces que se acercaba un ferry, y eso fue como un sueño para mí… Fallaron tantas cosas. Y tantas otras salieron bien. Un vuelco increíble de los acontecimientos.

Después de ese día, he recibido al menos una docena de correos con el dibujo del avión sostenido por las manos de Dios: "Lo que pasó de veras en el río Hudson". Estoy cierto de que eso fue efectivamente lo que sucedió.

Es indudable que ese día me acerqué mucho a Dios. Quizá es la única vez que en verdad he sido uno con él.

~Warren F. Holland

56

Milagros de abastecimiento

Había sido un año dolorosamente largo, y luego de mi divorcio me vi con menos de la mitad de mis pertenencias que un año atrás. Me concentré en lo que tenía… mis hijos, mi empleo, mi fe y mi libertad de un matrimonio difícil. Éstas eran las cosas más importantes, razoné. Sabía que mi fe se combinaría con mi habilidad de buscar gangas para satisfacer mi necesidad de un comedor y un sofá. Entrar a una casa y sentarse con niños en pisos de madera bastaba para que aun la persona más ahorrativa saliera a buscar la megatienda de muebles más cercana.

> Inclina, oh, Jehová, tu oído, y óyeme; porque estoy afligido y menesteroso.
>
> ~SALMOS 86, 1

Pero comprar piezas nuevas era sencillamente imposible. Con mi sueldo apenas si podía hacer algo más que pagar las cuentas. Tras ahorrar un mes, un sábado dispuse de cien dólares para gastar. Así, chequera en mano y fe en el corazón, emprendí mi viaje a ventas de garage y lejanas tiendas de descuento.

"Señor, necesito que me hagas un milagro hoy", recé, antes de sacar el coche. "Pero si éste no es el día indicado para un milagro, lo aceptaré de todas formas."

Cuatro horas e incontables tiendas de descuento y ventas de garage después, yo seguía sin comedor ni sofá. Decidí buscar entonces un tapete que poner bajo el comedor "milagro" que un día encontraría, sin duda alguna. Al cruzar el estacionamiento de la tienda de productos para el hogar, me recordé que "nada más iba a ver". Sí, cómo no.

Con ayuda de un amable chico de la tienda, metí mi nuevo tapete al carro y me marché, feliz de que el color del muy accesible tapete hiciera juego con el de mi inminente comedor.

Mientras iba al volante, recé: "Pero Señor, todavía me hacen falta la mesa, las sillas y el sofá. Me encantaría sentarme en una mesa con mis hijos al fin de la jornada".

Resignándome al hecho obvio de que ese día no era propio para milagros, me puse a divagar al tiempo que seguía la acostumbrada ruta a casa.

Mientras atravesaba campos de pastura para vacas y criaderos de caballos, pasé junto a una hilera de puntiagudos pinos a orillas de la carretera, bajo los cuales una mesa y cuatro sillas exhibían un letrero que decía: "¡Gratis!".

Retrocedí y me acerqué a examinar mi comedor. En perfectas condiciones, la tapa de la mesa necesitaba lija y barniz, trabajo del que yo me encargaría con mucho gusto. Quité una por una las patas de la mesa, y me las arreglé como pude para meter todo en mi compacto japonés, hazaña que sólo una madre resuelta y sin muebles podría realizar.

Varios autos redujeron su velocidad para inspeccionar mi hallazgo.

—Sí, me lo llevo —contesté muchas veces.

Como tuve que dejar tres de las cuatro sillas, tomé el letrero de "¡Gratis!" y lo metí a mi coche, no fuera a ser que alguien creyera que podía llevárselas. Pensaba volver por ellas en cuanto descargara el tapete, la mesa y las patas en mi cochera.

Me apuré lo más que pude y regresé por las sillas menos de quince minutos después; pero, para mi sorpresa, ya no estaban. Alguien debe haber pensado que las dejé porque no las quería.

Desilusionada, volví a mi carro y seguí la misma ruta de regreso a casa. Unos kilómetros después, y también a la orilla de la carretera con otro letrero de "Gratis", ¡estaba un hermoso y floreado sofá que hacía perfecto juego con los colores del comedor de mi familia!

—¡Eso no estaba ahí hace cinco minutos! —le grité a nadie.

Toqué a la puerta de la casa de donde sospeché que provenía aquel mueble y salió un anciano. Le expliqué mi triste situación y, sonriendo, él se ofreció a guardarme el sofá mientras yo veía cómo transportarlo.

Al día siguiente cargué con él en una camioneta rentada y lo llevé a casa. Durante un par de semanas de búsqueda persistente hallé tres sillas, todas desiguales, lo que casó perfectamente con mi decoración "chic de segunda mano".

Hoy en día, cada comida servida en nuestra mesa y cada larga conversación en el sofá me recuerdan esas ocasiones, en las que Dios apareció en el momento justo para satisfacer mi necesidad. Como les digo a mis hijos, Dios sí concede favores, sólo que tenemos que pedírselos.

~Elisa Yager

57

Milagro en la montaña

M e llamo Doug. Soy guardia de esquí en un importante centro vacacional de California. Un día nevoso en que yo hacía una "inspección de colina", y mientras atravesaba un área cerrada al público porque los inyectores de nieve estaban en operación, mis esquíes toparon con una viscosa pila de nieve desnivelada, inmovilizándose y parando en seco. Yo salí disparado, y una vez que mi cabeza dio en tierra, mi cuerpo la siguió, estrepitosamente. Algo en mí explotó, y conmocionó todo mi ser. Rodé por la colina, hasta terminar boca abajo y despatarrado.

> Remítese a Jehová,
> líbrelo; sálvele,
> puesto que en él se
> complacía.
>
> ~SALMOS 22, 8

No podía levantarme, ni siquiera moverme. No sentía los brazos, las piernas, el pecho, nada. No podía respirar. (Por mi entrenamiento sabía que la falta de aire podía deberse a una lesión en la médula espinal.) No podía activar mi radio. Sólo estaba ahí tirado, sintiendo que la vida se me iba como el aire de un balón ponchado. Supe que me estaba muriendo.

Miré en dirección a la colina, buscando ayuda.

Vi que ahí estaba mi padre, quien tenía para entonces siete años de muerto.

No parecía un espíritu. Llevaba puesto su viejo pantalón café y su chamarra amarilla, como si hubiera salido a dar un paseo. Supuse que estaba ahí para guiarme al otro lado.

Jadeando, mascullé estas palabras:

—¿Y ahora qué hago?

Él respondió:

—Respira.

Me miré el pecho: comenzaba a subir y bajar. Mis pulmones se llenaron de aire frío, y vapor caliente salía de ellos. Volteé para dar las gracias, pero mi papá ya se había ido.

Minutos después llegó un equipo de mis compañeros, seis amigos a los que yo conocía muy bien: Rick, Josh, Scott, Eddie, Chuck y Alex. Guardias de primera, lo mejor de lo mejor. Los seis eran cristianos devotos, activos en sus iglesias. Eddie era ministro ordenado.

Mis amigos hicieron lo de rutina: collarín, oxígeno, tabla de refuerzo. Cuando me voltearon, vi sus rostros y supe que estaba en buenas manos. Arriba, las nubes se abrieron. Un haz de brillante luz cayó sobre nosotros. Y justo en ese momento, los muchachos comenzaron a hacer lo realmente suyo. Pusieron sus manos sobre mí y pidieron que me curara, que mi curación fuera un signo del amor, compasión y voluntad de Dios y que yo fuera para siempre testigo de eso.

Cuando empezaron a rezar, todo mi miedo se desvaneció. Sentí que yo era sólo un actor más en aquello, que todo esto iba más allá de mí y que, fuera lo que fuese, estaba dispuesto a aceptarlo.

Cuando terminaron su oración, aseguraron mis manos sobre mi pecho. Cuando la mano derecha tocó mi pecho, exclamé: "¡La siento!". Lo mismo pasó con la izquierda: "¡La siento!". La sensación era débil, pero ahí estaba. Sentí un inmediato torrente de gratitud, la presencia de la gracia divina. Supe que estaba sucediendo un milagro.

Desde el punto de vista médico, yo era un desastre: múltiples contusiones de la médula espinal en el cuello, síndrome de médula profunda y cuadraplejia incompleta.

Mi recuperación avanzó con una rapidez extraordinaria, alucinante incluso para mis doctores. Muy pronto, ya podía desplazarme solo en silla de ruedas para contarles mi historia a otros pacientes del hospital. Al parecer, esto hacía vibrar a la gente, inspirarla, ponerla en sintonía con su fe.

Mi vieja amiga Vicky fue a verme. Michael, su esposo, había muerto cinco años antes de melanoma. Sentados bajo una higuera enorme en el jardín del hospital, le conté que mis camaradas habían rezado por mí y me habían salvado. Y le dije:

—Sé que en este mundo hay ángeles, y que algunos visten chamarras rojas con cruces blancas.

Entonces algo pasó. Miré a Vicky, y agregué:

—Hay un ángel más. Es Michael. Está aquí.

Por unos minutos tuve la clara sensación de que Michael le hablaba a su esposa a través mío. Las palabras no importaban. Lo que importaba era que había amor, perdón, consumación. Ellos pudieron decirse "Te amo" una vez más.

Al día siguiente regresé al jardín, y Michael llegó a visitarme... igual que como lo había hecho mi papá. Me dijo algo específico que comunicarle a su esposa. El mensaje no tenía ningún sentido para mí, pero supe que lo tendría para ella. No le llamé a Vicky en ese momento. No quería diluir lo ocurrido el día anterior, no fuera a ser que sencillamente yo estuviera loco. Me guardé aquello todo el día, hasta la última llamada telefónica de esa noche.

—Vicky —le dije—, Michael vino a verme. Me pidió que te dijera que vuelvas a leer la carta que te escribió cuando se enteraron de que él estaba en etapa terminal, la cual conservas en la caja bajo la cama.

Ella se quedó muda. Y después confirmó la existencia de esa carta en la caja bajo la cama. Dijo:

—No he podido leer esa carta en años, pero hoy sentí el impulso de volver a leerla, luego de lo que pasó ayer en el jardín.

¡Los milagros desde mi accidente no cesaban de ocurrir!

En el área de médula había una mujer de edad muy avanzada, llamada Macie. No podía caminar, no participaba en su terapia, estaba despierta toda la noche y tenía llagas de tanto estar en la cama. Pensaban transferirla a un centro donde finalmente muriera.

Un día entré a su cuarto en mi silla de ruedas. Macie decía que nadie se tomaba la molestia de hablar con ella. Yo le conté mi historia. Ella me contó la suya. Nos hicimos amigos.

Al día siguiente salí al jardín, levanté mis manos al cielo y dije:

—Si fue posible que un grupo de amigos me impusieran sus manos y me transmitieran esta energía sanadora, ¿por qué yo no puedo hacer lo mismo por otros?

Una voz en el jardín respondió:

—¿Qué te hace pensar que no puedes?

—¡Vaya! —dije, y me di la vuelta.

Regresé a la unidad y tomé conmigo a mi amiga Pat, una cristiana increíble de ciento treinta y cinco kilos de peso, una paciente que iba a todos lados en un pequeño monopatín motorizado y que se había hecho amiga mía luego de conocer mi historia.

—Ven acá, Pat —le dije—. Necesito un testigo.

Fuimos al cuarto de Macie y nos quedamos junto a su cama.

—Macie —empecé—, acabo de estar en el jardín, y Dios me dijo que va a autorizarme curar imponiendo mis manos.

Nunca olvidaré la mirada de amor y esperanza en esos viejos ojos cuando ella me vio y me dijo:

—¿Podrías poner tus manos sobre mí, por favor?

Así lo hice, y pedí por ella, tal como mis amigos habían hecho por mí en la montaña. Pat rezó con elocuencia y pasión. Durante media hora o más, el cuarto se llenó de una energía poderosa y conmovedora. Cuando todo pasó, fue obvio que había concluido.

Yo estaba agotado, exhausto, pero extasiado. Fui a mi cuarto, me eché en la cama y no me moví toda la noche.

A la mañana siguiente salí al corredor justo cuando Pat salía de su terapia, y fuimos a dar una vuelta juntos, platicando de la noche anterior. De repente oímos una vocecita aguda:

—¡Ahí esta! —exclamó, y Pat y yo nos volvimos.

Macie venía hacia nosotros, caminando por sí sola, junto a su sorprendido fisicoterapeuta.

—¡Ahí está! —repitió ella, radiante—. ¡El poder de Cristo se ha hecho presente a través de Doug, y ya puedo volver a caminar!

Yo sé que lo que curó a Macie fue su fe; yo sólo fui llamado como facilitador. Macie y yo seguimos mejorando, y el día que salí del hospital para volver a casa, ella también salió… para volver a casa.

Mi recuperación ha sido asombrosa. Dos años y medio después de mi lesión, hice completo el Triatlón de Los Angeles, de nivel olímpico. Ahora participo con regularidad en triatlones y otras pruebas de resistencia, como una oportunidad de celebrar mi recuperación y apoyar causas benéficas.

Mis camaradas de la montaña pusieron aquel día sus manos sobre mí, y pidieron que mi curación fuera un signo del amor, compasión y voluntad de Dios.

Y yo seré por siempre testigo de eso.

~Doug Heyes, Jr.

58

Movida por la fe

El aire de la noche sopló sobre mi joven y limpio rostro mientras el coche traqueteaba en la larga avenida asfaltada. Era un miércoles como tantos otros. Mi mamá, mis tres hermanos, mis dos hermanas y yo hacíamos nuestro prolongado viaje de regreso a casa tras haber participado en una actividad juvenil en la iglesia. Aunque yo no tenía edad todavía para asistir a las reuniones juveniles, mi mamá colaboraba en esas actividades, así que yo siempre ansiaba poder atestiguar desde el fondo del salón las risas compartidas y los ánimos exaltados.

> Y cualquier cosa que pidiéremos, la recibiremos de él, porque guardamos sus mandamientos, y hacemos las cosas que son agradables delante de él.
>
> ~1 JUAN 3, 22

Tal vez una de las razones de que esperara con ansia las noches de los miércoles en la iglesia no era mi ardiente fe, sino que eso me distraía de los problemas que a menudo nos aguardaban en casa.

Durante esos largos y difíciles años, mi familia, de ocho miembros, padeció incontables penurias económicas. A mi padre le costaba trabajo mantener un empleo fijo, y mi madre ganaba apenas el salario mínimo en un empleo física y emocionalmente desgastante. Hubo muchas veces en que de veras no sabíamos de dónde saldría nuestra comida siguiente, pero, de un modo u otro, siempre sobrevivimos. Y, de un modo u otro, siempre íbamos a la iglesia todos los miércoles y domingos.

Ese miércoles particular, nos amontonamos todos en el coche y recorrimos los cincuenta largos kilómetros desde nuestra vieja casa de madera en el remoto campo hasta la civilización, a la iglesia. Sin duda mi madre sabía que llevaba poca gasolina y poco dinero, pero su determinación vencía a su lógica.

Ahí nos tienen entonces, camino a casa desde la iglesia en una avenida oscura y vacía, en alguna parte entre la civilización y nuestro hogar, cuando, de repente, nuestra camioneta Ford 1980 se ahogó, hasta detenerse por completo.

Durante minutos que parecieron horas, mi madre hizo frenéticos intentos por volver a encender el auto. Sentí su nerviosismo, y que el miedo se colaba con insidia en el coche. Estábamos completamente solos, y aún faltaban muchos años para que llegaran los teléfonos celulares. Yo podía imaginar las ideas que reptaban en la mente de mi madre. Mi papá estaba fuera de la ciudad. Nadie se había percatado siquiera de que estábamos en dificultades. Bien podíamos quedarnos ahí toda la noche. Mi mamá volteó al fin al asiento trasero, donde los seis niños nos apiñábamos.

—Niños —dijo, con voz baja pero firme—, vamos a tener que rezar.

Nadie preguntó nada. La nuestra era una familia que confiaba a ciegas en la oración. En ese apretado momento, sin embargo, todos supimos que esa oración sería distinta a las que decíamos arrodillados y a salvo junto a nuestra cama. Cada uno de nosotros pareció echarse sobre los hombros la responsabilidad de la seguridad familiar. Sentada en ese coche con las manos fuertemente unidas y llorando a mares, recé con una devoción que no me conocía.

Imploramos en voz alta, totalmente convencidos de que, afuera, alguien estaba al pendiente de nosotros. No recuerdo cuánto tiempo estuvimos orando, pero sí la sensación de paz que nos cubrió como una cobija abrigadora. Cuando terminamos de rezar, levantamos la cabeza y nos miramos unos a otros.

Mi madre sonrió dulce y serenamente y acercó poco a poco la mano a la llave. La movió sólo lo suficiente para que el tablero se encendiera. Nuestros ojos se clavaron en la aguja, que parecía burlarse sin moverse un ápice bajo la "E" (Empy: vacío). Llenos de esperanza, miramos con atención, esperando a que mamá intentara arrancar el auto. Justo en ese momento, antes de que ella pudiera dar vuelta a la llave, la aguja que reunía las miradas todas comenzó a subir. Muy despacio, y ante nuestros asombrados e incrédulos ojos, la aguja aquella se movió arriba de la "E".

Mi mamá volteó a vernos con una mirada de sorpresa, que pronto lo fue de gratitud y alegría. Rápidamente hizo girar la llave, encendió el coche y recorrió sin contratiempo el resto de esa solitaria avenida, hasta la entrada de nuestra casa.

No hablamos del percance durante el trayecto a casa ni al día siguiente. No hacía falta hacerlo. A la mañana siguiente, mientras mi mamá ponía gasolina al coche con una lata para poder encenderlo de nuevo, yo la observé, sabiendo que la noche anterior habíamos presenciado un milagro… algo que ninguno de nosotros podría negar jamás. La esperanza, quizá joven e inestable hasta entonces, quedó fija en mi corazón para siempre. Desde ese día, supe que pueden ocurrir milagros, y que mi vida siempre estaría movida por la fe.

~Courtney Rusk

59

La fe de Summer

Era uno de esos días tristes, lluviosos y fríos de febrero a los que Portland, Oregon, debe su fama, y mi estado de ánimo era tan malo como el clima. A algunas personas les gusta que llueva. Yo no soy una de ellas. Ya me había empapado una vez ese día, al llevar a Summer, mi hija, de tres años de edad, al plantel cristiano en el que cursaba su educación preescolar, así que lo último que quería hacer era volver a salir. Pero eran las dos de la tarde, y tenía que pasar a recoger a mi hija a las dos y media.

El tránsito estaba espantoso. Cuando por fin llegué al estacionamiento de la escuela, eran cuarto para las tres. Supe que la maestra de Summer no iba a estar muy contenta que digamos.

Estacioné el coche, me puse el abrigo y me estiré para tomar mi paraguas, pero no lo encontré bajo el asiento, donde debía estar. Alguien (no yo, por supuesto) lo había dejado en la cochera esa mañana. Solté un par de palabras que habrían ruborizado a mi ángel de la guarda, y atravesé corriendo el lago que ya se formaba en el asfalto.

Adentro, la maestra Jennifer alzó una ceja, obviamente molesta por mi retraso, y señaló hacia el pasillo. Summer estaba inclinada en una mesa, terminando un dibujo.

—¡Hola, mami! —dijo alegremente.

> Mas Jesús llamándolos, dijo: "Dejad los niños venir a mí, y no los impidáis; porque de tales es el reino de Dios".
>
> ~LUCAS, 18, 16

—Vámonos, mi amor —contesté—. Ya es tarde. La maestra Jennifer quiere que nos vayamos a casa.

Levantó su obra de arte.

—¡Mira! ¡La hice para ti!

Tomé la hoja y le eché un vistazo impaciente.

—¡Ay, qué bonita! —dije, agitando la cabeza y tendiéndole su abrigo.

Ella bajó el dibujo y se cruzó de brazos.

No se movería de ahí hasta que yo me disculpara. Y más valía que lo hiciera en forma convincente.

—¡Está precioso tu dibujo! —exclamé con efusividad—. ¡Es el mejor que has hecho hasta ahora!

Por fin asintió y extendió obedientemente los brazos para que le pusiera el abrigo. Afuera, la lluvia era ya una cortina helada, casi cortante. Llegamos empapadas al coche.

—¡Qué aguacero! —observó Summer desde su asiento atrás de mí.

—¡Sí que lo es! —exclamé, secándome el pelo con un montón de kleenex antes de encender el coche.

Iba saliendo apenas cuando mi hija gritó:

—¡Espera! ¡Tenemos que regresar!

Frené de golpe y volteé:

—¿Cómo? ¿Bajar del coche de nuevo? ¿Por qué?

—¡Por mi guante! —respondió ella, agitando frente a mí un solitario guante derecho—. ¡Me falta uno! Creo que lo dejé en la escuela.

—¡Vaya!… Espera un minuto —mascullé mientras orillaba el auto.

Me estacioné, volteé y me incliné sobre el asiento, para desabrocharle el cinturón de seguridad.

—Revisa tus bolsas.

—¡Ya lo hice! —gritó Summer, sollozando—. ¡No está! —y se sacó ambos bolsillos para demostrarme que estaban vacíos.

—¡Levántate! —ordené, lanzando un suspiro—. A lo mejor estás sentada en él.

Se puso de pie, pero nada del guante. Buscamos a los lados, bajo el asiento, en el piso y nada.

—¿Ya ves? —estalló Summer—. ¡Tenemos que regresar!

—¡No! Tal vez esté afuera, en la banqueta.

Abrí la puerta y saqué la cabeza. Cataratas del Niágara cayeron sobre lo que quedaba de mi peinado. Pero ni trazas del guante.

—¡Bueno, ya basta! —dije, con tono irrevocable—. ¡Tienes tres pares de guantes en la casa, por Dios! Siéntate bien para que pueda ponerte el cinturón.

—¡Quiero mi guante más bonito de todos!

—¡Y yo quisiera pasar una semana en Jamaica!

Pensar en esto le hizo guardar silencio un rato, lo que me permitió enfilar a casa.

Pero cinco minutos después:

—¡Quiero mi guante! —volvió a gritar.

Mirando su rostro acongojado en el espejo retrovisor, dije:

—¡Ya lo sé! Pero cambia ya de canal, por favor.

Con ojos entrecerrados y ceño fruncido, ella dijo entre dientes algo amenazador.

—¿Qué dijiste?

—Le pedí a Jesús —respondió, haciendo pucheros— que recupere mi guante.

Entornando los ojos, repliqué:

—¡Jesús no va a recuperar tu guante! Tiene cosas más importantes que hacer.

—¡Sí lo va a recuperar! —repuso ella, convencida.

Cuando por fin metí el auto en la cochera, entramos a casa y le dije:

—Tengo mucho que hacer antes de que esté lista la cena, mi vida. Vete a jugar a tu recámara.

Colgué nuestros abrigos en el cuarto de lavado y me dirigía a la cocina para hacerme cargo de los trastos en el fregadero cuando me acordé de que tenía que ir por el correo, afuera, en medio de la lluvia. Rezongando, volví a ponerme el abrigo y crucé zapateando el corredor hasta la puerta, con Summer a mis espaldas.

En cuanto abrí, miré al cielo, con la esperanza de que hubiera dejado de llover. Un trueno resonó a lo lejos.

—¡Oh, cállate! —farfullé, y me dispuse a correr hasta el buzón.

Pero antes de que pudiera dar un paso, Summer lanzó un grito.

—¿Y ahora qué? —protesté, volviéndome.

—¡Te lo dije!

—¿Qué me dijiste?

Señaló afuera, sonriendo.

Me di la vuelta y, siguiendo su dedo, bajé la mirada hasta el umbral.

Ahí, en el tapete de la entrada, estaba un guante pequeño. Un guante izquierdo.

Parpadeé incrédula, tratando en mi embrollada mente de explicarme lo que veía.

¿Qué? ¿Cómo? Mi sentido común intentó razonar que, sin duda, Summer había tirado ahí su guante al salir de casa esa mañana. Pero no, no habíamos salido por ahí, sino por la cochera. De hecho, ni ella ni yo habíamos usado la puerta principal en más de una semana.

Aturdida, miré la cara radiante de mi hija.

—¡Te dije que Jesús iba a recuperar mi guante!

Tomándola en mis brazos, susurré:

—Sí, pequeña, me lo dijiste, ¡me lo dijiste!

Mientras la abrazaba con fuerza, me maravilló que Dios fuera capaz de hacer un milagro así por una niña, y por la sencilla razón de que ella mantuvo firme su fe.

Un minuto después, Summer se apartó para decir:

—¡Gracias, Jesús! —tras de lo cual recogió su guante y se marchó saltando a su cuarto.

Yo miré al cielo y murmuré:

—Amén.

~Tina Wagner Mattern

60

Fuga del infierno

"Unidad 18, acuda al número 1637 de East 16th Avenue. Reporte de incendio. Cambio 1935."

Cap había salido. Brad estaba a cargo. Él y yo éramos los veteranos, con once años de experiencia. Greg era el novato.

El domicilio indicado estaba cerca. Si realmente había un incendio, tendríamos que controlarlo nosotros. La ayuda tardaría en llegar.

Ya en el lugar de los hechos, vi que del tejado trasero de una vieja casa amarilla de dos pisos salía un humo café. Parecía el incendio de una recámara. Los ocupantes nos habían dicho que ya no había nadie adentro. Mientras Brad reportaba por radio la situación, Greg se preparaba a enfrentar su primer incendio de verdad.

> Respóndeme cuando clamo, oh, Dios de mi justicia; estando en angustia, tú me hiciste ensanchar; ten misericordia de mí, y oye mi oración.
>
> ~SALMOS 4, 1

Entré, subí las escaleras y me detuve antes del descanso. Con la cara al ras del suelo, miré el pasillo... dos entradas a la derecha y una puerta cerrada al fondo. El humo cubría cerca de un tercio del trayecto. Tomé una foto mental.

En la puerta del frente, Brad se disponía a entrar. Nervioso, Greg seguía haciendo ajustes en el equipo. Me vi en él; supe que algún día Greg contaría esta historia. Pero sin Cap, no había tiempo para el entrenamiento de rutina. Teníamos que controlar y extinguir este incendio. Le arranqué a Greg la manguera que nos guiaría de regreso a la salida.

—Ponte la máscara y vamos.

El humo había oscurecido ya casi toda la planta. La visibilidad disminuía y el calor aumentaba conforme avanzábamos. La puerta al fondo del pasillo no tenía perilla; algo acechaba, a la espera. Me quité un guante y palpé la puerta; estaba muy caliente. Oíamos el fuego consumir la casa a nuestro alrededor.

Brand gritó:

—¡Cuidado, voy a tirar la puerta!

De rodillas, con Greg a remolque, respondí:

—¡Vamos!

La puerta quedó entreabierta con la primera patada, atravesada por flamas amenazadoras. Un empujón más, y terminó de abrirse.

Me recargué para abrir por entero la boquilla. El volumen de agua debía haber sofocado el fuego, pero, en cambio, éste se avivó, rugiendo sobre mi cabeza. "¡Tienes que contener y combatir a esta bestia!", pensé. Mi cabeza se hallaba en el hocico de este dragón, y él estaba a punto de morderme cuando una fuerza vital se apoderó de mí y contrataqué. "¡Voy a sacarte de aquí! ¡Fuera! ¡Fuera!", ordené.

Dirigí el chorro hacia la entrada. Bajo mis orejeras y el casco, las orejas me ardían, y el calor penetrante me quitaba el aliento. Cuando arremetí, hice rodar a Greg como una bola de billar hacia una tronera.

Lejos de las llamas y a unos tres metros pasillo adentro, me sumí en una oscuridad total. Justo en ese momento, oí un voz desesperada gritar:

—¡No, no, no!

Uno de mis compañeros me ordenaba volver, porque la manguera se estaba encargando del trabajo o uno de ellos estaba en problemas. Retrocedí, y unos pasos más adelante estaba de nuevo entre las cegadoras llamas.

Entonces el edificio explotó.

Por un momento, todo se volvió blanco, y luego un nuevo estallido sacudió violentamente la construcción. Negros y naranjas giraban como un tornado. La explosión rebasó mis fuerzas y borró mi imagen mental del interior. No tuve contacto con nadie durante mi regreso. Supe instintivamente que debía usar toda la energía que fuera capaz de reunir en salir de las entrañas de ese monstruo.

Un paso y topé con pared. La explosión me había puesto de lado.

Una apresurada sobrecorrección me precipitó contra la pared opuesta.

El casco amenazaba con caérseme, porque ya se derretía y las correas se habían quemado. Al sujetarlo, me vine abajo. Supe que, si no salía lo más pronto posible, me quedaban sólo unos segundos de vida. Pensé: "¿Dónde está la salida?". Y siguió una respuesta: "No vas a salir. Bien podrías quitarte la máscara y morir al instante".

Intenté rechazar a ese enemigo, pero desistí tras arrastrarme un poco apenas.

Apretado contra la pared derecha, lo único que veía era la furiosa tormenta negra y naranja.

Lo único que oía era el rugido victorioso del dragón.

Lo único que sentía era mi cuerpo quemándose.

Como si fuera una rueda de imágenes de View-Master, el rostro de mi amada esposa giró frente a mí. Yo dije: "Busca un padre para nuestro pequeño. Necesitará la presencia de un hombre en su vida. Te amo". Luego vi a mi hijo mayor, a quien dije: "No dejes de ir a la universidad. Ya está todo listo". En seguida, mi dulce niña; nos sonreímos uno a otro e intercambiamos una mirada de afecto. Por último, mi pequeño camarada. "Siempre te querré, amiguito."

Supe que mi careta se derretiría en cualquier momento, pero pensé: "Todavía no me muero". Mi entrenamiento me hizo recordar que estaba obligado a luchar para sobrevivir.

Pero también disponía de otro entrenamiento. Mientras me impulsaba para ponerme a gatas, tomé aire trabajosamente y pronuncié este nombre:

—¡Jesús!

En ese instante, el rugido cesó. El terror se disipó. Desapareció el dolor. El miedo se fue.

Pese a la ardiente furia del dragón, sentí una paz absoluta.

Se oyó entonces una voz consoladora: "Por acá", y yo empecé a arrastrarme en esa dirección. Como si alguien hubiera levantado el extremo de una cortina, la furia negra y naranja se convirtió en blanca luz. Me arrojé sobre ese resplandor y me vi cayendo por las escaleras y rodando hasta la puerta.

Mis compañeros me empaparon, y al aspirar mi primera bocanada de aire fresco exclamé:

—¡Gracias, Jesús!

Brad y Greg habían cumplido mi orden y salido a rastras, siguiendo la manguera. Una vez afuera, y viendo que yo no estaba ahí, Brad volvió para buscarme, impulsado por la misma lealtad que a mí me había hecho regresar por él. Él intentaba subir las escaleras justo cuando yo resbalé por ellas. Pero no me oyó ni me vio rodar. Cuando salió de nuevo, se sorprendió al verme. Entonces se acercó y me dijo:

—Pensé que esta vez no la librábamos, Herm.

Pronto nos enteramos de que el incendio había sido provocado, y comenzado en el sótano. Yo me había limitado a echar agua en la punta de las llamas. Cuando el primer bombero de la otra compañía abrió la puerta trasera y entró, cayó suelo abajo y se lastimó la espalda. Cuando su compañero lo sacó de ese agujero en llamas, fue el dolor de espalda lo que le hizo gritar: "¡No, no no!". La ráfaga de aire al abrirse la puerta trasera avivó el fuego, y causó la explosión.

A causa de mis quemaduras y vendajes, mi esposa no me reconoció, pero mi fuga de ese infierno fue sólo una parte del milagro. Me recuperé muy rápido. Sólo injertos de piel en mis brazos revelan que sufrí quemaduras alguna vez. Son la insignia del milagro del buen Dios que me salvó.

~Herchel E. Newman

61

Recordatorio de que hay que rezar

E ra un bello día de Acción de Gracias, con un brillante cielo azul y un calor inusual. Pero en vez de disfrutar de una cena de pavo con la familia, nosotros nos mudaríamos por segunda ocasión en un año. El año anterior habíamos rentado una casa mientras esperábamos a que la granja que habíamos comprado se desocupara y remodelara. La remodelación había terminado por fin, así que estábamos por mudarnos a nuestra casa.

> Pedid y recibiréis, para que vuestro gozo sea cumplido.
>
> ~JUAN, 16, 24

Durante varios años habíamos buscado en el campo la propiedad correcta. Tan pronto como vimos ese pedazo de cielo en la tierra, supimos que nuestra búsqueda había terminado. Con más de veinte hectáreas, tenía un poco de todo lo que siempre habíamos esperado. Un arroyo tranquilo y serpenteante servía de división entre la pródiga pradera dorada y el denso bosque. Ocultos en este último había múltiples y sinuosas rutas de venados, e incluso un manantial junto a una colina que desembocaba en una cascada escueta y pintoresca. Miles de odoríferos pinos salpicaban varias colinas suaves y onduladas. El rincón que más le gustaba a mi esposo era el bien provisto lago, a unos metros de la terraza trasera de la casa, el sueño cumplido de un pescador.

Mientras sacaba una caja más de la plataforma de la pickup, me detuve a contemplar la pacífica serenidad de los alrededores. Era fácil sentir la presencia de Dios ahí. Las aves estaban en constante celebración, desde el amanecer hasta la puesta del sol, y gráciles venados de cola blanca hacían un breve alto para mirarnos, sacudir su cola mullida y alejarse dando saltos.

El brillo del sol en el lago me hipnotizó, y su suave arrullo me relajó al instante. Contemplando el agua, recordé una conversación de días atrás. Chuck, mi esposo, y yo recorríamos la orilla del lago en compañía del antiguo dueño, Eric, cuando éste dijo con tono despreocupado:

—Van a tener que poner trampas para las ratas almizcleras. Están destruyendo el dique del lago.

Chuck y yo nos miramos y tragamos saliva. "¡Vaya!", pensé. "Habrá que agregar eso a la lista de pendientes."

Aún en las nubes, oí que Chuck me hablaba, lo que me hizo volver a la realidad.

—¿Sabes qué? —me dijo, con voz más cansada que de costumbre—: No hemos sacado todavía la lavadora y la secadora. —Y añadió, suspirando—: Espero que sigan funcionando.

La lavadora y la secadora eran la última carga de la mudanza. Las habíamos comprado veinte años antes, cuando nos casamos, y ahora que habíamos rebasado nuestro presupuesto de remodelación, esperábamos que duraran un poco más.

Horas después sufrimos llevando al sótano y ajustando ambos aparatos. Yo contuve el aliento cuando Chuck los enchufó y encendió. El suave zumbido de sus motores fue emocionante... pero fugaz. Vimos aterrados que bajo la lavadora se formaba un charco de agua. Luego advertimos que el aire de la secadora no estaba caliente.

—No te preocupes —le dije, tratando de parecer optimista—. Voy a hablar con Danny, mi hermano. Él sabrá qué hacer.

Danny se dedicaba a reparar aparatos eléctricos, y era muy bueno en su oficio. Así que no debió haberme sorprendido que, cuando le llamé, su esposa me dijera que tenía llena la agenda. Habría que esperar semanas a que se desocupara. Me quise morir.

Exhausta, me desplomé junto a la mesa de la cocina y deposité la cara en mis manos. Primero las ratas almizcleras y ahora los aparatos eléctricos. ¿Qué iba a seguir?, me pregunté, sollozando. No sabía cómo eran esas ratas, y mucho menos cómo librarme de ellas. ¿Y de dónde sacaría dinero para cambiar mi lavadora y secadora viejas?

De pronto me vino a la mente la imagen de una muy especial alumna mía de la escuela dominical, Tiffany, de cinco años. Un domingo en la mañana mientras impartía mi clase, de nivel preescolar, para mi horror me di cuenta de que había dejado la lección en casa, incluidas las manualidades. Comencé a aterrarme, retorciéndome las manos y lamentando entre murmullos mi omisión.

Tiffany se acercó al instante, me jaló el vestido y me recordó con toda sensatez:

—Rece, maestra. Dios sabrá cómo resolverlo.

Eso era: ¡rezar! El mensaje mismo que yo trataba de imprimir en esas jóvenes mentes era ahora un buen mensaje para mí.

Así, incliné la cabeza y le di gracias a Dios por todo lo que había hecho por nosotros, y por la belleza de la Tierra. Le pedí también que nos ayudara a reparar la lavadora y la secadora y nos enseñara a lidiar con aquellas engorrosas ratas.

De inmediato me llené de paz. Tanto que cuando más tarde mi esposo habló de comprar pronto una lavadora y una secadora nuevas, mi reacción le sorprendió:

—La verdad es que no me urgen.

No podía explicarlo, pero sabía que no tenía de qué preocuparme.

Al día siguiente, sin embargo, nada habría podido prepararme por lo que sucedió cuando sonó el teléfono.

Era Phil, amigo y compañero de trabajo de Danny.

—Este... Connie —empezó él, un poco tímido—, acabo de hablar con tu hermano. Le hablé para pedirle tu teléfono y me contó de tu lavadora y tu secadora viejas. Y, bueno, pensé que tal vez se pueda hacer algo.

Me quedé muda un momento, emocionada ante la perspectiva de mis aparatos reparados.

—Sí, claro —dije por fin—. ¿Qué tienes pensado?

—Pues, verás... —continuó Phil, vacilante—, a mi hijo le gusta poner trampas.

—¡Oye, qué maravilla! —interrumpí ansiosa—. Puede ponerlas en el bosque, no hay ningún problema.

—Pero no es eso lo que tenía pensado —siguió Phil—. Me enteré de que hay un lago en tu casa y, bueno, si Chuck y tú dejan que mi hijo atrape ratas en el lago, yo podría reparar la lavadora y la secadora.

Un escalofrío recorrió mi espalda al tiempo que recordaba a una niña preciosa jalándome la falda.

Sí, Tiffany: Dios sabe cómo resolverlo.

~Connie Sturm Cameron

62

Reuniones a altas horas de la noche

Hace unos años pasé por un amplio periodo de insomio. Varias veces a la semana, me despertaba entre las dos y las tres y media de la mañana. Enfrentaba esto lo mejor que podía. Mantenía un ojo cerrado mientras cruzaba la recámara en dirección al baño, esperando hacer creer al otro que yo seguía dormida. Aunque esto casi nunca funcionaba. Volvía tambaleante a la cama, adoptaba de nuevo mi mejor postura para dormir y así me quedaba largos minutos, o una hora… o dos… preguntándome qué diablos me pasaba que no me dejaba dormir.

> El deseo de los humildes oíste, oh, Jehová; tú dispones su corazón, y haces atento tu oído.
>
> ~SALMO 10, 17

Pero una noche se me ocurrió que no era que yo despertara. Tal vez me despertaba alguien.

"¿Eres tú, Señor?", pregunté. "¿Eres tú quien me despierta?"

Traté de dar con una razón de que Dios quisiera interrumpir mi sueño. Después de rechazar "broma" y "sabotaje de salud", la única conclusión razonable que me quedó fue la de que él me extrañaba. Tal vez no pasábamos suficiente tiempo juntos durante el día, y él esperaba a que oscureciera para sorprenderme sola.

Decidí aceptar esto.

"De ahora en adelante, Señor, si despierto a media noche... sabré que eres tú."

Él estuvo de acuerdo con este ofrecimiento.

En ese tiempo, mi esposo y yo dejamos nuestra casa móvil y nos mudamos a un pequeño tráiler de viaje, el cual sería nuestra morada durante los seis meses que tardaría la construcción de nuestra nueva casa. No era ésta la situación ideal para sostener reuniones a media noche, pero desde tiempo atrás yo había renunciado a discutir con Dios. Si él quería que yo me separara poco a poco de Dave mientras roncaba y buscara en la oscuridad mi bata y mis pantuflas, así sería.

Di en dejar un trozo cuadrado de papel aluminio cerca de la mesa del comedor para poder cubrir con él la pantalla de plástico de la lámpara, a fin de que dejara pasar un solo rayo de luz hasta las páginas de mi Biblia. Los sonidos combinados de mi familia al dormir, la tierra en calma y el agua al burbujear en mi tetera producían el silencio más sereno que yo haya oído nunca.

Sorbía mi chocolate, leía y escuchaba. Dios nunca dejó de hablarme en esas calladas horas. A veces aludía a una necesidad específica de mi vida. Pero casi siempre sólo me decía que me amaba. Nosotros, seres escépticos, nunca dejamos de necesitar ese recordatorio, y él bien que lo sabe.

Aprendí mucho acerca del corazón de Dios en esas reuniones a altas horas de la noche... y en todas las que he tenido con él desde entonces.

Una noche hace varios años, mucho después de habernos mudado a nuestra casa y dejado aquel pequeño tráiler de viaje, sentí el acostumbrado codazo y me levanté para reunirme con Dios. Pero en cuanto me senté, y antes siquiera de que pudiese abrir mi Biblia, sentí la urgente necesidad de repetir uno de mis pasajes preferidos de las Escrituras: "Porque vendrá el enemigo como río, mas el espíritu de Jehová levantará bandera contra él" (Isaías 59, 19).

No sabía por qué había tenido el impulso de recitar ese versículo, pero lo dije de todas formas. Y luego lo recité otra vez... y una vez más. Durante una hora entera, mi mente se concentró por completo en esa verdad de las Escrituras, y lo único que pude hacer fue sentarme en la quietud de mi sala y repetir esas frases una y otra vez. Nunca antes ni después he sentido la inclinación a orar de esa manera, pero es evidente que esa noche Dios no quiso que hiciera otra cosa.

Eran las tres y media de la mañana cuando me detuve. Aunque me sentía muy vigorizada, como si acabara de tomar una siesta reparadora y estuviera lista para enfrentar mi día, también sentí tanta paz que supe que me dormiría tan pronto como me hundiera en la almohada, y así fue.

Al día siguiente me llamó una amiga, que no cesó de bostezar durante nuestra conversación.

—¿Cansada? —le pregunté, riendo.

—Sí —respondió—. Hace tiempo que no duermo como se debe; me despierto a media noche.

—Yo también —le dije—. De hecho, me desperté anoche.

—¡Yo también! —exclamó ella.

Le conté entonces lo que me había ocurrido la noche anterior.

—Fue extraño, pero me sentí muy reanimada, muy concentrada al repetir esas palabras: "Porque vendrá el enemigo como río, mas el espíritu de Jehová levantará bandera contra él".

Hubo una larga pausa en el otro extremo de la línea. Luego, mi amiga preguntó:

—¿Exactamente a qué hora te levantaste?

—A las dos y media, y no me volví a acostar hasta las tres y media.

Esta nueva pausa fue aún más prolongada que la anterior, y cuando mi amiga volvió a hablar, oí que se le quebraba la voz.

—¡Dios te levantó para que rezaras por mí!

Me contó entonces que ella se había despertado a las dos con tanta angustia que se fue a sentar al piso del baño, donde estuvo sollozando y tratando de orar. No me explicó la causa de su dolor; sólo me dijo que sentía la vida demasiado difícil, la esperanza demasiado distante. Un torrente de preocupación, temor y desesperanza la abrumó. A las tres y media de la mañana, sin embargo, de pronto la oscuridad se disipó, se evaporó la opresión y ella se sintió llena de paz.

Justo cuando yo me levantaba de mi sillón y regresaba a mi almohada, mi amiga dejaba el piso de su baño y regresaba a la suya.

Suele desconcertarme saber que el Dios que soñó la gravedad y el amor, que ingenió poner puntos en las jirafas y lealtad en el corazón de un cachorro, que nombró y luego dispersó las estrellas en el cielo, es el mismo que me mira dormir… y me despierta para reunirme con él… y me invita a poner mis dos manos junto a las suyas en el arado.

~Shannon Woodward

63

El ciclo de la entrega total

El especialista en fecundidad me dirigió una mirada triste y pesarosa al tiempo que sacudía la cabeza:

—Sé que esto es muy difícil para usted —dijo—. Lo lamento.

Luego de seis años y medio de esterilidad, los resultados de mis más recientes pruebas confimaban un pronóstico decepcionante: mi embarazo parecía imposible.

Se me hizo un nudo en la garganta.

No podía creer lo que oía. Me pregunté: "¿Mi afán de tener un bebé ha llegado a su fin? ¿No hay nada más por hacer?".

—Déjeme hablar con el doctor, y él le llamará cuando regrese de su conferencia —continuó el adjunto de mi médico.

> Está atento a la voz de mi clamor, rey mío y Dios mío, porque a ti oraré.
>
> ~SALMOS 5, 2

Conteniendo mis emociones, pregunté si podía dejarle un recado a mi doctor.

—Agradecería que, cuando me llame, me hable de mis posibilidades. No es mi intención volverme adicta al proceso de la fecundidad y perseguir algo médicamente inalcanzable. Tantas inyecciones y el ir y venir están consumiendo mi energía. No vale la pena viajar aquí cada mes sin provecho alguno.

—Comprendo —me confortó él, con amable voz.

El año anterior, yo había recorrido casi diez mil kilómetros en viajes redondos entre mi hogar y el consultorio del especialista en fecundidad. Datos obtenidos de ultrasonidos, muestras sanguíneas y muchas otras pruebas indicaban la existencia de algo más que un problema. Mientras que la mayoría de las mujeres ovulaban cada mes, mis ovarios liberaban un óvulo demasiado pequeño, demasiado pronto o ninguno en absoluto. Asimismo, por razones desconocidas, células de las paredes de mi útero pasaban por las trompas de falopio hasta mi cavidad abdominal, donde se adherían y crecían en mis ovarios y otros órganos, generando tejido cicatricial y un desequilibrio hormonal severo. Esta afección, llamada endometriosis, aqueja a entre diez y quince por ciento de las mujeres en edad reproductiva.

Lloré durante todo el camino a casa. Elevé mi dolor a Dios: "Quizá nunca me embarace ni tenga un bebé. ¿Es así, Señor? ¿He llegado tan lejos sólo para saber que mi cuerpo no fue hecho para tener hijos? Me has permitido obtener algunas respuestas, pero ¿y ahora qué? ¡Ayúdame! Me abandono a ti en esta situación. No tengo nadie a quién recurrir. Pero nada es imposible para ti".

Cuando llegué a casa, mi esposo notó al instante mi expresión abatida. Intentando mantener la calma, le expliqué los resultados de los análisis de sangre. Apenas si pude pronunciar el resto de mis palabras:

—¡No puedo más! Es obvio que no voy a ninguna parte. Tal vez hayamos seguido el camino equivocado, y debamos proceder con la adopción.

Brian escuchó en silencio y me rodeó con su brazo.

—Creo que es mejor que esperemos a ver qué dice el doctor, cariño, para tomar decisiones a partir de ahí —propuso—. Siempre creí que te darían una inyección de algo y todo estaría bien. —Tragó saliva.— Esto es muy frustrante y no sé por qué nos está pasando a nosotros, pero debes tener esperanzas.

¿Esperanzas? Una sola palabra con tanto peso… El doctor no había tenido muchas esperanzas que darme esa mañana.

Me estaba hundiendo, y Brian trataba de ayudarme a persistir. "Sí, debo tener esperanzas", pensaba yo, "y fe. Debo aceptar que las cosas resulten como Dios quiera."

—Tienes razón —farfullé—. Hemos rezado para esto. Todo está en manos de Dios.

Brian me abrazó hasta que me calmé. Mi consuelo, sin embargo, duró sólo unos cuantos minutos. Al retirarme a nuestra recámara, cerré la puerta, dejé caer mi húmedo rostro en mis manos y clamé:

—¡Señor, dame una señal para saber si debo seguir, o parar y proceder con la adopción! Queremos tener hijos que te honren.

Toda la semana siguiente seguí condoliéndome. Pero me decía a mí misma: "No voy a quebrarme otra vez. El llanto ya me ha ayudado a desahogarme. No hay nada más por hacer. Todo está en manos de Dios. Deseo que se cumpla su voluntad." Esperando con ansia conocer el plan futuro de Dios, adopté una nueva perspectiva y me entregué a nuevas posibilidades. Tal vez el bebé que pedíamos llegaría por medio de la adopción.

Cosa rara en él, mi doctor esperó a responder a mi recado hasta recibirme.

—No quería emitir un juicio hasta ver los resultados del ciclo más reciente —explicó—. Un óvulo fue liberado este mes...

—No me sorprende... —interrumpí con indiferencia, sin impresionarme por el desempeño de mi cuerpo—. Ya lo ha hecho antes.

—...y sus análisis de sangre arrojaron excelentes resultados por primera vez desde que inició su tratamiento. De hecho, los revisamos dos veces, porque creímos que usted podía estar embarazada.

—¿De veras?

Mi cuerpo todo se estremeció de sorpresa, inquieto ante la única respuesta que yo no había considerado.

—He pedido insistentemente una señal de por dónde seguir —espeté—. ¡Esto es increíble!

—Pues creo que ya recibió su señal —aseguró él, con una sonrisa comprensiva.

Me enseñó entonces la diferencia radical entre este mes y los anteriores. La progesterona en la sangre dio resultados tres veces más altos que antes. Mis posibilidades de embarazarme aumentaban drásticamente, aunque de ninguna manera estaban garantizadas.

Los meses siguientes probé con optimismo más tratamientos, para incitar una vez más a mi cuerpo a ovular normalmente.

Pero no me embaracé.

Mi médico me recomendó un último ciclo de potentes medicamentos para estimular la producción de óvulos y forzar la ovulación. Si mi cuerpo no respondía, yo pondría fin a mi costoso tratamiento.

En una sesión de oración en mi iglesia, rogué a Dios que tomara el control de mi cuerpo. Al arrodillarme, cerré los ojos, incliné la cabeza y murmuré: "Señor, haz tu voluntad sobre mi cuerpo, mente y espíritu".

Mientras el ministro y los demás asistentes oraban, una calma deliciosa me cubrió. Volví a casa y le dije a Brian:

—Me siento sumamente serena. La carga de tener que embarazarme ha desaparecido.

Luego de vivir siete años con nuestra esterilidad, mi esposo me miró intrigado.

—¿Estás segura?

—Sí. Aceptaré con gusto lo que Dios quiera —respondí confiada.

Completé mi última ronda de medicinas para la fecundidad y esperé la respuesta de Dios en paz, aunque también con optimista expectación. La recibí semanas después, tras una última prueba de sangre.

—¡Los resultados son positivos! —exclamó la enfermera—. Usted está embarazada. ¡Felicidades!

Una efusión de energía se extendió por todo mi ser mientras apretaba la mano de Brian. Por la gracia de Dios, ¡nuestra temporada de tristeza se había convertido de pronto en una vida de nuevas satisfacciones!

Durante los cuatro años y medio siguientes, el espléndido plan divino se extendería más allá de lo que imaginamos: concebimos y dimos espontáneamente a luz a cuatro hijos sanos.

Cuando de veras me abandoné a él y puse mi vida en manos de Dios, ¡él hizo justo lo que tenía que hacer!

~Kimberly McLagan

64

Pide y recibirás

Hace varios años, y luego de quince de matrimonio, mi esposa y yo nos vimos de pronto en dificultades económicas. Habíamos cursado juntos la universidad e iniciado nuestras respectivas carreras, y teníamos dos hijos.

Como veterinario, yo había seguido el que creí que era el plan de Dios para mi vida. Había vendido mis acciones en un muy exitoso consultorio colectivo para dedicarme de tiempo completo a la enseñanza. Mi sueldo como maestro no era tan bueno, en absoluto, como el de un profesional en ejercicio, y esa diferencia fue la causa principal de nuestras preocupaciones financieras. Así que yo tenía tres trabajos: era profesor de tiempo completo en una universidad de Dallas, daba clases nocturnas en un tecnológico local y desde poco tiempo atrás ofrecía consultas en el anexo de uno de los laboratorios universitarios los viernes por la tarde, de una a cinco. El mío era un consultorio modesto en el mejor de los casos, y la mayoría de mis pacientes eran propiedad de alumnos universitarios, así que cobraba apenas lo suficiente para cubrir mis gastos.

> Pídeme, y te daré por heredad las gentes, y por posesión tuya los términos de la tierra.
>
> ~SALMOS 2, 8

Pero ni siquiera así podía pagar todas nuestras cuentas. Las cosas llegaron a un punto en que mi esposa decidió llevarse unos días a nuestros hijos a casa de su abuela, para tratar de distender el ambiente, dejándome solo en la casa y con mis trabajos.

El jueves en la noche le hablé para preguntarle cuánto era exactamente lo que necesitábamos para pagar nuestras cuentas sin incurrir en incumplimientos ni exponernos a cargos posteriores. Me contestó que necesitábamos trescientos once dólares para arreglárnoslas hasta mi pago siguiente. Acordamos pedirle a Dios que nos ayudara en este trance. Recitamos una breve oración por teléfono, y luego yo hice algo que jamás había hecho: me puse de rodillas para pedirle a Dios que me diera dinero. Le pedí que llevara hasta mí la tarde siguiente animales suficientes para pagar nuestras cuentas. Le dije que necesitaba trescientos once dólares.

Al terminar mis oraciones me fui a acostar, aunque a la mañana siguiente ya me había olvidado de ellas. Me fui a la escuela, di mis clases y en la tarde fui al laboratorio, por si llegaban algunos pacientes a mi clínica provisional. Aquél fue un día inusualmente agitado; di consulta a todos los animales y terminé alrededor de las cinco. Puesto que mi consultorio era muy pequeño, yo sólo contaba con un asistente, también estudiante universitario. Todos los tratos se hacían en efectivo; si el cliente tenía dinero, me pagaba, y si no, yo le decía que me pagara después. Guardé en la bolsa de mi camisa el dinero que había ganado ese día. Dado que siempre me fijaba más en el servicio y la atención a los animales que en el dinero, ni siquiera pensé en contar éste al final de la jornada.

Cuando llegué a casa estaba tan cansado que me quedé dormido en el sofá. Me despertó el teléfono. Era mi esposa, preguntando si había ganado dinero esa tarde en el consultorio. Saqué entonces el fajo de billetes que tra_a en la bolsa y lo conté mientras hablaba con ella. Eran trescientos diez dólares. Ella lanzó un grito ahogado y me recordó que sólo faltaba un dólar para pagar nuestras cuentas. Yo bajé la mirada y vi un billete de un dólar en el suelo, junto al sillón. Supongo que, al sacar el dinero de mi camisa, cayó al piso un dólar. La suma de ese dólar y al resto del dinero era exactamente igual a la cantidad que habíamos solicitado: trescientos once dólares.

Ese día marcó un cambio enorme en nuestra vida. Nunca jamás hemos vuelto a tener dificultades económicas.

Sé que ésta no pasa de ser una necesidad menor, pero fue un gran milagro si se considera que Dios nos proporcionó justo lo que le pedimos, hasta el último centavo.

~Doctor Gene F. Giggleman

65

Rut y Noemí

Lane, mi hijo, y su novia habían vuelto a disgustarse. Yo tenía la impresión de que discrepaban en todo. Como madre, me preocupó enterarme de su compromiso. Ella me simpatizaba mucho, pero yo me preguntaba si sería la indicada.

Llevaba pidiendo una buena pareja para Lane desde el día mismo en que él nació.

Ahora que estaba comprometido, quería estar segura, y todos los días rezaba: "¡Señor, si ella no es la mujer indicada, envía a la correcta, por favor!".

Una noche mientras oraba, tuve una visión: teniendo cerrados los ojos, vi a dos mujeres. No cabía la menor duda... la de la izquierda era la prometida de Lane. Se me mostró como una silueta oscura. La de la derecha era una rubia vivaz de ojos azules, sobre un fondo de animados colores y con una sonrisa que dio alegría a mi corazón. Nunca había tenido una visión así, y supongo que creí que eran imaginaciones mías. En consecuencia, la guardé en mi archivo mental, aunque no dejaba de pensar en ella.

> No hay nada en el mundo como el amor de una madre por sus hijos.
>
> ~AGATHA CHRISTIE

Al acercarse la fecha de la boda y una vez rentada la iglesia, me puse más nerviosa aún. Pedí al Señor que interviniera si aquélla no era la mejor decisión para mi hijo.

Dos semanas antes de la boda, la prometida de Lane dejó de quererlo y lo canceló todo. Él nos dijo que su dolor jamás menguaría. Sentí lástima por él, pero en mi corazón sabía que aquello era obra de Dios. Pese a su aflicción, Lane continuó sus estudios universitarios. Pasaron dos años, durante los cuales no dejé de rezar por él un solo día.

Estando cerca la graduación, mi hijo nos llamó para comunicarnos la hora y, los detalles. Su papá y yo nos dijimos orgullosos de él durante nuestro trayecto de dos horas al campus. Al llegar a su departamento, nos pidió esperar a que fuera a recoger a una amiga que había invitado. Veinte minutos después, llegó acompañado de una hermosa rubia de ojos azules. Yo no pude evitar una exclamación de asombro cuando la vi. ¡Era la misma mujer que había aparecido en mi visión dos años antes! Apenas si podía contenerme, aunque mantuve cerrada la boca por temor a espantar a ambos.

Su amistad se intensificó de mayo a noviembre, cuando él nos llamó y nos dijo:

—¿Qué van a hacer el 19 de noviembre? ¿Les gustaría asistir a una boda?

Y el resto es historia…

Kari es una magnífica esposa y madre de dos niñas bellísimas. Le gusta recordarme que somos como Rut y su suegra Noemí en la Biblia, de modo que es así como nos decimos: "Kari Rut" y "Joan Noemí".

Esta hermosa rubia de ojos azules es todo lo que el Señor me mostró en esa visión, y más.

~Joan Clayton

66

Convocada a orar

S aldré para allá tan pronto como termine mis obligaciones, mi amor. Calculo que eso será justo después de medianoche —me aseguró mi nuevo esposo.

Colgué el teléfono, anticipando ansiosamente otra vez nuestra reunión quincenal de fin de semana. En ese instante cuestioné la cordura de nuestra decisión de pasar separados nuestro primer año de matrimonio mientras yo terminaba mi licenciatura en pedagogía en UT Arlington y él completaba su último año de servicio en Fort Sill, Oklahoma.

> Por tanto, os digo que todo lo que orando pidiereis, creed que lo recibiréis, y os vendrá.
>
> ~MARCOS 11, 24

Puse en orden nuestro pequeño departamento, de una sola recámara, y luego me fui a acostar para esperar su llegada.

Pese a mi ansiedad, conseguí dormir, soñando en nuestro fin de semana juntos. Pero desperté de súbito de mi profundo sueño con una invitación a orar, tan real como si acabara de ser entregada por el cartero. Le acompañaba una notificación urgente del motivo de la oración… la seguridad inmediata de mi esposo.

Recordé entonces que un año antes había sentido la urgente necesidad de pedir por Jim, quien se encontraba en Vietnam. Luego recibí una carta suya en la que me contaba que, días atrás, volvía de tomar un baño a altas horas de la noche cuando por poco y pisa una víbora. Milagrosamente, la vio justo a tiempo. No llevaba puestos sus lentes en ese momento, y la única luz alrededor procedía de la tienda de un amigo, donde ardía una vela prohibida. Yo le conté a mi vez la urgencia que había sentido de rezar por él esa misma noche. Ambos supimos que eso había sido obra de Dios.

Así que esta vez bajé de la cama y me arrodillé. Lloré mientras elevaba mis plegarias al Señor. Luego, tan rápido como la incitación había llegado, se fue. Mis lágrimas se secaron y me volví a dormir, sumamente tranquila pese a mi traumático despertar. Recuerdo que la última vez que vi el reloj en el buró eran las 2:50 de la mañana.

De pronto tocaron a la puerta. Me incorporé en la cama y vi el reloj otra vez: las seis de la mañana. Pensé: "Seguro Jim no pudo salir a la hora prevista", y entonces recordé el urgente llamado a orar. Corrí a la puerta, abrí y ahí estaba mi joven esposo… un tanto deteriorado, cubierto el ojo derecho con un parche negro.

Rápidamente contestó mis preguntas. Él iba en la carretera a ciento diez kilómetros por hora cuando, justo a las afueras de Ft. Worth, se le atravesó un coche sin luces al mando de un individuo que acababa de salir de un bar e iba a sólo cincuenta kilómetros por hora. Chocaron. Nuestro carro nuevo quedó hecho trizas. El policía que acudió al lugar dijo que el otro sujeto iba en estado de ebriedad. La única lesión que Jim sufrió fue un pequeño vidriecillo que se le metió a un ojo.

—Por alguna razón, justo antes de llegar a Ft. Worth sentí la necesidad de ponerme el cinturón de seguridad —me contó Jim.

No había hecho eso nunca antes. En aquellos días, 1969, la ley no obligaba a usar el cinturón de seguridad.

—¡Bendito sea Dios! —exclamé, abrazándolo fuerte—. ¿A qué hora pasó eso?

—Vi la hora justo en ese instante: eran las 2:50.

~Sharon L. Patterson

67

El poder del abandono a Dios

L uego de bajar sesenta y ocho kilos, por fin estaba lista para que me operaran de dos enormes hernias abdominales. Para poder hacer esto, sin embargo, antes era necesario retirar de mi abdomen la piel extra, lo que tendría que hacer un cirujano plástico. Durante ocho meses hice circo, maroma y teatro, a veces al extremo mismo del ridí-culo, para cumplir los requisitos de la com-pañía de seguros a fin de que cubriera esta última cirugía. Padecía una afección secun-daria (hernias) que requería paniculectomía (eliminación de la piel abdominal), tenía problemas en la piel, cumplí el requisito de estabilidad tras bajar enormemente de peso y cuatro doctores aseguraban que necesitaba esta cirugía.

> Y todo lo que pidiereis en oración, creyendo, lo recibiréis.
>
> ~MATEO 21, 22

No todos se dan cuenta de que cuando alguien baja mucho de peso, la piel vacía consecuente puede causar todo tipo de problemas, en espe-cial si se es de edad avanzada y la piel ya no tiene flexibilidad para volver a contraerse. En mi caso, la piel vacía colgaba hasta medio muslo. Los pliegues y arrugas ocultaban afecciones dermatológicas. La espalda me dolía el día entero, y las molestias eran mortales. El dolor de las hernias se intensificaba a veces, y su tamaño era tal que me hacían parecer algo más que embarazada. En ocasiones casi no podía mantenerme derecha. Si durante meses hice circo, maroma y teatro para la compañía de seguros ¡fue porque había decidido volver a sentirme bien!

Encontré al equipo médico perfecto. Estos doctores sí que me entendían. Presentaron sus planes quirúrgicos y fotografías a la compañía de seguros. Se fijó fecha para la operación. En la víspera, sin embargo, la compañía volvió a rechazar mi solicitud. Cubriría la cirugía de las hernias, pero no la eliminación de piel indispensable para esa cirugía. Aunque yo cumplí todos los requisitos, la aseguradora se negó a cubrir la paniculectomía, en relación con la cual presentó en cambio una nueva lista de exigencias. Ésta era la decisión definitiva, y todas mis opciones estaban agotadas. Comprendí que la compañía estaba jugando conmigo y había olvidado que yo era un ser humano. Un ser humano que sufría.

Camino al trabajo a la mañana siguiente, yo aún lloraba por la constatación de que tendría que vivir con dolor de espalda crónico el resto de mi vida. Experimentaba muchos problemas más, y saber que tendría que batallar con ellos el resto de mi vida me llenaba de temor. Estaba apenas en la cincuentena. Había bajado de peso para mejorar mi salud y calidad de vida, no para hacerme de una nueva serie de problemas insuperables de salud.

Así que recé. Le pedí a Dios que me enseñara a vivir con ese dolor crónico si, efectivamente, nunca me iban a operar. Oré: "Enséñame, Señor, a seguir cargando esta piel que tanto dolor me causa". Lloré, porque después de haber hecho un gran esfuerzo en terapia para remontar la depresión y recuperar la tranquilidad, ahora me hundía en la depresión otra vez. "Señor", recé, "quiero recuperar la tranquilidad. Tengo que aprender a librarme de todo esto. Enséñame a hacerlo, porque no puedo más. Estoy tirando la toalla", y dejé mis temores en Dios. Fue como entonces si él uniera las manos, se tronara los dedos y dijera: "¡Observa!".

Menos de una hora después, Shelley, la asistente de mi cirujano plástico, me llamó al trabajo. Haciendo caso omiso de mi previa promesa de abandono a Dios, volví a asumir mi pesada carga y me puse a sugerir cosas que podíamos hacer: yo podía tomar más fotos, hacer todo tipo de cosas. Shelley me dijo finalmente que había hablado con el doctor y él le había dicho: "Dile a Jeri que no vamos a hacer las cosas con su seguro. Haré la paniculectomía por quinientos dólares. Ella ha hecho un gran esfuerzo, y yo quiero contribuir a que sus sueños se vuelvan realidad".

Yo no lo podía creer. ¿Quién hace algo así? ¿Quién es tan desinteresado, tan generoso, con alguien al que sólo ha visto una vez? Me metí debajo de mi escritorio, me derrumbé y rompí a llorar. Alarmados, mis compañeros corrieron pensando quién sabe qué, sólo para encontrarme sollozando bajo mi escritorio. Tantos meses de jugar a complacer a la compañía de seguros y recibir su sistemático rechazo habían tenido su costo. Yo habría podido seguir peleando para obligarla por ley a cumplir los compromisos que había hecho conmigo por escrito, pero preferí aceptar el regalo que Dios me daba.

Se fijó nueva fecha para la cirugía. La aseguradora no podría objetar la compasión de mi médico. Pregunté a una amiga por qué había tenido que ser así. ¿Por qué yo había debido permitir que la aseguradora jugara conmigo? ¿Por qué la cirugía se había conseguido tan pronto como dejé de empeñarme en alcanzarla?

—Porque —contestó ella— te pusiste en manos de Dios. Cuando cediste tu voluntad, entró en juego la bondad del Señor.

La cirugía fue todo un éxito. Seis kilos de piel fueron retirados de mi abdomen, y todos mis órganos puestos de nuevo en su sitio. Imagínate cargando el resto de tu vida una bola de seis kilos de medicamentos que no pudieras bajar nunca. Yo tenía eso. ¡Pero hoy es un nuevo día! He mantenido más de un año un descenso de setenta y siete kilos. Siento como si hubiera recibido un millón de dólares, y no dejo de buscar la manera de hacer favores para compensar el milagro que recibí.

~Jeri Chrysong

CAPÍTULO

Ángeles entre nosotros

Mas el ángel les dijo: "No temáis, porque he aquí os doy nuevas de gran gozo, que será para todo el pueblo".

~LUCAS 2, 10

68

Guía angélica

En medio de una estación lodosa en Vermont, mi esposo, mis dos pequeños hijos y yo recibimos en casa a mi padre. Él confiaba en recuperarse por completo de una pulmonía, a fin de poder regresar a su retiro, una cabaña en la costa de Maine. Había enfermado de pulmonía a causa de la quimioterapia, que sacudió su gastado cuerpo.

Una noche en la que yo doblaba ropa limpia en la sala, apilando pares de pequeñas mallas junto a camisetas diminutas con dibujos de camiones y tractores, mi papá se sentó en el sillón a observar. Había un poco de pelo en la punta de su cabeza calva, y tenía el estómago hinchado y las mejillas hundidas.

> Porque esta noche ha estado conmigo el ángel del Dios del cual yo soy, y al cual sirvo.
>
> ~HECHOS 27, 23

—¿Sabes? —dijo, como si acabara de recordar algo curioso—, hay una cosa que todos hemos olvidado.

—¿Qué, papá?

—¡El cáncer! —exclamó.

Tal vez él se había olvidado del cáncer, pero nadie más. Tenía un cáncer de hígado para el cual no había cura, y debido a la pulmonía no podía terminar su tratamiento de prueba. No le habría servido de mucho, de todas formas. Todos menos él sabíamos que el fin estaba cerca.

Una noche en que mi esposo había ido al súper y yo estaba acostando a los niños, mi padre me llamó abajo. Por su tensa voz, advertí que pasaba algo. Tras bajar corriendo, seguida por mis hijos, lo hallé sentado en el sofá. Respiraba como si hubiera corrido un maratón. Tenía la cara roja y sus ojos, muy abiertos, delataban dolor. Mientras llamaba al 911, comprendí que, después de todo, él no padecería una lenta agonía de cáncer. Este infarto le causaría un rápido fin.

—¡Vayan a la sala y estén al pendiente de la ambulancia! —les dije a los niños, sorprendida de lo serena que sonaba mi voz.

Pero por dentro no estaba tranquila; sentía como si un tornado arrasara conmigo.

Mi corazón latía tan fuerte que apenas si podía oír al médico que me daba por teléfono instrucciones de resucitación cardiopulmonar (RC). "¡No podré hacerlo!", pensé, pero aun así golpeé ligeramente la nuca de mi papá, le tapé la nariz, respiré en su boca y bombeé su pecho. "Esto no está pasando, sólo es un mal sueño, ¿y la ambulancia, a todo esto?" Nuestra calle era larga, y además estaba cubierta de lodo; los paramédicos tardarían en llegar.

Yo sabía que mi papá se estaba muriendo, pero también que, por alguna razón, debía mantenerlo vivo. Conservé mi boca contra la suya, deseando no pensar que esto era un beso, deseando que su aliento no oliera a la sopa de pollo que habíamos cenado. Deseando que esto no estuviera pasando. Una de las veces que le bombeé el pecho, sentí que algo se quebraba.

—¡Creo que le rompí una costilla! —le dije al desconocido en el teléfono.

—No importa —respondió él—. Así pasa a veces.

Respiré y bombeé, y me alentó poder ahorrarles a los niños este extraño y horroroso espectáculo.

—¡No olviden avisarme cuando llegue la ambulancia! —les dije.

"¡Y por favor, Señor, haz que eso suceda pronto!"

Cuando al fin llegó la ambulancia, los paramédicos sacaron sus aparatos de RC. Un médico joven que llevaba puesta una gorra de los Red Sox me miró amablemente y me dijo:

—Haremos cuanto podamos, pero esto no se ve bien.

Yo lo sabía, y ni un solo instante dudé que papá iba a morir. Los paramédicos también me felicitaron por el auxilio que le había prestado a mi padre; dijeron que mis esfuerzos le habían salvado la vida, o lo que esto pudiera significar en ese momento.

Mi esposo me alcanzó en la sala de urgencias. Vimos que mi padre respiraba cada vez más despacio. Yo no quería que se fuera. Tenía ganas de gritarle "¡Vuelve!", pero su cuerpo parecía una estatua tendida en la mesa, los ojos azules completamente abiertos, viendo nada. Los cortos jadeos eran cada vez más lentos. Había llegado su hora, pero yo no quería eso. Quería que él se mejorara y regresara a su casa en la costa, donde nosotros lo visitaríamos y comeríamos langostas y mejillones, veríamos salir el sol en el mar, jugaríamos scrabble y backgammon y él leería sus novelas de misterio y caminaría por la playa, contento y satisfecho de su hermosa vida. Quería que viera crecer a mis hijos, que me guiara por todo lo que aún estaba por venir.

Aunque yo estaba junto a él, me sentía muy lejos, mareada y tambaleante, como si estuviera en un barco bajo una tormenta. Veía puntos negros en las brillantes lámparas del hospital, y me pregunté si alucinaba. Aun así, trataba de consolar a papá. "Necesita ayuda", pensé. "¿Debería decirle algo como 'Márchate en paz'? ¡Pero si no quiero que se vaya!"

Mientras lo observaba, reparé en que alguien estaba atrás de mí. Curiosamente, no tuve que voltear para poder verlo claramente. Era como un ángel, un poco más alto que yo, cubierto con un manto de seda largo y dorado. Una cabellera negra enmarcaba su cara fulgurante, y sus ojos me dijeron que no tenía de qué preocuparme. Nunca. Transmitía la fuerza más tranquila, aunque poderosa, que yo haya sentido jamás. Aunque parecía estar hecho de luz, yo me apoyé en sus brazos. Me abrazó tan fuerte que sentí que me fundía con él. Ya no tenía que esforzarme sola por mantenerme derecha. Cuando mi papá exhaló su último suspiro, mientras el ángel seguía abrazándome, alcé los brazos al cielo, cada vez más arriba, como si con mis manos guiara su espíritu al paraíso.

Más tarde, me senté sola frente a mi altar. Lloré ante Dios por mi papá, por mí, por la profunda sensación de pérdida. Tras sentir la súbita necesidad de guardar silencio, oí que una voz me hablaba. Supe que era el ángel del hospital, así que calmé mi respiración y escuché.

—Tu padre vino a vivir contigo para morir —dijo—, para aprender acerca de Dios. Tú le insuflaste a Dios cuando murió.

Mi padre había sido un ateo radical.

Al día siguiente, mientras refería la sagrada experiencia de ver morir a mi padre, le conté a alguien que había levantado mis manos al cielo para guiar su espíritu. Mi esposo, que estaba presente en esa conversación, intervino entonces:

—No, pusiste una mano en su pecho y otra en el tuyo, ¿no te acuerdas?

Creí recordar que, en efecto, había puesto mis manos en su corazón y en el mío, sintiendo manar energía de mí y viendo elevarse su pecho por última vez.

—Sí —respondí—, ya me acuerdo, pero también que mis manos lo guiaban arriba. ¿Cómo es posible que hayan sucedido ambas cosas?

Recordé entonces al ángel que me había sostenido, y supe que las manos que me estrecharon y que elevaron a mi papá al cielo habían sido las suyas.

~Lava Mueller

69

El ángel del día de Acción de Gracias

Tenía quince años cuando mi mundo dio un brusco giro negativo. Le diagnosticaron cáncer a mi mamá... otra vez. La primera vez había sido devastadora. Operaron a mi mamá, le dieron quimioterapia y venció al cáncer. Pero la enfermedad volvió. Esta vez, sin embargo, había varios motivos más de preocupación. Debido a las cuentas médicas, su primer cáncer la dejó al borde de la ruina. Mi papá había muerto años atrás. Mi madre defendía sola la plaza. Hacía demasiado para merecer todo tipo de asistencia, pero muy poco para pagar las crecientes cuentas médicas. Yo era demasiado joven para trabajar.

> Y hago esto por causa del evangelio, por hacerme juntamente participante de él.
>
> ~1 CORINTIOS 9, 23

Ese invierno fue el peor. No teníamos dinero para pagar la luz, así que nos quedamos sin ella. Teníamos una pequeña estufa de gas que proveía calor, y nuestro vecino nos permitía conectar una extensión en su casa para tener una lámpara en la nuestra. La estufa de gas en la sala era la única fuente de calor en nuestro hogar. Yo dormía en el suelo de la sala, lo más cerca posible de la estufa sin peligro de quemarme. Mamá dormía en su gélido cuarto, con tantas cobijas como podía echarse encima.

Mi madre rezaba día y noche, y a menudo me pedía que rezara con ella. Le daba gracias a Dios por las bendiciones recibidas, le daba gracias a Dios por cada una de nosotras y siempre le pedía que nos diera fuerza para superar los momentos difíciles por los que atravesábamos. Nunca se mostraba resentida, enojada ni exigente. Creía que Dios vería por nosotras. Yo, por mi parte, no estaba tan segura de ello. Si Dios era tan bueno y tan grande, ¿por qué sufríamos así? ¿Por qué mi mamá, que aún iba a la iglesia todos los domingos sin importar el frío que hiciera o lo enferma que se sintiese, había vuelto a contraer cáncer? A veces me costaba mucho trabajo rezar. Estaba enojada con Dios; estaba enojada con el mundo. Simple y sencillamente, la vida no era justa.

Llegó el día de Acción de Gracias. Busqué algo de comer en la alacena, y no había mucho. Comencé a azotar puertas mientras revisaba los gabinetes buscando una lata que hubiéramos perdido de vista. Entre más buscaba, más me enfadaba. Sin duda el ruido despertó a mi mamá, porque ella llegó a la cocina envuelta en una colcha. Me miró preocupada y preguntó:

—¿Qué pasa, nena?

—Tengo hambre —contesté—. Eso es lo que pasa.

No estaba enojada con ella; estaba enojada con nuestra situación. Sabía que me comportaba como una idiota, pero no podía evitarlo.

Ella abrió sus brazos hacia mí y dijo:

—Ven acá. Oremos.

Yo entorné los ojos:

—Como si fuera a servir de algo.

Sabía que estas palabras le herían, pero yo estaba demasiado disgustada para retirarlas.

Fijó en mí su mirada. Yo no resistí la tristeza en sus ojos.

—Dios oye nuestras plegarias. Si estuvieras alerta, verías que hemos recibido un millón de bendiciones. Las cosas son difíciles en este momento, pero Dios nos está ayudando a superarlas. Él proveerá cuanto necesitemos. Lo único que debes hacer es tener fe. Pide lo que nos hace falta y él te responderá.

—¡No me digas! —fanfarroneé, volviéndome hacia ella—. Si Dios es tan grande, ¿por qué no tenemos nada que comer? Si es tan maravilloso, ¿por qué nos morimos de frío en nuestra propia casa?

Su mirada de dolor era más de lo que yo podía soportar. Me repugnaba haber perdido los estribos, pero estaba demasiado molesta con Dios para detenerme.

—¡Ey, Dios! —grité al techo—, si eres fuerte y todopoderoso, ¿por qué no nos mandas algo de comer? De hecho, ya que es día de Acción de

Gracias, ¿por qué no nos envías un delicioso pavo relleno? ¿O es que no somos dignas de que nos avientes un poco de pan?

Miré la mesa con desprecio.

—Sí, eso pensé. No veo ninguna cena de Acción de Gracias aquí. ¿Tú sí?

Observé a mi mamá. Ahí estaba ella, dejando rodar lágrimas silenciosas por sus mejillas.

Avergonzada de lo que que había dicho y hecho, yo seguía, sin embargo, muy enfadada con Dios, y con nuestras circunstancias. Me dispuse a salir velozmente de la casa, casi corriendo. Al abrir de golpe la puerta, estuve a punto de chocar con un hombre corpulento que vestía una camisa azul a rayas y cargaba un montón de cajas.

—¡Vaya, justo a tiempo! —dijo él, y entró—. ¡Feliz día de Acción de Gracias para ambas! —añadió alegremente, dejando las cajas sobre la mesa—. Esta caja grande es el pavo de Acción de Gracias, ya cocido, por supuesto. Este recipiente tiene puré de papa, este otro salsa, y estos otros de por acá son un pay de calabaza y uno de nuez…

Los oídos se me taparon de pronto. No podía oír nada de lo que el hombre decía. Lo único que podía hacer era oler el pavo, el relleno, toda la comida en esos envases. Y ver nuestra mesita llena de cajas con alimentos.

—Así que espero que pasen un día de Acción de Gracias maravilloso. ¡Señora, firme aquí de recibido, por favor!

Le extendió una pluma a mamá.

Ella miró el papel mientras el mensajero no cesaba de verme. Tenía los ojos más azules que yo haya visto jamás.

Le recibió la pluma a mi mamá, dio las gracias, y al pasar junto a mí me palmeó el hombro y dijo:

—Dios te bendiga, niña.

Me quedé atónita mientras él salía de la casa y cerraba la puerta.

Tardé unos segundos en volver en mí, y entonces quise seguirlo. ¿Quién era ese señor? ¿Quién nos había mandado una cena de Acción de Gracias? Tenía que haber una explicación. Salí corriendo al portal y bajé los escalones, pero resbalé y caí a causa de la escarcha en los peldaños. Corrí hasta la puerta al fondo de la vereda de cemento y salí a la calle. No había ningún coche a la vista.

Cuando volteé a la casa, algo llamó mi atención bajo el sol de la mañana: había un solo juego de pisadas sobre la escarcha de la vereda. Me acerqué a examinarlas con cuidado. Mis huellas eran las únicas pisadas que alteraban el hielo del patio.

Cada vez que siento a Dios demasiado lejos, recuerdo ese día de Acción de Gracias. Recuerdo al ángel que Dios envió para calmar mi enojo. Ese ángel —porque no tengo duda alguna de que lo era— nos enseñó a mi madre y a mí que Dios se interesaba en nosotras al punto mismo de mandarnos de comer en momentos de necesidad, y de revivir la fe en el corazón de una niña.

~Cynthia Bilyk

70

Ángel en el río

Mi hermana y yo estábamos de vacaciones de verano con mis tíos. Yo no sabía nadar entonces, e ignoraba los peligros del río. Mientras mis tíos se relajaban en la orilla en compañía de mi hermana y mi prima, yo me moría de ganas por saltar al agua fresca. Ellos me advirtieron que no me alejara mucho de la orilla.

Con llantas para flotar, no me di cuenta de que me alejaba de la ribera hasta que no pude tocar el fondo arenoso con los pies. ¿Cómo había ido a dar hasta el centro del río? Temerosa de meterme en problemas por desobedecer una instrucción, y de poner en riesgo todo campamento futuro en caso de que sobreviviera, no grité para pedir ayuda. Esto parecerá absurdo, pero sólo tenía siete años, y cargaba aparte la maldición de ser demasiado tímida.

> Y le apareció un ángel del cielo, confortándole.
>
> ~LUCAS 22, 43

En cuestión de segundos ya me había sumergido dos veces, así que jadeaba y me estaba quedando sin aire. Las voces lejanas de los demás tanto en el agua como en la ribera se escuchaban ahora como en sordina. Justo cuando me hundí por tercera vez, apareció de la nada un hombre guapo y sonriente de cabello rubio. Estaba a unos centímetros de mí, y tenía unos bellísimos ojos azules. Ninguno de los dos dijo una palabra. Al llevarse el dedo índice a los labios, supe que me aseguraba que el episodio de mi ahogo sería un secreto entre nosotros. Por extraño que parezca, me sentí aliviada de que nadie fuera a enterarse. Oí claramente en mi mente:

"Todo va a estar bien". No había nadie cerca de nosotros, y él nunca se aproximó a mí ni me tocó.

En un abrir y cerrar de ojos, ¡yo estaba en la orilla de nuevo! Tan pronto como mis pies tocaron la arena, oí con claridad las voces de todos a la distancia. Mis tíos seguían en el mismo sitio en la ribera, ajenos a la cuasitragedia que acababa de suceder. Yo volteé rápido al río, buscando al desconocido de ojos azules, ¡pero ya no estaba! No comprendí lo ocurrido. Habían pasado unos cuantos segundos, y de repente ya no me estaba ahogando a mitad del río. ¿Cómo podía estar a salvo otra vez en la orilla sin sentir que me hubiera movido, y por qué el hombre misterioso se había esfumado? ¡Habría querido darle las gracias!

Mantuve cuarenta años mi secreto antes de entender que el hombre de los ojos azules era mi ángel de la guarda. Tenía casi cincuenta cuando por fin le conté a mamá mi experiencia en el río. Naturalmente, a ella le disgustó que no hubiera pedido ayuda, y le sorprendió que hubiese mantenido tanto tiempo mi secreto.

En su momento, siendo yo una niña, era imposible que entendiera lo que había pasado en el río. A través de los años, sin embargo, he experimentado muchas otras visitas cercanas, algunas incluso con riesgo de la vida y resultados no siempre dotados de sentido. Pero siempre he sabido que no estoy sola. Dios manda invariablemente a mi ángel guardián en el momento indicado. Él no ha vuelto a aparecer nunca como en el río, pero yo he sentido muchas veces su presencia, y oído su voz en mi mente: "Todo va a estar bien".

Mi oración favorita de niña, mucho antes de conocer a mi ángel en el río, era la dirigida a mi ángel de la guarda. Aun ahora, ya abuela, siempre termino mis oraciones rezando: "Ángel de Dios, que me velas y guardas, y por obra de Dios me acompañas. Todo este día cuida de mí, sé mi buen guía, sé mi cenit. Amén".

~Connie Milardovich Vagg

71

El ángel

Cerré los ojos y me puse a fantasear en el apretado asiento del avión. Mientras el jet cruzaba el Océano Atlántico, mis pensamientos me hicieron volver a la época en que yo tenía cuatro años y vivía en un minúsculo pueblo inglés.

Admiraba entonces a mi hermano, Sonny, guapo soldado de la marina británica, que estaba lejos, en la segunda guerra mundial. Después de esta guerra sirvió en Hong Kong, el lugar que más le gustaba en el mundo, y, movida por el cariño, yo aprendí a escribir HONG KONG —las primeras palabras que garabateé en mi vida— en los sobres dirigidos a él.

> No olvidéis la hospitalidad, porque por ésta algunos, sin saberlo, hospedaron ángeles.
>
> ~HEBREOS 13, 2

Al paso de los años, la relación entre Sonny y su familia, por un lado, y mis padres, por el otro, se volvió tensa. Lo vi apenas un par de veces en veinte años. Luego me mudé a Estados Unidos, aunque visitaba mi ciudad natal en Inglaterra cada año que podía. Esta vez platicaba con mis primos mientras recorríamos el condado de Norfolk bajo un fresco y agitado aire marítimo.

—Sonny está enterrado en algún lugar de por aquí —dije de pronto.

—¿No sabes dónde se encuentra su tumba? —preguntó Brenda, mi prima.

—No. Como recordarás, mi mamá murió antes que él, y nadie más tenía contacto con mi hermano.

—¡Es triste cómo se separan las familias…!

—Pero recuerdo el nombre del hospital. Está cerca de Cromer, así que supongo que él ha de estar enterrado en las cercanías de esa ciudad —dije.

En ese momento decidimos buscar su tumba, y dedicamos aquel día a eso. Checamos en el registro de la ciudad. Ningún James Arthur Goodwin, el nombre real y completo de Sonny.

El viento azotaba en torno nuestro mientras Brenda, su esposo Tony y yo leíamos metódicamente cada lápida en varios cementerios pequeños. En vano.

Al pasar junto a unas cabañas con techos de paja y jardines silvestres, Brenda dijo:

—Aquí hay un panteón grande y bonito —y señaló un letrero en blanco y negro.

Tony cruzó la entrada y dejó el coche en el estacionamiento de grava.

Iniciamos nuestra búsqueda bajo un viento helado, caminando arriba y abajo por las ordenadas filas de lápidas y mausoleos. Un cuidador de pelo rubio pasó entonces junto a nosotros en un pequeño tractor. Se detuvo, apagó la máquina y nos miró.

—¿Puedo ayudarles en algo? —preguntó.

Se quitó los guantes de trabajo y los dejó en el asiento de su tractor.

—Estoy buscando la tumba de mi hermano —expliqué—. Murió en el hospital de esta ciudad.

El cuidador me sonrió.

—Casualmente, traigo conmigo la llave de la capilla.

Señaló un edificio al otro lado del estacionamiento.

—Ahí están registradas todas las tumbas. Si usted sabe la fecha aproximada de la muerte de su hermano, podré ver en la libreta si descansa aquí.

—Sí, sé que fue en enero de 1982 —dije, sin aliento, tratando de seguirle el paso.

El cuidador metió una llave grande en el cerrojo. Éste giró con un rechinido, y la puerta se abrió lentamente.

Dentro, en un anaquel cubierto de polvo y moscas muertas, estaba un enorme libro de cuentas. El cuidador sopló para limpiarlo y lo abrió en 1982. Deslizó su dedo por las columnas de nombres.

—Sí, aquí está: James A. Goodwin. Tumba número 136.

—¡Qué alivio! —exclamé—. Por fin lo encontramos.

Mis primos asintieron con la cabeza.

Seguimos al cuidador hasta la tumba marcada con el número 136. No había nada ahí, sólo un rectángulo descuidado.

—No tiene lápida —dije—. No puedo creer que su familia lo haya metido en una tumba sin siquiera un epitafio encima.

Un sollozo se atoró en mi garganta. Mi hermano había sido echado ahí, solo, sin una lápida. Ni siquiera un florero con plantas artificiales.

Le dimos las gracias al cuidador, quien metió el tractor detrás de la iglesia.

Brenda se enjugó una lágrima.

—¿Por qué no buscamos un marmolista para que haga algo con el nombre de Sonny?

—Justo en eso estaba pensando —dije—. Sólo me quedan un par de días por acá, así que debemos hacerlo pronto.

—Podemos ir a uno camino a casa —propuso Tony.

Luego de varias vueltas equivocadas por las calles de Cromer, hallamos un marmolista. Yo escogí un florero grabado con el nombre de Sonny. Estaría listo en unos meses para ser llevado al cementerio.

Volví a Estados Unidos, donde mi vida prosiguió sin contratiempos.

Brenda me llamó una tarde.

—Acabamos de regresar de Cromer —explicó.

—¿Fueron al cementerio?

—Sí, pero oye esto —dijo, haciendo una pausa—: al llegar a la tumba de Sonny, nos estaba esperando el mismo cuidador de la otra vez, quien en ese momento sacaba de su coche el florero de mármol.

—¡Cómo es posible! —solté.

—Increíble, ¿no? —dijo ella—. Lo seguimos a la tumba de Sonny y lo vimos poner delicadamente el florero en el suelo.

—¿Dijo algo?

—Dijo en voz baja: "¡Qué coincidencia!". Luego regresó a su coche y se fue —añadió Tony.

—Queríamos darle las gracias —continuó Brenda—, así que llamé a la iglesia para saber cómo podíamos ponernos en contacto con él.

—¿Y les dieron su número telefónico?

—No. Nos dijeron que no tenían ningún cuidador rubio. El hombre que ha cortado el pasto ahí los últimos veinte años es de piel oscura y cabello negro.

Guardamos silencio.

La piel se me enchinó al recordar que no le había dicho al cuidador rubio el nombre de mi hermano, sólo el mes y año de su muerte, cuando él buscó su tumba en el libro polvoriento.

—Creo que conocimos a un ángel —dije.
—Lo mismo pensamos nosotros —susurró Brenda.
—Increíble. Fue él quien encontró a Sonny.
—Amén.

~Rosemary Goodwin

72

Primer entierro

Gotitas de sudor rodaron por mi espalda bajo mi camisa clerical. Era una calurosa tarde de un sábado de agosto, y yo estaba por dar mi primera misa de cuerpo presente en mi nueva comunidad. El Señor me había conducido hasta la iglesia de un barrio multiétnico de Hawai, en medio de un asentamiento rural en una plantación de azúcar.

"¡Vaya que aquí hace falta un ventilador!", me dije mientras se me metía sudor en los ojos.

Los miembros varones de la comunidad sudaban también, enfundados en relucientes y gastados trajes de luto. Yo llevaba puesta mi blanca y pesada sotana reglamentaria, con una estola con motivos hawaianos.

> El ángel de Jehová acampa en derredor de los que le temen, y los defiende.
>
> ~SALMOS 34, 7

La ceremonia marchó bien mientras familiares y amigos narraban testimonios conmovedores y coloridas anécdotas.

Llegó entonces mi turno, y al subir al púlpito barrí con la mirada a la comunidad entera. Entre las amables sonrisas de los fieles vi también al viejo tipo estilo samurai que asistía por obligación familiar. Todos me contemplaban a su vez con expresión neutra, aunque su lenguaje corporal, de brazos firmemente cruzados sobre pechos ostentosos, decía a gritos: "A ver si puedes impresionarnos, advenedizo".

Yo recé en silencio: "Señor, pongo en tus manos esta ceremonia". Inicié entonces un mensaje evangélico digno del antiguo predicador misional, el reverendo Hiram Bingham mismo.

—Nadie sabe cuándo llega la muerte…

No terminaba aún de decir esto cuando un anciano en medio de la tercera fila se desplomó en su asiento. Yo me asusté, sin saber qué hacer. La organista, también maestra de enfermería, corrió hasta el hombre para prestar ayuda. Un diácono enfiló hacia el teléfono de la oficina para marcar al 911.

Lo primero que pensé fue: "¡No te mueras aquí, en medio de mi muy bien planeada ceremonia!".

Hubo una conmoción mientras la comunidad hacía a un lado las bancas para dejar espacio al caído. Supe entonces que tenía que hacer algo. ¿Pero qué? La gente me miraba en busca de alguna indicación; contaba conmigo, pero la impotencia y la desesperación me inmovilizaron.

Incliné la cabeza y clamé: "¡Ayúdame, Señor!".

Cuando alcé la mirada, y para mi sorpresa, vi a dos figuras gigantescas en las esquinas traseras del templo, dos hombrones que llegaban al techo. Fue alucinante. No eran unos querubines delicados. Eran guerreros expertos, con la armadura propia de los israelitas. Portaban espadas, barbas y cascos. Supe que eran ángeles del Señor, los mismos que quitaron la vida a los ciento ochenta y cinco mil asirios registrados en Isaías 37, 36.

Estos ángeles irradiaban poder, influencia, control, experiencia y autoridad. Pero yo sentí que contenían su gloria, moderándola como con un atenuador. En cualquier momento podían desplegar su poder y arrolladora presencia, pero por lo pronto se mantenían vigilantes, con los brazos cruzados.

Transformado por aquella presencia angelical, sentí una capacidad sobrenatural para hacerme cargo de la situación.

—¡Hermanos y hermanas, oremos! —ordené, investido de nueva autoridad.

Todos inclinaron la cabeza mientras pedíamos reverentemente por el hombre afectado, así como por todos los difuntos.

Cuando concluimos, llegaron los bomberos. Aplicaron oxígeno, hicieron una evaluación y determinaron que aquel individuo se había desmayado a causa del calor.

La gente estrechó mi mano y me dio las gracias al final de la ceremonia, elogiando mi fortaleza y autoridad.

Y yo alabé a Dios y a sus ángeles.

~David S. Milotta

73

Ángel de cuatro patas

Rodeado de onduladas colinas verdes salpicadas de caballos y vacas, el pintoresco pueblo ganadero de Waimea, en la Isla Grande de Hawai, es un lugar pacífico y agradable. Una tarde durante una estancia en casa de unos amigos nuestros, mi esposo y yo decidimos ir a dar un paseo por los muchos caminos rurales del área, en su mayoría libres de tránsito.

En nuestro trayecto nos topamos con un hermoso perro golden retriever, muy bien cuidado aunque sin collar. Parecía excepcionalmente amigable, así que nos detuvimos a jugar con él, lanzando un palo que él recuperó varias veces, jubiloso. Cuando reanudamos la marcha, el perro nos siguió, y aunque me preocupaba que se alejase demasiado de su casa, no podía negar que disfrutábamos enormemente su compañía. Sentimos un vínculo inmediato con este perro adorable, e incluso dijimos que lo adoptaríamos en caso de confirmar que no pertenecía a nadie.

> Óigate Jehová en el día de conflicto; defiéndate el nombre del Dios de Jacob.
>
> ~SALMOS 20, 1

Veinte minutos más tarde llegamos a un camino de terracería en un área desconocida, todavía acompañados por nuestro dorado amigo, que trotaba a nuestro lado. A un costado del camino, más allá de una cerca, se tendían colinas cubiertas de pastos, mientras que el costado opuesto estaba salpicado de casas dispersas. Una de ellas, casi oculta por arbustos y la sombra de árboles muy altos, tenía una apariencia furtiva. Temblé al pasar junto a ella, y sentí ganas de alejarme de ese lugar lo más pronto posible.

Justo entonces la puerta de la casa se abrió con un rechinido, y cinco perros salieron corriendo, ladrando y gruñendo en dirección a nosotros. El terror me paralizó. No había dónde refugiarse, ni tiempo para escapar.

De repente, como el genio de los cuentos, nuestro nuevo amigo apareció, entre esos perros y nosotros. Les hizo frente —a los cinco— gruñendo y mostrando los colmillos. Perpleja, vi detenerse de golpe a los perros agresores, a tres metros de nuestro protector. Éste los contuvo ahí mientras nosotros escapábamos, escabulléndonos a toda prisa por el camino. A una distancia segura, vimos al voltear que los cinco perros volvían a su casa.

Pero el Golden Retriever no aparecía por ningún lado.

El camino se sumió otra vez en el silencio.

Sentí una tristeza enorme; ya extrañaba a nuestro amigo. Pero intuí que no había salido lastimado.

Regresamos a casa con una sensación de vacío, esperando todo el tiempo volver a ver a nuestro buen samaritano. Pero esto no sucedió.

Cuando les contamos a nuestros amigos de ese encuentro, abrieron los ojos, asombrados, y alguien exclamó:

—¡Era un ángel!

Hasta la fecha, sigo sin tener la menor duda de ello: fuimos protegidos por un ángel de cuatro patas.

~Jennifer Crites

74

La banca del parque

A unque el ciclo natural de la vida debía haberme preparado para la eventual muerte de mi querido abuelo, la idea de perderlo era algo que yo no me permitía considerar. A todo lo largo de su vida, él pareció desafiar las convenciones del envejecimiento. Sano, optimista, robusto e ingenioso, era mi confidente, mi mentor y, sobre todo, mi mejor amigo, a sus noventa y tantos años de edad.

Pero un día, menos de cinco minutos después de que yo había hablado con él por teléfono, murió de repente de un derrame cerebral, dejando un hueco en mi corazón, mi alma y mi espíritu.

> Dios es un círculo cuyo centro está en todas partes y su circunferencia en ninguna.
>
> ~EMPÉDOCLES

Fui su primera nieta, aunque no por eso él dio en consentirme. No obstante, siempre me hacía sentir especial. Su elocuencia al hablar y magnífico porte llamaban la atención en todas partes. Ya sea que estuviéramos en un restaurante, la fila de un supermercado o un consultorio médico, la gente gravitaba hacia él, y a mí me encantaba estar a su lado. Vivía de acuerdo con la Oración de la Serenidad, aceptando lo que no podía cambiar y tratando valientemente de mejorar lo susceptible de ello. De niña, siempre sentí que él atendía a un poder superior. Su ejemplo fue el mejor regalo que me pudo dar.

En las semanas que siguieron a su muerte, viví como zombie. Pasaba mis días tambaleante, dolida, sólo para sentirme torturada pensando en él durante la noche. Sencillamente no podía aceptar que se hubiera ido.

Que nunca más volvería a entrar a una sala, contestar el teléfono, compartir una comida.

Para huir físicamente de la angustia mental, di en salir a dar paseos. Durante meses, mi único objetivo fue agotarme durante el día para asegurarme noches de sueño rendido.

Pronto, el patrón de mis paseos se volvió rutina. Caminaba unos kilómetros hasta el parque de nuestro barrio, donde descansaba un rato en una banca que daba al estanque de los patos. Un anciano se sentaba en una banca idéntica del lado contrario. Nunca nos dirigimos la palabra, pero yo sentía que los dos buscábamos en el silencio una paz similar.

Pasaron los meses, y al fin esas excursiones comenzaron a aquietar mi corazón. Sentí que ocurría un cambio. Aquel anciano fumaba pipa, y el tabaco me recordaba la época remota en que mi abuelo hacía lo mismo. Quizá el aroma desencadenaba algo en mí, pero el hecho es que me veía transportada a un periodo más dichoso. Me recordaba leyendo de niña las historietas dominicales con mi abuelo, jugando a su lado con piezas de madera y contándonos historias mientras comíamos fruta en almíbar.

En los meses siguientes, imágenes como ésas inundaron mi memoria. Distantes graduaciones escolares, celebraciones de días festivos, cumpleaños y vacaciones de verano revivían mientras yo reposaba en la banca del parque. Como ya dije, jamás hablé con aquel anciano frente a mí, pero, por alguna razón, siempre he pensado que mi recuperación gradual tuvo que ver con nuestra muda convivencia en esas bancas idénticas.

Un día desperté y me di cuenta de que la opresión en mi corazón se había desvanecido. Recordé entonces haber soñado con mi querido abuelo. Lucía un poco raro, como si algo lo perturbara o confundiera en relación conmigo. Yo no podía quitarle los ojos de encima, pero sabía que algo como esto ya había ocurrido antes.

Ese mismo día, sentada en la banca del parque, lo comprendí, gracias a las evocaciones que en mí despertaba el aroma a tabaco de la pipa de mi anciano acompañante. Treinta y cinco años atrás, mis abuelos habían hecho un viaje a Irlanda. Yo no quería que mi abuelo se fuera, y sufría horriblemente, llorando por lo mucho que lo extrañaría. Mi conducta lo desconcertó, y fue esa misma mirada la que yo había visto en mi sueño.

—¿Por qué te portas así? —me había preguntado entonces, antes de marcharse—. Estaré lejos poco tiempo. Muy pronto volveremos a vernos. Ya deja eso.

Al recordar mi comportamiento del año anterior, casi podía escuchar la misma amonestación. Pero esta vez, su mensaje parecía tener un nuevo giro. Era como si ahora dijera: "Déjame ir. Ya estoy en casa, y me siento feliz. Pero tú me preocupas. No ha llegado tu hora todavía. Cuando estés lista para volver a casa, yo estaré aquí, esperandote".

Comprendí esto como si me cayera un rayo encima. Permanecí un rato más en la banca del parque. Por fin, al ponerse el sol, me abotoné el abrigo y partí a casa. Apenas entonces me percaté de que el anciano ya no estaba.

Aunque seguí extrañando enormemente a mi abuelo, desde ese día dejé de sufrir. Podía sonreír incluso al recordar su perfecta dicción, postura erguida e ingeniosos dichos. Continué con mis paseos al parque, pero jamás volví a ver a aquel anciano.

Un día les pregunté a los cuidadores del parque si lo habían visto.

Se miraron unos a otros, y luego a mí. Uno de ellos dijo:

—No sabemos de quién habla, señorita. Los tres la hemos visto sentarse todos los días en esa banca durante casi un año. Pero siempre ha estado sola. Nunca hemos visto a un anciano por ahí.

~Barbara Davey

75

El guardián de mi hermano

Sucedió hace casi veinticinco años, cuando mi hermano tenía tres y yo seis. Pasábamos el día en casa de mi abuela y yo me escabullí a jugar en su recámara. Ryan, mi hermano, que me seguía a todas partes, me acompañó. No tuve que explorar mucho tiempo para hallar lo que buscaba. El frasquito rojo de barniz de uñas estaba a plena vista en el polvoriento tocador de roble.

Y yo salvaré a tus hijos.

~ISAÍAS 49, 25

Me senté en el piso de la entrada y me pinté las uñas. Como de costumbre, fue una labor caótica, y cuando iba a la mitad ya me rodeaba el olor intenso del barniz. Varias veces me habían advertido que no hiciera eso, así que cada tanto miraba hacia el corredor para cerciorarme de que no viniera mi abuela.

Detrás de mí, Ryan se divertía usando como trampolín el viejo colchón de la cama. "¡Crich! ¡Crich!", se quejaba éste ruidosamente bajo su asalto.

Justo cuando terminaba con mis uñas, sentí un golpecito en el hombro.

Ryan y yo estábamos solos en la habitación, así que volteé esperando encontrarlo.

Pero, curiosamente, no estaba ahí.

—¿Dónde estás? —pregunté al espacio vacío.

Pensando que se había metido debajo de la cama, jalé la sábana y me puse de rodillas, preparada para gritar: "¡Ya te vi!". Pero me sorprendió no encontrar a nadie en ese escondite.

Preocupada, me puse a abrir las puertas de los clósets, buscando frenéticamente a mi hermanito. Yo había estado todo el tiempo en la entrada, así que estaba segura de que él no había salido de la recámara.

Al disponerme a abrir la puerta del último clóset, sentí otra vez el golpecito en el hombro, más urgente esta vez. Volteé por segunda ocasión… ¡y vi las piernas de mi hermano colgar del alféizar de la recámara del segundo piso!

Mi corazón latió con fuerza. Corrí hacia él, muerta de miedo de no poder alcanzarlo a tiempo.

Pero llegué. Prendiéndolo y jalándolo con una fuerza impropia de mis seis años, tiré de él para ponerlo a salvo. Caímos haciendo un ruido sordo en el piso, y resoplando.

Sentí tanto alivio que nos quedamos abrazándonos fuerte mucho tiempo.

Yo, mi hermano y su ángel guardián.

~Romona Olton

76

El hombre de la lluvia

No había dejado de llover durante varios días, y en San Antonio, Texas, eso es muy peligroso, por más que nos haga falta la lluvia. Las calles se inundan pronto, y el número de rescates, lesiones y muertes aumenta enormemente.

Marlene, mi suegra, nos había invitado a cenar a su casa, y habíamos pasado con ella buena parte del día. Tres de mis cinco hijos estaban con nosotros: Ryan, el adolescente, y las dos pequeñas, Alana y Rachel. Las otras dos niñas habían ido a pasar la noche con amigas.

> Los mejores momentos de nuestra vida pasan tan rápido a nuestro lado que apenas si les vemos el polvo. Los ángeles vienen a visitarnos, y no los reconocemos hasta que ya se han ido.
>
> ~GEORGE ELIOT

Cuando emprendimos el regreso a casa, al otro lado de la ciudad, justo empezaba a oscurecer, y la lluvia se había disipado un poco. Pero conforme nos acercábamos al centro, volvió a arreciar.

—Alan —le dije a mi esposo—, deberíamos tomar la 280 en vez de irnos por el centro.

Bien sabía que el pavimento mojado induce muchos accidentes.

Tal vez estaba un poco más nerviosa que de costumbre porque menos de tres semanas antes yo había tenido un accidente, causado por la lluvia, que dejó destrozado mi coche. Esta noche usábamos la camioneta nueva.

Pero era mi esposo quien iba al volante.

—No te preocupes —dijo—. Además, esta ruta es más rápida, y urge que lleguemos a casa.

Había una construcción en el centro. Las tapias levantadas a ambos lados de la calle me pusieron muy nerviosa. Yo me había impactado en mi minivan con una de esas tapias cuando una camioneta se metió en mi carril y me pegó, terminando, tras el rebote, tres carriles más allá. Por suerte, nadie resultó herido.

Al mirar al frente, vi que desde un paso a desnivel caía una catarata frente a nosotros. Los autos bajaban la velocidad, pero no se detenían. Ningún letrero indicaba que ése era un "crucero inundado". Le pedí a Alan entonces que diéramos marcha atrás, pero lo único que podíamos hacer en esa autopista era seguir derecho. Él me aseguró que no nos pasaría nada.

Cuando el agua del paso a desnivel cayó sobre nuestra camioneta se oyó un estruendo, como si un granizo del tamaño de una pelota de beisbol hubiera pegado en el techo. Yo contuve el aliento hasta que salimos del otro lado.

Pero en cuanto cruzamos el puente, vimos coches varados frente a nosotros. Algunas personas ya se habían bajado de sus autos y veían la forma de salir del embotellamiento. Alan quiso sumárseles, pero no podía abrir la puerta; la presión del agua en rápido ascenso la mantenía bien cerrada.

Mi esposo bajó su ventana y salió por el hueco. Con el agua hasta la cintura, avanzó para ayudar al coche de adelante, pero en cuestión de segundos el agua ya se había filtrado hasta mis pies.

—¡Alan! —grité, justo cuando la camioneta comenzaba a moverse, mecida por el agua.

Alana y Rachel lloraban. Una de ellas gritó:

—¡Nos vamos a ahogar!

Yo me reí, más de nervios que otra cosa, y les dije que no nos iba a pasar nada. Todos estaríamos bien.

Ryan parecía preocupado, pero no hablaba.

Alan regresó vadeando el agua y yo le pasé a Alana por la ventana mientras Ryan resbalaba por otra. Como el agua no dejaba de subir, Alan necesitaba ambas manos para sostener a Alana, y yo no podía salir por la ventana con Rachel en brazos. Ryan estaba del otro lado del coche y yo ya no tenía tiempo para pasarle a su hermana, ni él podía rodear la camioneta tan rápido como para ayudarme.

Parecía que todo sucediera en cámara lenta.

Entonces apareció de la nada un descamisado alto y moreno, de cabello largo, negro y rizado. Retiró a Rachel de mis brazos y yo salí después, con el agua llegándome a las axilas. Por fortuna, no había corriente; el agua se acumulaba sólo a causa de las tapias de la construcción.

No recuerdo en qué momento el desconocido me devolvió a Rachel, pero, cuando vine a ver, ella ya estaba en mis brazos. Volteé para darle las gracias, pero no lo encontré por ningún lado.

Le pregunté a Alan si había visto por dónde se había ido el hombre.

—¿Cuál hombre?

Yo sabía que no lo había imaginado, pero como teníamos que alejarnos del agua, que no cesaba de subir, pronto me olvidé de él.

La gente se arremolinaba junto al puente. Nosotros llegamos ahí justo cuando el techo de nuestra camioneta quedaba completamente cubierto por la inundación.

Había un hospital cerca, y aunque ninguno de nosotros estaba herido, fuimos a que nos dieran cobijas mientras nuestra ropa se secaba. Al final tomamos un taxi de vuelta a casa de mamá, porque no había paso hacia la zona de la ciudad donde vivíamos.

Al día siguiente, ya en casa, Rachel me preguntó:

—¿Qué pasó con ese señor, mamá?

—¿Cuál señor, Rachel? —pregunté.

—El que me cargó en la inundación.

—No lo sé. Quise darle las gracias por habernos ayudado, pero no lo encontré.

—Me hizo sentir segura y abrigada —dijo ella—, y estaba lleno de luz.

Le pregunté qué quería decir con eso, pero no hizo más que repetir su descripción.

Comprendí entonces que un ángel había sido enviado a ayudarnos aquella noche de lluvia en San Antonio.

~Kathleen Rice Kardon

77

Una fría noche de invierno

erminé mi último turno nocturno de la semana y ansiaba llegar a casa, quitarme los zapatos y relajarme. Me despedí de las demás enfermeras y me dirigí a la puerta.

Hacía tanto frío que podía ver volar los cristales de hielo. Camino a mi coche, vi a una de mis compañeras en la parada del autobús. Pensé que implicaría sólo un par de minutos encaminarla a su casa, y quise evitarle estar a la intemperie en la noche más fría de enero. No sabía dónde vivía mi amiga, pero sin duda yo podría regresar fácilmente a casa.

> Porque tú eres mi roca y mi castillo; y por tu nombre me guiarás y me encaminarás.
>
> ~SALMOS 31, 3

Mientras conducía, conversamos sobre nuestra noche de trabajo, y antes de darnos cuenta ya estábamos en su casa. Al subir la escalera a su puerta, se volvió:

—¿Sabes cómo llegar a tu casa?

Aseguré que todo estaría bien.

—¿Qué tan difícil puede ser? Regresaré por el mismo camino por el que vine.

Y arranqué. No reconocía nada, pero al principio eso no me preocupó, pues nunca había estado en ese barrio. Seguí adelante, y pronto pensé que algo pasaba. No reconocía nada: ni las colonias ni los nombres de las calles. Traté de mantener la calma. Estaba segura de que encontraría una calle conocida, y de que pronto llegaría a casa y me acurrucaría en mi cama.

Así que continué. Más allá de cualquier colonia. Más allá de toda calle. Incluso más allá de los faroles. Ya no sabía si me alejaba o acercaba al centro. Crucé dos puentes que no recordaba haber pasado. Aunque iba sola, me sentí avergonzada. ¿Cómo podía ser tan tonta? Mi esposo se preocuparía, y preguntaría dónde diablos estaba yo. Miré el reloj. Eran las dos y media de la mañana. Había salido de trabajar a las once y media.

Estaba en medio de la nada. ¿Cómo había podido meterme en este lío?

Detuve el coche y lo apagué. Pensé que era mejor hacerme cargo de mi situación. Aquélla era una de las noches más frías de la temporada. La aguja de la gasolina bajaba lentamente. ¿Qué debía hacer?

Podía seguir manejando sin rumbo fijo. Podía parar el coche, guardar la gasolina que me quedaba y esperar a que alguien me encontrara. O podía seguir manejando para calentarme con la gasolina que me quedaba.

Completamente abatida, apoyé la cabeza en el volante y pedí ayuda. Mi muy sentida oración emergió de lo más profundo de mi ser: "¡Ayúdame a salir de este atolladero, Señor!". Pasaba entonces por un momento difícil en mi vida, y casi había perdido la fe. Pensándolo bien, recé no sólo por mi "ser físico", sino también por mi extraviado "ser emocional".

Alcé la cabeza. Vi frente a mí una sombra que antes no estaba ahí. Encendí los faros del coche. Era un auto. No caminaba; estaba ahí parado en la oscuridad. Me acerqué un poco. ¡Vi la silueta de una persona sentada dentro!

¿Qué hacía un coche en medio de la nada a las dos y media de la mañana? ¿Era ésta la respuesta a mi rezo?

Bajé titubeante y toqué en la ventanilla del otro auto. Un anciano la bajó lentamente. No dijo una sola palabra.

Yo dije:

—Estoy perdida y no sé cómo regresar a la ciudad.

Él subió la ventana, encendió su coche y se puso en marcha.

Corrí de regreso a mi auto, pidiendo a Dios que aquella persona fuera digna de confianza, y la seguí.

Movida por la fe.

Por fin reconocí una calle. Mientras enfilaba a casa, perdí de vista a mi ángel guardián. En mi corazón sabía que esto había sido un milagro. Al llegar a la entrada de mi casa se encendió la luz de advertencia de mi medidor de gasolina.

Esta experiencia fue tan increíble para mí, y tan personal, que durante muchos años no se la conté a nadie. Me dio esperanza, me dio fuerza y me confirmó que los milagros existen. Después de este episodio, recé más y creí en la presencia de Dios en mi vida. Sólo necesitaba pedir. Cuando finalmente le conté mi historia a una amiga, ella apuntó sabiamente que tal vez yo también había sido la respuesta a la oración de ese anciano. ¿Por qué estaba ahí sentado a media noche, en medio de la nada, con el motor apagado? Quizá también él rezaba, pidiéndole a Dios un propósito en la vida. Esto me hizo pensar que la vida es un círculo… y tal vez nos ayudamos unos a otros.

~Debra Manford

78

El ángel de las chuletas de puerco

Nunca más volví a preparar chuletas de puerco sin recordar el rostro de aquella mujer, y su bondad. La conocí en una gasolinería de la carretera 1-75, en 1968. Yo era joven, estaba embarazada y mi matrimonio era un desastre. Lo único que quería era llegar en navidad a casa de mi hermana. Mi esposo y yo habíamos salido a temprana hora esa mañana. Con llantas en mal estado y un tanque de gasolina, él me aseguró que llegaríamos a casa de mi familiar. Habíamos salido sin comida ni dinero. Yo sólo quería sentirme una persona normal y reír con los míos. Y quería sentir mi estómago lleno otra vez.

Bendito el Dios y Padre del Señor nuestro Jesucristo, el cual nos bendijo con toda bendición espiritual en lugares celestiales en Cristo.

~EFESIOS 1, 3

La llanta se averió en alguna parte entre la esperanza y la desesperación, y mi esposo hizo señas a un automovilista que pasaba por ahí, quien lo llevó a una gasolinería para que repararan la llanta. Yo tuve tiempo de sobra para sentarme a orillas de la carretera interestatal a reflexionar en todos los hechos y decisiones que me habían llevado hasta ese momento en mi vida. Lamenté haberme casado, pero no sabía qué hacer por mí, y ahora tenía tanta hambre que creí morir. Llevaba veinte horas sin probar bocado, y mi hijo por nacer protestaba a patadas.

Por fin mi esposo regresó con el desconocido, quien amablemente nos llevó a ambos de nueva cuenta a la gasolinería mientras la grúa arrastraba nuestro coche detrás de nosotros. Ese hombre pródigo pagó la llanta, la gasolina… todo, pero yo seguía teniendo mucha hambre, aunque me daba vergüenza pedirle de comer a alguien.

En eso llegó un coche del que bajó una hermosa dama cargando una cacerola eléctrica. Intercambiamos sonrisas, y yo estuve en riesgo de desmayarme al percibir el delicioso olor que emanaba del recipiente. Hablamos un poco, y ella se acercó a mí.

—Parece hacerle mucha falta una buena comida, querida —dijo, en voz baja e imperiosa.

—Me muero de hambre —admití, mirando su cacerola.

—Y parece que debe comer por dos —añadió sonriendo, mientras lanzaba una mirada a mi barriga.

—O que paso hambre por dos —dije entre risas, aunque en realidad estaba muy seria.

—Tome —abrió la cazuela—. Coma estas chuletas de puerco.

El olor era irresistible.

—Pero… —titubeé.

Ella insistió, y puso aquella espléndida comida justo frente a mis narices.

—¡Gracias! —grité casi, metiendo la mano en el recipiente.

Cuando mis dientes se hundieron en aquella carne tierna y especiosa, ¡supe que había muerto y subido al cielo! Y que esa dulce dama había sido un ángel.

Se quedó ahí, quejándose de un mundo capaz de hacer pasar hambre a una joven embarazada. Su compasión era inagotable; me rodeó los hombros con su fuerte brazo mientras yo comía y lloraba de gratitud. Comí cuatro chuletas, que al derretirse en mi boca nutrieron mi sangre y alimentaron a mi bebé.

Aquella mujer fue un ángel de misericordia, que intuyó que ese muchacho fornido capaz de convencer a cualquiera con sus encantos de proporcionarle dinero y una llanta nueva no era en absoluto lo que parecía. Pudo ver que yo sufría, que añoraba mi hogar y que mi bebé y yo necesitábamos ayuda.

—Recuerde —me dijo— que Dios no nos trajo a este mundo a sufrir. Si hay algo que usted pueda hacer para mejorar, hágalo. Dios le ayudará en todo momento. Le abrirá paso, y le cuidará las espaldas.

Apretó en mi mano un billete de veinte dólares, subió a su coche y siguió la dirección contraria a la nuestra.

Luego le pregunté al mecánico quién era esa mujer.

—¿Cuál mujer? —inquirió.

—La hermosa dama con la que estuve platicando —respondí.

—No sé de quién habla —gruñó—. Hoy no he visto a otra mujer aparte de usted.

—Estaba aquí conmigo. ¡Me comí casi todas sus chuletas de puerco! ¿Él era un idiota o qué?

—No. No vi a nadie. Y si hubiera habido chuletas de puerco, ¡yo las habría olido!

Me quedé atónita. ¿Había comido yo cuatro chuletas de puerco? ¡No podía haberlas imaginado! Estaba más que satisfecha, y aún percibía aquel aroma celestial.

Le pregunté a mi esposo si había visto a aquella mujer.

—No. ¿Estás loca? Estuviste sola todo el tiempo. Yo me harté de oírte decir que te morías de hambre.

Sentí el billete de veinte en mi mano, y lo escondí.

Sentí la fuerza que el alimento me había dado. No había imaginado nada. Ella era real.

Siempre habrá quienes digan que esto fue un sueño. Que fue mi esperanza la que me dio de comer.

Pero tal vez Dios, en su misericordia, envió a un ángel para satisfacer mis necesidades y hacerme sentir su amor.

Meses después, cuando finalmente escapé de mi esposo, fui la primera en mi familia en divorciarse. Algunos me vieron como una perdida, pero a cada calumnia yo recordaba a la afroestadunidense compasiva que compartió afectuosamente su comida con una joven blanca embarazada, en una gasolinería del segregado Sur.

Ella tenía razón. Dios me abrió paso.

Y ha estado conmigo desde entonces.

~Jaye Lewis

79

Huracán *Ike*

Cuando el huracán *Ike* arrasó con la costa de Texas, en septiembre de 2008, mi vida cambió para siempre. El huracán, con una cauda de tres metros y medio, atravesó nuestro hogar como un río impetuoso, destruyendo la mayor parte de nuestras pertenencias y nuestra casa.

Las palabras de mi madre pasaron entonces repetidamente por mi cabeza: "Todo sucede por una razón, y para bien". Pero, ¿qué podía haber de positivo en un desastre natural que había destruido nuestra casa?

> Los milagros nacen de la dificultad.
>
> ~JEAN DE LA BRUYÈRE

Mientras separábamos nuestras pertenencias, me invadió una tristeza abrumadora. ¿Por qué no se me había ocurrido salvar a tiempo mis anuarios de la preparatoria, mis diarios o los alhajeritos de mi infancia? Estos fragmentos de historia formaban parte ahora del inmenso basurero frente a nuestro hogar. Intentaba concentrarme en las pertenencias que se habían salvado más que en las siniestradas, pero lamentaba en secreto la pérdida de esos objetos.

Durante años había creído en la presencia de ángeles entre nosotros. Tenía una colección de ángeles de diversos materiales. Estos símbolos de socorro estaban esparcidos por toda mi casa como recordatorio de esos seres espirituales. Y el huracán no pudo con ellos. Estas figurillas habían flotado de un cuarto a otro, y terminado suavemente en tierra sin romperse. Encontrarlas cubiertas todas de una capa de lodo, pero ilesas, fortaleció mi fe.

Cuando la ajustadora de la compañía de seguros por fin dio conmigo, me desanimó saber que éste sería su primer caso de desastre. "Una novata", pensé, desalentada. "¿Podrías mandar a alguien con al menos un poco de experiencia, Señor?" Mientras, trabajando en casa, esperaba a la ajustadora, vi que un caballero visitaba a mi vecino. Prontó llegó hasta nuestra casa. Se presentó como el ajustador de State Farm y mencionó que su esposa, que formaba parte de su equipo, venía en camino.

—Me habían dicho que nos ayudaría una joven nueva en reclamaciones —le dije, con una mirada de asombro.

Como en respuesta a mis plegarias, él repuso, sonriente:

—La enviaron a otra parte, y el caso de usted se nos asignó a nosotros. Llevamos en el ramo demasiados años para contarlos, así que esperamos facilitarle las cosas.

Me dieron ganas de abrazarlo, y lo hice antes de que terminara nuestro encuentro. Dios nos bendijo con esos dos ajustadores, quienes me consolaron como abuelos cariñosos justo cuando más lo necesitaba. Empecé a convencerme entonces de que, en efecto, todo ocurre para bien.

Pero a veces mi optimismo decaía. ¿Qué suerte correríamos a largo plazo? ¿Dónde íbamos a vivir? ¿Cómo podríamos reponer todas nuestras pertenencias? La magnitud de esas preguntas me arrollaba. Tras vivir un mes con mi suegra, sabíamos que teníamos que rentar una propiedad cerca de nuestra casa. Luego de varias llamadas a agencias inmobiliarias y de departamentos, comprendimos que habíamos dejado pasar mucho tiempo: ya no había casas disponibles. Todas las casas en renta estaban ocupadas, y el perro y el gato de nuestra familia no eran bien vistos en edificios de departamentos.

En medio de mi aflicción, algo me hizo llamarle a Katie, mi amiga y líder de la tropa de Girl Scouts de mi hija. Apenas pasado el primer coletazo de la tormenta, Katie me había llamado para decirme que sus padres tenían en Seabrook una casa que no se había inundado, y me pidió avisarle si necesitábamos alojamiento provisional.

Le llamé:

—¿Tus papás podrían rentarnos su casa por un periodo largo?

Cuando ella me llamó más tarde con la respuesta, me contó que Mary, su madre, había prometido que, si su casa se salvaba del huracán, haría con ella lo que Dios quisiera. Cuando Katie le preguntó si nos la rentaría a nosotros, Mary pensó que era voluntad de Dios que la ocupáramos.

Lo mejor de todo fue que la casa estaba totalmente amueblada, y que tendríamos los caseros más maravillosos que hubiéramos podido pedir.

Me he fijado cómo opera la gracia en la vida de otras personas cuando ocurre un hecho traumático, como una muerte en la familia. Durante un periodo breve, la gracia rodea a los allegados del difunto, pues aunque sufren, su vida suele impregnarse de una sensación de calma y fe. En los meses inmediatamente posteriores al huracán, sentí esta gracia en mi vida. Sentí que todo saldría bien aun en medio del caos.

Cada vez que me desanimo pensando cosas como "¿Por qué nos pasa esto a nosotros?", recuerdo a esos ángeles disfrazados de ajustadores, y el milagro que recibimos al encontrar una casa en renta. Cuando veo alguno de los ángeles de mi colección, intactos pese a la furia de *Ike*, sé por qué pasó eso. Estas bendiciones, grandes y pequeñas, estarán conmigo por siempre como recordatorio de que todo sucede por una razón, y para bien.

~Dawn J. Storey

CAPÍTULO

Milagros de todos los días

*Haced memoria de sus maravillas que ha obrado, de sus prodigios
y de los juicios de su boca.*

~1 CRÓNICAS 16, 12

80

Milagros de todos los días

Que el sol salga.

Que, exhausta, una mujer llore de alegría con su hijo recién nacido sobre el pecho.

Que un padre exhiba una sonrisa radiante al ver a su hija dar sus primeros pasos.

Que los padres lloren de gratitud cuando el médico declara que su hijo ha sanado ya.

> Donde hay mucho amor, siempre hay milagros.
>
> ~WILLA CATHER

Que, recién nacido, un potrillo se pare solo sobre frágiles patas.

Que una araña despliegue su artística tela enjoyada con gotas de rocío.

Que un artista cree.

Que las nubes se carguen poco a poco hasta derramar sobre la tierra sus indispensables torrentes.

Que las flores se estiren y bostecen y den la cara en alabanza a Dios.

Que, juntando una piedra tras otra, un hombre logre mover una montaña.

Que un espíritu atormentado abrace en sueños a un ser querido que tiene mucho tiempo de no ver.

Que un padre que perdió a su hijo vuelva a sentir alegría y deje de llorar.

Que una mano blanca estreche a una negra diciendo: "Te entiendo".

Que una mano arrugada sostenga a una suave: "Déjame ayudarte".

Que un niño llene un espacio vacío el día del anciano.

Que un ateo diga a un creyente: "Comparto lo que dijiste".

Que un anciano sonría al ver un grupo de ángeles llegados para conducirlo a casa.

Que el sol se ponga.

¡Milagros de todos los días! No dejes que pasen inadvertidos.

~Beverly F. Walker

81

La parábola de la bolsa

Brillaba a la distancia, faro para viajeros cansados. Kathy y yo agradecimos haber salido ilesas de la selva urbana y nos dirigíamos lentamente al oasis que nos atraía entre la bruma... Dunkin' Donuts.

Minutos después estábamos cubiertas de polvo blanco, agradecidas de haber optado por ponernos colores claros ese día. Con la cabeza dándonos vueltas, y alto nivel de azúcar, ordenamos cafés para llevar. Tenían uno especial con vaso de plástico de tamaño supergrande, rellenos gratis por un año, que, después de maniobrar un poco, quedó fijo para siempre en mi tablero. No pudiendo dejar de pensar en esa siguiente escala de las donas, y preguntándome si el café sabría mejor por ser gratis, llevé mi Ford Festiva plateado de vuelta a la carretera interestatal, siguiendo al oeste, hacia Indiana, a casa de nuestra amiga, el destino final de ese día.

> Y cuando la hubiere hallado, junta las amigas y las vecinas, diciendo: "Dadme el parabién, porque he hallado la dracma que había perdido."
>
> ~LUCAS 15, 9

Las dos horas siguientes pasaron pronto, hasta que las vejigas llenas y el tanque de gasolina vacío nos obligaron a detenernos otra vez.

—Yo pago —dije, ansiosa de presumir mi recién emitida tarjeta de crédito.

Estiré la mano al asiento trasero para tomar mi bolsa... pero no estaba. Yo sabía que mi bolso de piel café claro podía resbalar fácilmente bajo el asiento, así que me bajé a buscar. Pero no me sentía preocupada. No habíamos parado en ninguna parte, así que nadie había podido tomarlo. Y yo había pagado mi vaso de café, así que entonces lo tenía conmigo.

Pero después de desenterrar envolturas de caramelo, periódicos viejos y la mitad de un mapa del metro de Nueva York, me acordé. En medio del alboroto causado por la inserción del vaso de café en el tablero, había dejado la bolsa en el techo del auto en el estacionamiento de Dunkin' Donuts en el patio trasero de Nueva York.

No sé por qué me sorprendió que ya no estuviera ahí.

Caí presa del pánico, segura de que mis tarjetas de crédito ya habían sido exprimidas al tope. Pero algo me hizo llamar a Dunkin' Donuts, por si acaso.

—¡Qué bueno que habla! —dijo el empleado cuando llamé—. Registramos su cartera, buscando la forma de ponernos en contacto con usted. Alguien encontró su bolsa en el estacionamiento y nos la entregó.

Negándose a aceptar toda recompensa, el dueño de la tienda mandó mi bolsa por correo exprés a casa de nuestra amiga. Llegó a la mañana siguiente, y sólo faltaba el dinero del envío.

Años después, una nevosa noche de invierno de Minnesota en pleno centro de Minneapolis, la lucecita roja de mi automóvil bajo en gasolina comenzó a parpadear, y yo supe que debía detenerme o correr el riesgo de llegar a casa a pie. Para entonces había cambiado de bolsa, una más chica, con una correa que me permitiera llevarla siempre conmigo. Cargué gasolina, me aseguré de que mi bolsa estuviera fija en mi cuello y me dirigí a casa.

Pero cuando bajé del coche, mi bolsa ya no estaba ahí. *Déjà vu*. La correa de cuero iba y venía de mi bufanda verde oscuro, como una parra alrededor de un árbol, pero sin bolsa alguna adherida en el otro extremo.

Busqué una y otra vez abajo, alrededor y entre los asientos, hasta que los dedos se me congelaron y las rodillas de mis vaqueros se empaparon de lodo. ¿Había perdido mi bolsa de nuevo?

Sabiendo que mi suerte bien podía no repetirse, llamé a la compañía de tarjetas y al banco para que congelaran mis cuentas.

Pero no debí haberme tomado esa molestia. A la mañana siguiente recibí una llamada:

—¿Habla Heidi Grosch? Encontramos tirada su bolsa sobre un montón de nieve.

Parece que cerré la puerta del coche con la bolsa colgando afuera. La arrastré por la nieve hasta que se rompió la correa. También esta vez no faltaba nada, y el descubridor se negó a aceptar pago alguno.

Toda la vida agradeceré a esos buenos samaritanos recordarme que los milagros no siempre tienen que ser extraordinarios. Pueden ser cosas pequeñas que te ocurren inesperadamente y tienen un final feliz.

Así que a diario hago cuanto puedo por reconocer los pequeños milagros de la vida ordinaria… y no perder de vista mi bolsa.

~Heidi H. Grosch

82

El poder de un centavo

En vez de tomar decisiones de último minuto para la inminente temporada navideña, mi familia y yo estábamos tomando decisiones de último minuto para una misa de difuntos. Tras enterarnos de que mi mamá había muerto el 21 de diciembre, mi esposo y yo intentamos volar a casa, en la Columbia Británica. Pero como se acercaba la temporada vacacional y las tormentas invernales obligaban a cancelar vuelos, las reservaciones eran una pesadilla. Por fin conseguimos un vuelo para el día de nochebuena.

> Porque lo has bendecido para siempre; llenástelo de alegría con tu rostro.
>
> ~SALMOS 21, 6

Mientras empacaba, rememoré una reciente llamada telefónica de mamá. Me platicó que el año anterior había recibido una tarjeta navideña de su tía favorita, después fallecida. La tarjeta llevaba pegada una moneda de un centavo junto a un poema sobre centavos caídos del cielo. Los versos sugerían que cuando un ángel se acuerda de ti, arroja un centavo para animarte. Así, nos recordaban, no hay que pasar de largo junto a un centavo cuando se está triste.

Qué navidad tan triste sería ésta, pensaba yo mientras lloraba y empacaba. Junto a viajeros que derrochaban alegría, nosotros llegamos al aeropuerto de Kelowna a la 1:30 la mañana de navidad con el corazón estrujado. Cuando Bill, mi esposo, mis dos hijos y yo bajamos por la rampa al área de llegadas, mi tía Karen, la hermana de mi madre, nos esperaba con los brazos abiertos. Tras los saludos y abrazos iniciales, Carter, mi hijo, de cinco años de edad, dijo:

—¡Mira mamá, un centavo!

Para un niño, encontrar una moneda de un centavo es muy emocionante y divertido. Para mí, verla después del poema que mamá había compartido conmigo me hizo sentir que ella estaba ahí, en el extremo de la rampa, como había estado todas las demás veces que yo había venido a casa. Ella no podía estar ahí en cuerpo, pero estaba en espíritu, como ese centavo lo confirmaba.

Con Carter a mi lado, compartí el poema y nuestro encuentro con un centavo en la ceremonia fúnebre de mamá. Durante las semanas siguientes, muchas personas me buscaron para decirme que, cuando pensaban en mamá, encontraban un centavo en el suelo. Esas historias me conmovieron, y tal casualidad me pareció increíble.

Aceptar que tenía que volver a mi casa, en Ontario, fue difícil, y tomar el vuelo en medio de cancelaciones y reprogramaciones resultó igual. Por fin, el 13 de enero registramos nuestras maletas y recibimos nuestros pases de abordar. Yo les hice notar a los muchachos que nos había tocado la fila número 7, la de la suerte. Luego de un par de horas de retraso, al fin subimos al avión. Los chicos y yo buscamos desesperados nuestra fila de la suerte, y cuando resbalamos en nuestros asientos buscamos bajo el primero de ellos, y no encontramos uno, sino tres centavos.

El espíritu de mi mamá me había bendecido con un centavo a mi llegada en la mañana de navidad, y su espíritu me despedía en mi vuelo de regreso a Ontario.

Aunque un centavo no tiene mucho valor como moneda, vale su peso en oro. Tiene el poder de curar.

~Leesa Culp

83

Veintes del cielo

De chica me impresionaron dos películas en particular: *Pennies from Heaven* (Dinero del cielo) y *The Money Tree* (El árbol de las monedas).

Yo creía que, si podía encontrar las semillas indicadas, también podría plantar un árbol que diera dinero. Mi fantasía se hizo añicos cuando mi papá me dijo que el dinero no crece en árboles.

> Respondió Juan y dijo: "No puede el hombre recibir algo si no le fuere dado del cielo".
>
> ~JUAN 3, 27

—Ésas son meras ilusiones —dijo.

Sin embargo, yo seguí creyendo que sueños y milagros se cumplían para quienes no pierden la esperanza.

Un domingo en la mañana, mi padre y yo volvimos a casa después de la ceremonia religiosa. Desde que mi madre falleció, papá era el elaborador oficial de crepas la mañana de los domingos. Era una tradición. Los periódicos dominicales se esparcían en torno nuestro mientras disfrutábamos juntos de nuestro desayuno.

Ese día bajé de la alacena todos los ingredientes, pero cuando fui por los huevos, resultó que no había ninguno.

—Supongo que habrá que ir a la tienda —dijo papá.

Tomó unas monedas del frasco donde guardábamos el cambio.

—¿Estamos quebrados, papá? —le pregunté.

—No, sólo un poco cortos de fondos.

Esa mañana, yo lo había visto poner sus últimos diez dólares en la canasta de la limosna en la iglesia. Siempre era generoso, y proclive a ayudar a los necesitados. Sin embargo, aún faltaban cinco días para su día de pago.

—¿De qué vamos a vivir el resto de la semana? —pregunté.

—No te preocupes, lo haremos de alguna manera —me tranquilizó.

Volví a recordar entonces esas dos películas.

—¿No sería maravilloso que cayera dinero del cielo?

Soplaba un viento fuerte cuando caminamos del estacionamiento a la tienda. Una vez en la entrada, papá se detuvo ante las puertas corredizas de vidrio.

Dos billetes de veinte dólares estaban prendidos a una de ellas.

—Mira esto —dijo.

—¡Guau!, ¡quién lo habría imaginado! —exclamé.

Ambos nos preguntamos en voz alta cómo, con tanto viento, esos dos billetes nos habían esperado en la puerta.

—Supongo que nuestras oraciones fueron escuchadas —dijo papá.

Palabras más ciertas no se dijeron nunca.

Sueños y milagros siguen cumpliéndose para quienes creen.

~Terri Ann Meehan

84

La jarra de leche

Era 1978 y estábamos recién casados. Jon era estudiante y tenía un empleo de medio tiempo, y yo no podía trabajar en Estados Unidos, a causa de mi situación migratoria irregular. ¡Hubo un tiempo en que nuestro presupuesto alimenticio semanal total era de siete dólares! Aun así, nos habíamos comprometido a pagar siempre el diezmo, y cada semana depositábamos fielmente el diez por ciento de nuestros haberes en la ofrenda de la iglesia, por poco que fuera.

> Benditos vosotros de Jehová, que hizo los cielos y la tierra.
>
> ~SALMOS 115, 15

Comprábamos leche en jarras de plástico de un galón, porque podíamos recuperar el dinero de la jarra, y el galón duraba una semana.

Cierta semana estábamos particularmente cortos de dinero y omitimos nuestra usual compra de leche. La verdad es que no pensamos demasiado en eso hasta que llegó otra vez el día de pago y pudimos permitirnos más leche. Pero, llegado ese momento, el galón no estaba vacío, así que nos pusimos a hacer cuentas. Cuando sumamos los días en que habíamos consumido esa leche y los vasos tomados por día, y los comparamos con el volumen de un galón, vimos que las cifras sencillamente no cuadraban. De alguna manera, esa jarra de un galón había rendido mucho más de un galón. Además, la leche se había mantenido fresca después de la fecha de caducidad.

El día en que Jon recibió un nuevo pago, aún había un poco de leche en el fondo de la jarra, y sólo entonces estaba amarga.

Dios nos proveyó, justo como hizo con el aceite de la viuda.

~Terrie Todd

85

Un envío único

Como esposa de un pastor y madre de seis hijos pequeños, yo sabía de primera mano que muchas veces el dinero no abunda. Sabíamos que dedicarnos al ministerio religioso nos desafiaba a atenernos a la fe, y aunque no siempre nos gustaba que nuestra fe fuera puesta a prueba, nos fascinaba ver la mano de Dios en acción.

Un día me vi en necesidad de un par de tenis, pero no teníamos dinero. Sabía por experiencia que el Señor me proporcionaba siempre todo lo que yo necesitaba. Me arrodillé entonces junto a la cama, ¡para presentar mi petición ante el trono mismo de la gracia! Al terminar de rezar, me olvidé del asunto, porque había puesto mi cuidado en manos de Dios y sabía que él respondería en su momento.

> No os hagáis, pues, semejantes a ellos; porque vuestro Padre sabe de qué cosas tenéis necesidad antes que vosotros le pidáis.
>
> ~MATEO 6, 8

No me di cuenta de lo rápido que llegó la respuesta y de que yo era testigo de la creatividad de Dios para satisfacer mi necesidad. Un hermoso día de verano, fui a deleitarme bajo el sol en la escalera del frente de casa mientras veía a mis hijos jugar en el jardín.

No bien me había sentado cuando llegó un perro desconocido que se abrió paso hasta mí. En condiciones normales eso me habría asustado, pero, por alguna razón, esta vez no fue así. Noté que el perro traía algo en el hocico. Para mi sorpresa, ¡era un tenis! Eso me extrañó mucho, pero tomé el zapato, que, al parecer, el perro quería darme. Recuerdo haber pensado: ¡Qué lástima que sólo sea uno!". No sólo era un tenis de piel de alta calidad, ¡sino que, además, resultó ser de mi número! Pero como faltaba el otro, lo tiré a la basura.

Al día siguiente, estando sentada otra vez en la escalera del frente, ¡el misterioso perro regresó cargando el otro tenis! Se lo quité suavemente, y corrí dentro a husmear en la basura del día anterior para rescatar el par. El par rescatado necesitaba un poco de atención. Lo limpié por completo, y luego me quedé viendo ambos zapatos. Estaban tan bonitos que me sentí obligada a buscar a su dueño para regresárselos. Fui de casa en casa enseñando a mis vecinos esos tenis y preguntándoles si los habían perdido. Una y otra vez, la respuesta fue "no".

Comprendí entonces que los tenis me pertenecían… ¡que el Padre celestial había oído mi ruego y respondido a mi necesidad con un envío único!

~Lynn McGrath

86

Milagro refrescante

Llegaba temprano, y al sentarme en el lobby para mi cita, sentí mucha sed. No había bebedero a la vista, pero advertí cerca una máquina expendedora. Por desgracia, no traía las monedas necesarias en mi bolsa, ni siquiera un dólar.

Un joven apuesto se sentó junto a mí. Me presenté.

—Hola, me llamo Mary Edwards. ¿Tú cómo te llamas?

—Michael.

—Michael, ¿tendrás cambio de uno de a diez?

—No, disculpe —contestó—. ¿Pero qué necesita?

—Setenta y cinco centavos para la máquina expendedora.

Metió la mano a su bolsa y me tendió el dinero.

—Permítame obsequiárselo.

—¡Muchas gracias, Michael! Que Dios te dé más.

Agradecida con mi nuevo amigo, tomé las monedas y me acerqué a la máquina. Me dio gusto ver que había Vernors Ginger Soda, el único refresco que yo tomaba. Metí mis monedas en la ranura e hice mi selección. ¡Y entonces salió un Vernors con un billete de un dólar prendido con una liga!

> La demanda de causalidad del entendimiento humano no requiere sino la antigua y única respuesta: Dios.
>
> ~HENRY MARTYN DEXTER

Me alegró mucho tener varios testigos cerca con los ojos bien abiertos, ¡o habrían creído que yo estaba alucinando!

Llegué hasta Michael y le tendí el billete de un dólar.

—Michael, diles a estas personas lo que te dije cuando me regalaste setenta y cinco centavos.

—Me dijo: "Que Dios te dé más".

~Ministra Mary Edwards

87

Una rosa muy especial

Mientras los seis nos arremolinábamos en la sala de reconocimiento médico, el ultrasonido reveló que la tercera bendición para Angie y Larrie era una niña. Joshua, el hermano mayor, de seis años de edad, y McKenna, la hermana de dos años, rieron de emoción y alegría.

Los niños son el puente al cielo.

~PROVERBIO PERSA

Cuando los padres, los dos aspirantes a hermanos y nosotros, los abuelos, salimos del consultorio de obstetricia, Angie, nuestra hija, dijo:

—Joshua, tú querías otra hermana. ¿Qué nombre te gustaría ponerle?

Él respondió sin titubear:

—Rose.

Angie y yo nos miramos, sorprendidas. Ella dijo:

—¡Qué bonito nombre, Joshua! ¿Dónde lo oíste? ¿Hay una Rose en tu grupo del kínder?

—No.

—¿Una de tus maestras o ayudantes se llama Rose?

—No.

—¿Entonces cómo sabes ese nombre, Joshua? —insistió su mamá, lo más amablemente que pudo.

Un tanto perturbado, él contestó:

—Lo sé y ya.

Esta vez Angie y yo nos miramos tratando de contener las lágrimas.

Dos años antes, Gretchen, la hermana de Angie, a punto de terminar tres años de residencia de pediatría, había muerto con su esposo en un accidente de barco en Lake Ponchartrain, en el norte de Nueva Orleans. Gretchen siempre quiso ponerle Rose a su primera hija. Pero Joshua no le oyó decir esto nunca, pues ella murió cuando él apenas tenía cuatro años.

Sabíamos que a ningún niño de seis años se le ocurre el nombre de Rose.

Sabíamos que sus padres ni siquiera tenían un rosal en su jardín.

Todos supimos entonces que Gretchen era un ángel guardián de sus hermanos, las familias de éstos y nosotros, sus padres.

~Sandra Life

88

Carlo, mi ángel

Una soleada mañana de noviembre, en Milán, Italia, mi amigo Rick y yo nos dirigíamos al Duomo, el centro de la ciudad, a tomar fotos. Hicimos una escala en una pequeña cafetería, y mientras Rick hacía cola para ordenar, yo abrí mí bolsa.

—¡Rick, no traigo mi cartera! —grité—. ¡No está en mi bolsa! ¡No sé dónde la dejé!

> Si con el corazón abierto buscas un ángel… siempre lo hallarás.
>
> ~ANÓNIMO

Mi cartera contenía mi pasaporte, tarjetas de crédito, licencia de manejo, seguro y casi quinientos euros en efectivo. Siempre me había sentido segura en Italia, y jamás había tenido problemas con ladrones, así que estaba cierta de que mi cartera se había caído en algún lado al sacar la cámara.

—Pero no me voy a preocupar —le dije tranquilamente a Ricky mientras reanudábamos nuestra marcha al Duomo—. Toda mi vida he creído en mis ángeles. Confío en que una buena persona haya recogido mi cartera y me la devuelva.

No sabía si Rick compartía mis creencias; creo que sencillamente me agradeció que mantuviera la calma.

Al llegar al Duomo, vimos que ahí había muchos *carabinieri* (policías). Rick se acercó a uno de ellos y le explicó mi situación. El oficial nos dijo cómo llegar a Objetos Perdidos, y seguimos la ruta que nos indicó.

Quince minutos después, sin embargo, nos dimos cuenta de que nos habíamos perdido, así que volvimos sobre nuestros pasos en dirección al

Duomo. Yo decidí preguntar en la Oficina de Turismo, sumamente optimista de que otro viajero hubiera recogido mi cartera.

Mi optimismo disminuyó cuando nos dijeron que nadie había entregado una cartera. Con nuevas instrucciones, nos encaminamos otra vez a Objetos Perdidos, donde obtuvimos la misma respuesta. Dos callejones sin salida.

En ese momento puse en duda que algún día encontraría mi cartera; las posibilidades eran cada vez más escasas. Como había perdido mi pasaporte, tenía que llenar un formato en la comisaría. Camino allá, tuve una conversación filosófica con Rick sobre el significado de todo esto. Era muy surreal recorrer una ciudad extranjera sabiendo que no tenía identificación ni dinero. A mí no me inquietaba haber perdido mi pasaporte ni mi identificación, pues sabía que ambos eran remplazables. Lo que me preocupaba era un sobrecito rojo con doscientos euros que había guardado en mi cartera. Mi amiga Renee me los había dado para gastarlos en algo especial en Italia. Yo sabía que, aun si recuperaba mi cartera, era muy probable que ese dinero hubiera desaparecido, y con él la oportunidad de gastar tan generoso regalo.

Fuera de la comisaría, un hombre en una caseta daba informes de adónde remitirse. Nos dijo que teníamos que dar vuelta a la izquierda. Mientras Rick seguía esa dirección, yo hice una pausa, indecisa acerca de si telefonear para cancelar mis tarjetas de crédito.

—Theresa, ¿vas a ir a llenar ese formato o no? —me gritó Rick.

Un caballero que estaba cerca de la caseta lo oyó y le preguntó:

—¿Perdió usted algo?

Rick se acercó a él:

—Sí, mi amiga perdió su cartera.

El caballero me miró y me preguntó mi nombre.

—Theresa —contesté.

—¡Theresa, su cartera está ahí! —dijo, señalando al hombre de la caseta.

Yo me acerqué y, en efecto, vi que, abierta sobre el escritorio, ¡ahí estaba mi cartera! También vi mi identificación, y hasta el sobre rojo, abierto y sin dinero adentro.

—¡Rick, alguien encontró y devolvió mi cartera! —exclamé.

El caballero confirmó que había sido él quien la halló. Cuando miré sus bondadosos ojos, supe que era imposible que él hubiese tomado mi dinero. Le expresé mi gratitud, y lo reconocida que estaba con él.

Entré a la caseta para recoger mis cosas, y mi intuición me hizo voltear a la izquierda. Ahí, en la esquina del escritorio, estaba una pila de billetes de cincuenta euros.

El hombre de la caseta me preguntó si todo estaba en orden.

Contesté serenamente:

—Sí, todas mis identificaciones están aquí, y aquel dinero es mío —y señalé la pila de efectivo.

Él contó de buena gana el dinero. ¡Eran los quinientos euros completos!

Entre tanto, Rick conversaba con Carlo, el caballero que había encontrado mi cartera. Carlo se despedía de él, así que tendí rápidamente a Rick un billete de cincuenta euros para que se lo diera, en muestra de mi gratitud.

Pero Carlo se negó a aceptarlo.

Yo tomé mis cosas y salí corriendo, para impedir que el caballero se marchara. Rogándole, le dije:

—Por favor, Carlo, ¿hay algo que le pueda comprar para agradecerle que haya encontrado mi cartera?

Él pensó un momento y, en una respuesta típicamente italiana, dijo:

—Bueno, un café.

¡Perfecto!

Cruzamos la calle y ordenamos espressos. Cuando nos sentamos, Carlo nos contó su versión de la historia.

Al hallar mi cartera en el suelo del Duomo, la abrió y se percató de que una turista canadiense había perdido todas sus identificaciones. Telefoneó a una amiga abogada para preguntarle qué hacer, y ella le dijo que debía ir a la comisaría y llenar un reporte. En la comisaría se encontró con el hombre de la caseta, quien recibió la cartera sin tomar nota alguna. Fuera de la caseta, Carlo se sintió insatisfecho con lo ocurrido, así que llamó de nuevo a su amiga. Ella insistió en que debía volver a la comisaría a llenar un reporte policial. En la caseta, Carlo vio la cartera abierta con el dinero a un lado y se preguntó qué sucedía. Justo en ese instante me vio y oyó gritar a Rick.

Rick y yo nos quedamos perplejos. No podíamos creer tantas coincidencias y la magia de todo eso.

Mirando a Rick a los ojos, expresé algo de lo que estaba totalmente segura:

—Rick, te presento a mi ángel, Carlo.

~Theresa Chan

89

Terry

Me colé rápidamente en la fila más próxima de la tienda de descuento, con mi única compra en mano. Al ver a aquellas dos mujeres frente a mí, paré en seco.

—¡Jan, Charlotte! —balbuceé—. ¡No puedo creer que haya escogido esta fila justo en este momento!

—Pues no ha de ser ninguna coincidencia —dijo Jan, sonriendo a medias—. Las coincidencias no existen —reiteró, con ojos vidriosos de llanto contenido.

> La tierra no tiene problemas que el cielo no pueda curar.
>
> ~THOMAS MOORE

Las coincidencias no existen. Todo pasa por una razón. Eso es lo que Terry decía siempre. Terry, mi mejor amiga, la hermana de Jan e hija de Charlotte. Yo seguía sin comprender por qué apenas dos días antes la habíamos visto agonizar de un infarto.

Mientras nos abrazábamos frente a la caja registradora, el cajero se puso a juguetear con la banda en el extremo de la correa transportadora. Con un objeto plano, sacó una moneda que se había atorado ahí.

—¿Qué diablos hace aquí una moneda de diez centavos? —preguntó—. Nunca había visto algo semejante. ¿Cómo llegó hasta aquí? —Puso la moneda en el mostrador—. ¿Alguien necesita una moneda de diez centavos?

Después de un último abrazo y de planes para vernos en el entierro, Jan y Charlotte se marcharon. Yo saqué mi cartera de la bolsa, pagué mi artículo y me encaminé a la salida, donde, para mi sorpresa, Jan y Charlotte me esperaban.

—LeAnn —comenzó la mamá de Terry—, ¿has oído hablar de los centavos caídos del cielo?

—Sí —contesté entusiasmada—. Acabo de leer tres mil historias para *Caldo de pollo para el alma. Un libro de Milagros*, y docenas de ellas tratan de personas que encuentran monedas de un centavo. Las consideran una señal de lo alto, generalmente enviada por alguien que ya es un ángel en el cielo.

—Pues bien —dijo Jan—, en nuestra familia se trata de monedas de diez centavos.

Esta vez fueron mis ojos los que se llenaron de lágrimas.

Jan me contó que cuando, años atrás, su hijo discapacitado había sido sometido a una cirugía mayor, ellas habían encontrado una moneda de diez centavos bajo su cama antes de que él entrara a la sala de operaciones. Vieron esto como una señal del cielo de que él saldría bien.

—Y, por increíble que parezca —continuó Jan —, la mañana después de que Terry murió, fuimos a la unidad de cuidados intensivos a despedirnos de ella, y al salir yo encontré una moneda de diez centavos bajo la cama.

—Yo también la vi —aseguró Charlotte.

Me froté los brazos para quitarme la sensación de escalofrío.

—¡Vamos, Terry! —exclamó Charlotte, con voz asombrosamente fuerte para una madre en duelo—. Ella nos está enviando una señal desde el cielo.

Para mi sorpresa, mi pesar se había aligerado mientras cruzaba el estacionamiento hacia mi coche. Cuando me subí en él, ya iba riendo. Me sentí cerca de Terry otra vez. Estaba tan emocionada y tenía tantas ganas de llegar a casa a contarle todo a mi esposo que, sin poderme contener, le llamé antes a mi hija, quien administra nuestra tienda en la ciudad. Cuando terminé de contarle la historia de la moneda de diez centavos, Christie se quedó muy impresionada.

—¡Increíble, mamá! Realmente es una señal de Dios.

Seguí parloteando unos momentos sobre la gran alegría que me había dado ese incidente. Ya me había despedido y estaba a punto de colgar cuando Christie me dijo:

—¡Espera, mamá! Ahora que me acuerdo, esta mañana miré al suelo frente a la caja registradora y pensé: "¿Qué hace aquí una moneda de diez centavos?". No había hecho aún ninguna venta en efectivo, y había pasado por ahí docenas de veces para tomar bolsas bajo el mostrador.

Así que, entre sollozos, ambas seguimos hablando otro rato acerca de que Terry era un ángel que nos estaba enviando señales.

Tres días después tuve el honor de pronunciar la oración fúnebre en el entierro de mi mejor amiga.

Luego de relatar anécdotas divertidas de nuestros viajes y travesuras, e historias serias de nuestras conversaciones sobre la muerte, el morir e ir al cielo, conté las historias de las monedas de diez centavos que Jan, Charlotte, Christie y yo habíamos compartido. Invité a la gente que llenaba de pie el santuario y el atrio a estar alerta:

—Conociendo a Terry, sin duda en este momento está a la derecha de Dios enviando más señales que nosotros no advertimos todavía —dije en son de broma.

Casualmente, era Viernes Santo. Concluí diciendo, entonces, que no era mera coincidencia que Terry hubiera resucitado en el cielo la misma semana que nuestro Salvador.

Terminada la ceremonia, y antes de abandonar siquiera mi banca, una mujer se me acercó.

—LeAnn, me llamo Mary. Soy quien heredó el antiguo puesto de Terry cuando fue ascendida hace unos años. Hoy entré al edificio administrativo donde ella trabajó hasta su deceso, y en el tapete de la entrada hallé una moneda de diez centavos.

En la recepción tras la ceremonia, una joven, la mejor amiga de la hija de Terry, se aproximó a mí y me dijo:

—Cuando, esta mañana, puse a mi bebé en el asiento del coche, pensé: "¿Cómo vino a dar aquí una moneda de diez centavos?".

La amiga de la infancia de Terry se me acercó a su vez en la mesa de las viandas:

—Ayer vi tirada junto al mostrador de la cocina una moneda de diez centavos. Le pregunté a mi esposo cómo había ido a dar a ese sitio y contestó: "No estaba ahí hace un minuto".

Kathy, cuñada de Terry, me interceptó junto a la cafetera y me dijo que ese día había encontrado una moneda de diez centavos.

Dennis, el hermano de Terry, de Idaho, me atajó luego:

—¿Ves este fistol? No lo había usado en veinte años; pero, por alguna razón, hoy me lo puse.

Yo no traía puestos mis lentes, así que entrecerré los ojos.

—¿Qué es?

—Una moneda de diez centavos.

Durante la semana siguiente, todos tratamos de seguir con nuestra vida, o lo que esto pudiera significar. Yo le llamaba a Tom, el esposo de

Terry, todos los días, para compartir nuestras lágrimas y continua incredulidad.

Una noche, él llegó a cenar a nuestra casa, y al cruzar la puerta dijo:

—¡Tengo una historia!

Nos contó que su hijo había barrido el hermoso jardín estando en casa para el entierro, seguramente para desahogar su dolor, y que le había pedido a un amigo de la familia que pasara la semana siguiente a recoger los desechos. Una tarde ventosa, Tom ayudó al muchacho a cargar las dos lonas, y entró a casa mientras el amigo las descargaba en su pickup.

Poco después tocaron a la puerta. Tom se sorprendió al ver al joven todavía ahí.

—Tengo algo para usted —dijo el chico—. Hallé esto al fondo del montón de desechos —y le tendió a Tom una moneda de diez centavos.

Los ojos de Tom se llenaron de lágrimas mientras nos contaba esta historia, tras de lo cual él, Mark (mi esposo) y yo reímos y lloramos otro rato y brindamos por Terry.

Una semana más tarde, abordé a toda prisa un avión camino a un evento en el que pronunciaría un discurso, indeciso el corazón entre la dicha por Terry y la tristeza por los que ella había dejado atrás.

Me desplomé en mi asiento junto al pasillo y respiré hondo. Juré acelerarme menos y calmarme más, como Terry. Sonreí al pensar en ella.

Luego fijé la vista al otro lado del pasillo, en el suelo, bajo un asiento, y vi una moneda de un centavo. Riendo, miré al cielo y dije en voz alta:

—¡No recibimos centavos, amiga!

Minutos después, aún divertida y recordando todas aquellas historias de centavos caídos del cielo que había leído, crucé el pasillo, me incliné frente al asiento y recogí el centavo.

A menos de diez centímetros de él, estaba una moneda de diez centavos.

Terry y Dios siguen en lo suyo. Y nosotros no hemos visto nada todavía.

~LeAnn Thieman

Caldo de Pollo
para el Alma

9

CAPÍTULO

Cita divina

¡Bien, buen siervo y fiel!

~MATEO 25, 21

90

Barrio bajo

Decidida a crecer en la experiencia vital más diversa posible antes de establecerme, pasé mi primer año de empleo dando clases en una lejana escuela de Arizona. Fue un año intenso y emocionante, pero yo era incansable en la búsqueda de nuevas experiencias. Terminado el año escolar, hice mis maletas para irme a Los Angeles a trabajar en el comedor comunitario de un barrio pobre.

Mi buena amiga, y sabia maestra, Angela se despidió de mí con un abrazo y me dijo:

—Si alguna vez tropiezas con mi amigo Jim, dile que lo mando saludar. No lo he visto desde la preparatoria, y supe que está viviendo en un barrio.

Ambas sonreímos, pensando en las dimensiones de la gran ciudad y en la remota posiblidad de que yo encontrara a Jim. No obstante, le aseguré que tendría en mente su petición.

> Y vosotros seréis llamados sacerdotes de Jehová, ministros del Dios nuestro seréis dichos.
>
> ~ISAÍAS 61, 6

Siguió un año muy agitado, lleno de nuevas amistades, profundos discernimientos e intensa y saludable labor manual. Los días solían ser agotadores, preparando y sirviendo comidas para filas de gente que a veces daban la vuelta a la esquina y llegaban a casi mil hambrientos huéspedes. Entre ellos había hombres que visitaban a diario el comedor en invierno y en primavera salían a buscar trabajo para migrantes. Había jóvenes esperanzados, seguros de que triunfarían en grande en Hollywood, pero que visitaban "temporalmente" el comedor para cuidar sus decrecientes ahorros. Estaban también los ancianos, los solos, los confundidos y vejados, cada quien con una historia única y conmovedora.

Al acercarse el fin de mi primer año en el comedor, decidí que era momento de regresar con mi familia al Medio Oeste, para organizar mis opciones antes de aventurarme a nuevos sitios. En mi última semana en el comedor, una mañana me puse a picar verduras mecánicamente para la comida del día. Estaba abstraída en mis pensamientos, o quizá sólo desconectada, en un intento por ocultar mi ambivalencia ante mi partida. En medio de mis preocupaciones, un hombre quizá más joven de lo que parecía entró tambaleándose a la cocina, cuyo acceso era exclusivo para el personal. Yo estaba tan distraía que no presté atención hasta que él insistió en hablar.

—¿Cómo te llamas? —me preguntó.

—Bernadette —respondí indiferente.

—Como la santa, ¿verdad? —observó.

Le ofrecí una ligera sonrisa.

—Sip, como la santa —mascullé, y seguí picando.

—¿De dónde eres? —prosiguió.

—De Arizona. Fui maestra ahí —contesté, y le dije el nombre de la escuela.

—¡Oye, yo soy de ahí, y fui a esa escuela! —repuso, y al voltear vi que se le iluminaba la cara.

Para ese momento yo ya había vuelto a la realidad.

—¿De veras? —pregunté, algo escéptica.

Dijo nombres que no reconocí.

—¿Conoces a Angela? —inquirí como por casualidad, añadiendo el apellido de mi amiga.

—¡Claro! —soltó él—. Estudiamos juntos. Ella fue mi novia en la preparatoria.

Hice entonces la pregunta inevitable:

—¿Cómo te llamas?

—Jim —respondió él, en voz baja.

La sopa del día y mi deber para con ella perdieron súbita importancia.

—¿Te gustaría escribirle un mensaje? —pregunté—. Yo podría enviárselo.

Asintió con la cabeza, y yo tapé de prisa el bote de la basura para improvisar un escritorio. Tomé un contenedor vacío y lo paré para que sirviera de banco. Jim se sentó con el lápiz y la hoja que yo le había dado, y lo dejé solo con sus pensamientos. Regresé a mis verduras, pero no podía dejar de mirarlo. Era indudable que nuestra conversación nos había despejado la mente a los dos. Él se enjugaba lágrimas mientras escribía afanosamente su carta.

Se la mandé a Angela al día siguiente. Cuando contestó, a la dirección del comedor comunitario, yo ya no estaba ahí.

Supe de ella ese verano. Me escribió para contarme que Jim había saltado al primer tren a Arizona que encontró. La buscó tan pronto como llegó allá. Ella no se había casado, así que retomaron las cosas donde las habían dejado años antes, en la preparatoria.

Jim dejó de beber, y sus habilidades como electricista resurgieron. Halló una casita en renta y un empleo. Nuestro encuentro fue una realidad que mucha gente habría creído imposible. Pero Dios se cercioró de que ocurriera.

~Bernadette Agronsky

91

Espíritu en el aula

—Esas cosas no pasan nunca —dijo Michael, sentado en la fila de hasta delante de mi salón de octavo grado.

Yo acababa de leer una historia de *Caldo de pollo para el alma* sobre un adolescente al que, un día que regresaba a casa después de clases, se le cayeron sus libros. Planeaba suicidarse. Pero gracias a que otro chico se detuvo a ayudarle a recogerlos, él cambió de opinión y siguió adelante, para volverse un éxito en la preparatoria y aun después.

Mis alumnos habían escuchado atentamente mi lectura, así que me sorprendió oír la voz de Michael tan cargada de dudas.

> Lo único digno de
> conocer en la tierra
> son Dios y el alma.
>
> ~GAMALIEL BAILEY

Yo defendí la historia, diciendo:

—*Caldo de pollo para el alma* es una serie de libros en los que sólo se cuentan historias reales de personas comunes y corrientes. De hecho, a mí me pasó algo parecido que bien podría aparecer en un libro de ésos.

No sé por qué dije esto último; no quería contar mi historia. Era tan increíble que la mayoría de los no cristianos me creerían loca.

Pero el grupo me rogó que narrara mi experiencia. Hasta Michael pareció interesado. Tras consultar el reloj, decidí que había tiempo suficiente antes de que sonara la campana. Eligiendo cuidadosamente las palabras de mi religiosa historia, comencé:

—Cuando estaba en la preparatoria, todos los miércoles en la noche asistía a un grupo juvenil de la iglesia. Una noche en la que me hallaba sentada en el suelo entre el público oyendo al joven pastor, escuché una voz en mi cabeza que me decía: "Párate y toma el micrófono. Quiero que digas algo". Yo me resistí, mirando alrededor para ver si alguien más estaba oyendo cosas.

"La voz se moderó: 'Sube al estrado. Dile a la persona que está ahí que te pase el micrófono. Yo te diré qué decir'. Pero yo seguí resistiéndome a hacerlo, empezando a preocuparme seriamente de que me estuviera volviendo loca.

"Sin embargo, de pronto me vi en el pequeño estrado interrumpiendo al pastor, quien estaba a punto de despacharnos a jugar. Él me dio el micrófono y yo me paré frente a mis amigos, alrededor de sesenta adolescentes.

"No sé de dónde me salieron las palabras, pero me oí decir: 'Alguien aquí planea suicidarse esta noche. El Señor me pidió decirle que no lo haga. Tiene un plan para ti y te ama. Cuéntale a alguien cómo te sientes'.

"Me fui a sentar de inmediato, muy alterada por lo que acababa de hacer. Pero la historia no termina ahí, con las miradas de extrañeza de mis amigos. Meses después, mi mamá tropezó un día con una conocida de la iglesia. Luego de intercambiar cumplidos, aquella señora le contó a mi mamá que, tiempo atrás, su hija había decidido suicidarse, pero no lo hizo. Una noche había llegado a casa después del grupo juvenil confiándole a su mamá lo que pensaba hacer, y lo que yo había dicho en esa ocasión".

Paseando la mirada por el aula, vi que mis alumnos escuchaban muy callados mi evocación. Yo sonreí.

—Les he contado esto a muy pocas personas. Todavía se me eriza la piel cuando lo recuerdo.

Mientras respiraba hondo y me preguntaba si había hablado de más en una escuela pública, el radio de la clase se encendió, dejando oír a todo volumen la canción "Spirit in the Sky" ("Espíritu en el cielo"). Nadie estaba cerca del aparato.

El grupo se sumió unos momentos en reverente silencio. Todos miraban a su alrededor algo asombrados, escuchando el espíritu en el cielo… y en nuestro salón de clases.

~Kristy Duggan

92

Un regalo para cada quien

Nací dotada de espíritu aventurero. Al terminar la universidad me integré a una compañía de teatro, con la que viajé por toda Norteamérica y Europa. Estaba lejos y quebrada casi todo el tiempo, pero, dondequiera que me hallara, cada navidad volvía a mi hogar, en Colorado. Ésta era una proeza muy significativa, pero cada año me las arreglaba para conseguirla sin falta alguna. Esto implicaba a veces días y noches de manejar bajo ventiscas, galones de café exprés, viajes de doce horas en avión, pérdida de equipaje y agentes de aduanas que siempre me escogían para revisarme.

> Donde estás es tu hogar.
>
> ~EMILY DICKINSON

Las tradiciones navideñas de mi familia eran las habituales: árbol, regalos, mucha comida, ceremonia de nochebuena en la iglesia, ver la película *White Christmas* (Blanca navidad) con mi hermana. Nada del otro mundo, pero vivir tan lejos volvía esencial estar ahí. Yo necesitaba ponerme al tanto de la vida de mis hermanos. Quería conocer a mis sobrinas y sobrinos, y que ellos me conocieran a mí. Si no estaba presente en navidad, temía desaparecer de la familia.

Calvin, mi prometido, y yo nos casamos en Colorado, durante la "ceremonia inaugural" de una gran reunión familiar del 4 de julio. Yo no fui nunca de las que imaginan su boda como el eje de la historia humana, así que me bastó con una cosa sencilla. Pero aun lo simple y modesto representaba la quiebra para nosotros. Volvimos a Europa sabiendo que era poco probable que volviéramos pronto a casa. La navidad siguiente sería cosa de dos.

"No está nada mal", me dije. "Ahora él y yo somos una familia. Será romántico." Además, nuestra gira terminaría en Suiza, donde sin duda pasaríamos la navidad. ¡No habríamos podido elegir peor lugar!

Pero al acercarse el fin de la gira, mi moral se desmoronó. Ver a nuestros compañeros partir emocionados, hablar de sobrinas y sobrinos angelicales, árboles, medias y tradiciones familiares me hizo sentirme menos que afortunada por mi situación. Sí, estaba recién casada y se suponía que el mundo debía ser color de rosa para mí, pero la verdad es que pasar nuestros seis primeros meses de matrimonio en una camioneta con un grupo de actores locos y durmiendo en sofá-camas ajenos había puesto tensión en el proceso de la vinculación marital. Nuestra armonía estaba algo desafinada, para decirlo suavemente. Tres semanas seguidas de estar juntos sin cesar brindaban una perspectiva casi tan terrible como el baile de sexto grado, y menos atractiva. Una pequeña dosis de palmaditas de amigos y familiares habría sido mucho menos estresante.

La falta de compañía no era el único elemento en mi columna negativa. No teníamos hogar. Como ya dije, viajábamos en una camioneta, y nuestro alojamiento dependía de nuestros contratos. Estar en quiebra significaba que teníamos que buscar dónde quedarnos. Un lugar gratis. ¿Y quién quiere pasar la navidad con una pareja de vagabundos peleoneros? Aunque si alguien se apiadaba de nosotros y nos invitaba a su "establo", yo estaba dispuesta a esforzarme por agradecer su sofá-cama.

Luego estaba la escasez de recursos. Nuestro estilo de vida como actores nos dejaba sin fondos discrecionales, así que los regalos estaban prácticamente excluidos. Y para rematar, a Calvin se le había infectado una muela del juicio. Deliraba de dolor. Demasiado para una experiencia romántica.

Lo primero es lo primero. Aunque Calvin y yo oscilábamos entre la repulsión y la sorpresa por el otro, yo le seguía teniendo cariño. Y no me gustaba verlo sufrir. Sobre todo porque eso lo volvía quejumbroso, y entonces yo tenía que manejar. Debíamos hallar a alguien que se hiciera cargo de esa muela. Rezamos:

—Señor, no hemos sido muy buenos el uno con el otro últimamente, y sabemos que eso te disgusta. Vamos a tratar de mejorar, pero mientras Calvin está sufriendo y es navidad y todo eso, así que esperábamos que tú pudieras mandarnos un milagro o algo así. Una espolvoreadita de poder curativo. Por favor.

Palabras más, palabras menos. Ésa no fue una oración de apariencia muy espiritual, sólo desesperada. De salida hicimos escala en casa de nuestro representante en la zona, Jean-François, para planear la siguiente gira.

Tras echarle un vistazo a Calvin, Jean-François declaró, bien abiertos los ojos: *Zut alors!* Esto puede significar muchas cosas, pero en este caso era una expresión de alarma.

Llamó por teléfono. Hablaba demasiado rápido para que yo siguiera su francés, pero pareció muy enfático y convincente, así que veinte minutos después la fuente de la angustia era extraída de la mandíbula de Calvin por el amigo de Jean-François, el cual era cirujano dentista y no nos cobró, por ser dos días antes de navidad. Dios es fabuloso, y a veces los suyos pueden ser fabulosos también. Ese día, Dios fue rápido además, lo cual representó un muy buen plus.

Mientras curaban a Calvin, yo vagué por las calles de Lausanne, empapándome del espíritu navideño de tantas luces y colores y utilizando mi minúscula provisión de francos suizos para comprar unas monedas de chocolate, una pluma bonita, un disco del artista favorito de Calvin y otras chucherías. Podría envolver cada una de esas cosas por separado y ponerles moñitos, a fin de que tuviéramos una navidad en miniatura. Sería una oferta de paz, mi promesa de un nuevo comienzo. Nuestra armonía ya se había repuesto un poco con la presión de la gira sobre nuestras espaldas. Y un poco de privacidad podía ser tolerable después de todo.

Junto con esa idea llegó el recordatorio de que necesitábamos dónde quedarnos. La verdad es que ya nos habían ofrecido algo, pero yo había aplazado la llamada de confirmación. Timothy y Pierette, ancianos tíos de un colega, vivían en un remoto pueblo montañoso a un par de horas de Ginebra, y nosotros teníamos tiempo de conocerlos. Timothy criaba gallinas ponedoras y Pierette administraba la tienda del pueblo. Nos habían dicho que tenían un pequeño departamento en el sótano, y que seríamos bienvenidos ahí en cualquier momento, incluida la temporada navideña.

¿Por qué no les habíamos llamado? Yo me había formado una imagen mental de una escalera infestada de arañas que conducía a un cuarto frío y húmedo iluminado por un foco pelón, con una bacinica en una esquina y una parrilla con cableado cuestionable en la otra. Pensaba en la segunda guerra mundial, la resistencia francesa. Ése habría sido el espacio entre dos paredes donde ellos habían escondido a vecinos judíos y radios secretos. Desde luego que aquélla era la neutral Suiza, así que nada de eso había ocurrido ahí, pero mi imaginación siempre se inclinaba al dramatismo. Habría una vieja puerta de madera con un pasador roto. Afuera estarían picando gallinas y la nieve entraría por las grietas. Dormiríamos en catres separados, bajo cobijas luidas, y en navidad cenaríamos huevos revueltos. La verdad es que casi me deleitaba imaginando esa triste y lamentable escena, y elaborando el guión cinematográfico.

Volví a la realidad cuando llegó Calvin, con la mejilla inflamada.

—¿*Ya hasaste asa llamada talafánica?*

¡Vaya! Realmente no teníamos alternativa, pero yo estaba segura de que la experiencia no sería en absoluto tan divertida ni glamurosa como la eventual versión en la pantalla grande. Volví a rezar: "Extraño a mi familia, Señor. El matrimonio no ha sido lo que yo esperaba, y me siento a punto de convertirme en Heidi alojándose en el campo, en un sótano espantoso con unos viejos a los que ni siquiera conozco. Pero trataré de arreglármelas. Sé que no todo gira alrededor de mí. Que debería pedirte que me ayudes a crecer y ser desinteresada como tú, pero también quiero pedirte que nos permitas pasar juntos unas vacaciones bonitas y divertidas".

Hice la llamada, recibí indicaciones y condujimos la camioneta montaña arriba. Al llegar a nuestro destino rural, tuvimos que esperar a que una vacada desocupara la calle mayor. Mientras Calvin me guiaba entre el montón de algodones que le llenaban la boca, llegamos a la tienda de Pierette.

Toqué vacilante. La puerta se abrió de par en par y Timothy y Pierette nos recibieron como a sus nietos de regreso de una guerra, o de un campo de refugiados, o de recibir el premio Nobel. Fuimos directamente trasladados a la sala, donde crujía una hoguera y un árbol brillaba. Había galletas recién salidas del horno, y chocolate caliente con abundante crema batida.

Frente a tazas humeantes, ellos nos preguntaron todo acerca de nuestra gira, nuestra boda, nuestras respectivas familias. Nos contaron todo acerca de la crianza de gallinas ponedoras y la vida en un diminuto pueblo suizo. Reímos, sonreímos y comimos galletas. Dios había respondido a nuestro rezo. Sabía qué necesitaba nuestro matrimonio, y con mucha anticipación había preparado este lugar para nosotros. Aquél era el sitio más tranquilo y agradable del mundo para pasar la navidad, o cualquier otro día realmente. Claro que yo no había visto aún el pequeño departamento en el sótano, pero Pierette nos dijo que, si queríamos, podíamos quedarnos arriba con ellos, así que a lo mejor no tendríamos que convivir con las arañas.

El teléfono sonó, interrumpiendo así nuestra grata conversación. Oímos un *Zut alors!* en medio de la plática. Timothy volvió a nuestro lado con el ceño fruncido.

El pueblo estaba en alerta. El pastor se había enfermado. Tenía fiebre y se había quedado afónico. No habría celebración de nochebuena. La crisis era grave, equivalente a la peste o a que un ejército extranjero marchara sobre los Alpes. Timothy y Pierette intercambiaron miradas de aflicción, y ella se puso de inmediato a levantar los platos. Cada vez que una solución es incierta, en Suiza siempre es útil alzar las cosas.

Calvin levantó una ceja frente a mí, y yo reaccioné con una sonrisa y un movimiento de cabeza. ¡Esto era pan comido! Nos pusimos de pie de un salto y nos ofrecimos a sacar a nuestros hospederos del apuro.

Durante semanas no habíamos hecho otra cosa que presentar obras de navidad. Teníamos un enorme repertorio para escoger. El alivio relajó el rostro de nuestros anfitriones.

Comenzamos a juntar nuestra utilería, repasar parlamentos y planear la música que podíamos tocar los dos solos. Tras cambiarnos rápidamente de ropa, partimos. Elegimos una obra sobre dos individuos solitarios que se conocen en un aeropuerto en nochebuena. Luego de iniciar con renuencia una conversación, los personajes comparten su historia, su soledad y el recordatorio del regalo de Dios para nosotros con el nacimiento de Jesús. Mi personaje, una mujer creyente, se da cuenta de que el encuentro entre ambos ha ocurrido por una razón: para que cada uno remedie la necesidad del otro. Leen la historia de la natividad del libro de Mateo, y comparten una celebración improvisada.

El personaje de Calvin, cuyos ojos espirituales se abren por primera vez, declara: "Tendrás que guiarme. Nunca he tenido una navidad de verdad".

Estábamos inspirados. Fuimos un equipo perfecto esa noche, y yo recordé por qué había decidido pasar con ese hombre el resto de mi vida. Presentar esa obra en nochebuena, para aquellas personas, fue perfecto. Mientras decía mis parlamentos, su verdad penetró mi corazón: cada uno de nosotros, Calvin y yo, remediábamos la necesidad del otro. Habíamos ido ahí por esa razón. La paradoja de la soberanía de Dios me sobrecogió. De alguna manera, en la complejidad del amor y cuidado de Dios, él se hacía cargo hasta de mis menores detalles y deseos. Al mismo tiempo, sin embargo, todo se reducía a Calvin, todo se reducía al hombre en primera fila con lágrimas rodando por las mejillas, y a Pierette y su tienda, y al dentista, y a todos mis compañeros en casa con su familia. Somos uno para otro el regalo de Dios. Como un compositor consumado, él reúne todos los instrumentos, cada cual con su tono propio, cada uno tocando una parte distinta, y hace que todo resulte hermoso.

Terminada la función, fuimos invitados a la cena, rebosante de queso y chocolate y todas las delicias suizas. Nada de huevo revuelto. Más tarde cargamos nuestras maletas y bajamos por fin la escalera al sitio que sería nuestro hogar las tres semanas siguientes.

La escalera era empinada, y el sótano estaba realmente lóbrego y oscuro. Al abrir la puerta del departamento, fuimos recibidos por luces titilantes, un arbolito adornado en la esquina y ramas de siempreviva, decorando todo ello un estudio recién remodelado e impecablemente limpio. Había cañería moderna y una cocineta de cableado perfecto. Una tentadora canasta de fruta lucía en la mesa, y una cama suave y enorme estaba cubierta por el edredón más blanco y acolchado que yo hubiera visto nunca. Calvin me cargó en el umbral.

—¡Feliz navidad! —le dije, lanzando suspiro.

Luego me bajó y me envolvió en sus brazos, y yo en los míos. Éramos el regalo de Dios el uno para el otro.

~Kristi Hemingway

93

Propósito superior

Luego de dos días de impartir seminarios en Nueva Inglaterra, salí disparado al aeropuerto. Viendo que me quedaba un poco de tiempo, me senté unos minutos en la estación terminal, para relajarme. Aunque ese pequeño aeropuerto parecía nuevo, estaba inusualmente vacío para ser las cuatro y media de la tarde de un día hábil. Desde donde yo estaba, conté cuatro personas.

> Fui huésped, y me recogisteis.
>
> ~MATEO 25, 35

Tras un rato de ocio, la empleada que me había atendido en el mostrador se acercó a mí y, llamándome por mi nombre, me dijo:

—Ya le había confirmado su asiento, pero cancelaron el vuelo anterior, así que no puedo asegurarle que vaya a abordar. Todo indica que sí, pero yo le aviso.

Como único viajero de paso para ese vuelo, esperé pacientemente. Una docena de pasajeros confirmados en la sala se dispusieron a abordar el pequeño avión. Cuando pregunté por mi situación en espera, la mujer que contaba los boletos me dio la mala noticia:

—Los diecinueve asientos están ocupados, señor.

Siendo un "escéptico Tomás" de primera, esperé en la sala hasta ver rodar el avión por la pista antes de darme por vencido y volver a la terminal principal. Pero, por algún motivo, perder mi vuelo no me disgustó gran cosa. Suelo decir a los participantes en mis seminarios: "Las cosas pasan por una razón. El universo trata de decirnos algo por ese medio".

Pensé: "Bueno, es hora de confiar en mi propio consejo. ¿Por qué estaré aquí esta noche?".

Me senté a una de las cuatro mesas de madera frente al área de comedores del aeropuerto y saqué una manzana de mi portafolio. Cada mordida emitía un ruido sonoro. Eso me hizo sentir incómodo, como observado. Al mirar a mi alrededor, vi dos maletas en el suelo, a unos treinta centímetros de distancia, recargadas en la mesa de junto. Mientras pensaba en reportar eso a seguridad, noté que un joven vestido de traje azul oscuro, corbata y turbante usaba el microondas en las cercanías. Se aproximó lentamente a su mesa, llevando con cuidado un vaso grande, y se desplomó en su silla. Mientras comía, varias veces me miró y sonrió cortésmente. Yo le correspondí.

Cuando me paré para tirar los desechos de mi manzana, el joven también se puso de pie, siguiendo mis pasos con su propia basura. Intercambiamos la breve conversación de rigor entre desconocidos fugazmente reunidos por las circunstancias.

Mi nuevo conocido dijo:

—Estoy en la ciudad para una entrevista. Pienso ser doctor, y presenté una solicitud para el programa de residencia en el hospital de aquí. Todo parece favorable.

—¿Qué clase de doctor? —le pregunté.

—No sé —respondió tímidamente.

—Si no sabe qué clase de doctor quiere ser, ¿cómo espera convertirse en lo que desea? —inquirí.

—¿Es usted filósofo o algo así? —preguntó él, alzando una ceja dubitativa.

—No, soy orador profesional e imparto seminarios —contesté—. ¿Le agradaría en este momento un seminario sobre establecimiento de metas?

Respondió sin vacilar:

—Sí… la verdad es que me gustaría mucho poder hablar con alguien —y, tendiéndome la mano, se presentó.

Al tiempo que me hacía señas para que fuera a sentarme a su lado, yo pasé mi equipaje a su mesa y seguimos conversando. En ese escenario inesperado, hablamos de nuestras metas y nuestros sueños. No era propiamente un seminario, pero en minutos se convirtió en una profunda sesión de compartimiento. El joven me contó lo solo que se sentía desde su traslado de la India semanas atrás. Dijo:

—Sentí que debía dejar mi patria para encontrarme a mí mismo.

Era obvio que estaba en problemas. Me confió sentimientos que, aseguró, raramente le contaba a nadie. Había roto su compromiso con una joven en la India poco antes de su boda, previamente arreglada. También me reveló que, de chico, uno de los sirvientes de su familia había abusado sexualmente de él. Los horrores de ese episodio lo seguían atormentando. Yo me maravillé de la capacidad de este hombre para compartir tales confidencias con un desconocido.

—Ese sujeto está preso ahora —dijo, con tristeza. Y continuó, luego de una pausa en que miró el piso—: Me pregunto si se justificaba culpar a ese sirviente.

Saltaba a la vista que este muchacho se las veía con muchos asuntos problemáticos en su existencia.

Luego, los ojos oscuros y desanimados del joven se cruzaron con los míos mientras agregaba:

—¡Cómo quisiera que mis problemas se evaporaran!

Me dio la impresión de que el sirviente confinado no era la única alma presa.

Mientras él compartía conmigo sus más oscuros pensamientos, me di cuenta de lo mucho que ese joven podía ofrecer al mundo.

Me miró con ojos intensos.

—Ni siquiera sé por qué le cuento mis secretos a un perfecto desconocido.

Con la esperanza de tranquilizarlo, le dije:

—Dios nos ha reunido esta noche para que pudiéramos ayudarnos uno a otro. Algún día será su turno de escuchar y ayudar a alguien más, de consolar su alma atribulada.

El joven tenía una promisoria carrera por delante. Yo le señalé todos los aspectos positivos, en un intento por hacerlo sentir mejor consigo mismo. Tuve la sensación de que mis palabras le eran de algún beneficio. Sonrió y me dio las gracias por haberlo escuchado.

Cuando su vuelo fue anunciado, nos pusimos de pie. Al estrecharnos la mano, él vaciló antes de retirarla, como si quisiera absorber algo de mi fuerza. En esas dos breves horas, habíamos formado un vínculo, un puente entre dos culturas y generaciones diversas. Intercambiamos un abrazo fraternal, y él se marchó.

Yo me acerqué al ventanal que daba al área de salidas para atisbarlo. Quería despedirme a señas de él cuando abordara su avión. Mientras veía la nave en el asfalto, alcé incrédulo la mirada ante el reconocible, casi sobrenatural reflejo en el cristal deslucido. ¡Mi nuevo amigo estaba parado justo detrás de mí! Volteé, sorprendido.

Con rostro lúgubre, declaró:

—Tengo algo más que decirle.

—¿Qué? —pregunté ansioso.

—Gracias por haber estado aquí esta noche… y por escucharme. —Se detuvo de pronto, para respirar profundamente. Luego añadió, con voz quebrada—: Pensaba… suicidarme esta noche. —Interrumpiéndose para poder estrechar mi mano, continuó—: Pero ahora… siento que hay esperanza.

Nos dimos la mano y nos abrazamos por última vez. Las palabras salían sobrando. Sentí una lágrima resbalar por mi mejilla mientras me despedía de él a señas y lo veía abordar su avión.

Esa noche sentí una nueva conexión con Dios, como si acabara de recibir una señal. Me sentí renovado, como inspirado por un propósito superior.

~Tom Lagana

94

Encuentro milagroso

Crecer con un apellido como Miracle suscitaba demasiadas bromas. Cuando nací, mis padres pudieron decir sin jactancia que yo era una Miracle, un milagro. En el patio de la escuela me llamaban "Huracán Miracle". En la secundaria, "¡Es una Miracle!" resonaba en los corredores cuando yo pasaba por ellos cargando una enorme pila de libros. No fue hasta que llegué a la preparatoria y la universidad que mi apellido comenzó a dejarme en paz.

> Por tanto, lo que Dios juntó, no lo aparte el hombre.
>
> ~MATEO 19, 6

Creí que no me casaría nunca, aunque lo deseaba. Le decía riendo a mi mejor amiga:

—Al menos tengo un buen apellido, porque siempre llevaré el mismo.

Años después de mi pesimista predicción matrimonial, inicié mi carrera como maestra de quinto año. Un día recorría tranquilamente el pasillo, pensando en mis cosas tras haber llevado a mis alumnos al autobús, cuando Beth, una de mis compañeras, salió de su salón al corredor vacío.

—Hay alguien a quien tienes que conocer —me dijo.

Los ojos le bailaban y sus labios se curvaron en una sonrisa.

"Oh, no", pensé. "Otra cita a ciegas no." Mil sistemas de alarma se activaron en mi cabeza, y me imaginé dando vuelta en U y saliendo despavorida, al estilo olímpico, por la puerta siguiente. Era una soltera recién llegada a la ciudad, y todos parecían interesados en tramar mi vida amorosa. Temerosa como estaba de no casarme nunca, las citas a ciegas me daban cada vez más miedo.

Dije cortésmente:

—No gracias, ya estoy saliendo con alguien —lo cual era cierto.

Pese a mi negativa, Beth, sin hacer una pausa ni siquiera para respirar, siguió hablándome de Jesse, el buen hombre que ella había conocido en la iglesia. La madre de Jesse, Sharon, había sido maestra en nuestra escuela, pero había muerto trágicamente en un accidente automovilístico mucho antes de que yo pudiera conocerla. Otras maestras y exalumnos recordaban gratamente su amabilidad, y cada año un estudiante del último grado de preparatoria era premiado con una beca en su memoria. Yo estaba segura de que esa devota mujer había educado a un buen hijo, pero sencillamente no quería citas a ciegas. Tener una cita podía ser problemático en general, y era indudable que yo no tenía la intención de atraerme dificultades.

La persistencia se volvió el mantra de Beth. Durante ese año escolar, cada vez que ella me preguntaba si quería conocer a Jesse, yo me negaba terminantemente. Le explicaba que estaba saliendo con alguien, y que me sentía bien así.

Pero entonces esa relación se fue al sur, literalmente.

Aquel verano, el chico con el que yo había estado saliendo partió a un viaje misional fuera del país, mandando una carta desde el aeropuerto para revelar su decisión de poner fin a nuestro noviazgo. Sumergirme en su misiva con tal expectación sólo elevó ardientes y punzantes humillaciones a mis mejillas.

Sentí que mi vida amorosa había acabado de una muerte tan oscura que la resucitación era imposible. Mi fe me decía que Dios estaba conmigo, pero mi escepticismo me hacía preguntarme dónde estaba él en mi vida amorosa. Decidí que mis afirmaciones juveniles podían ser ciertas: realmente parecía un milagro que esta Miracle pudiera casarse alguna vez.

Se inició el nuevo año escolar, y yo me mudé de departamento. No era mi mejor opción. Planes de otro apartamento se frustraron y, luego de correr la voz, una amiga halló uno para mí cerca de la escuela.

Aquellos días fueron rebosantes en satisfacciones. Me encantaba enseñar y reír con mis alumnos, ávidos de sorpresas. Cuando ellos me decían: "Miss Miracle, ¡usted es la mejor maestra del mundo!", los agudos filos de la vida se suavizaban. Pero yo estaba sola, y quería conocer a alguien especial, alguien con quien pudiera tener un futuro.

Me pasaba un día tras otro calificando trabajos y asomándome a la cuidada plaza por la ventana que daba a mi nuevo patio. Una amplia variedad de macetas coloridas llenas de rizadas parras y flores tardías del verano colgaban de los balcones de los vecinos. Compartían el área común doce edificios de departamentos. Yo podría haber vivido en cualquiera de ellos. En un principio no imaginé que elegir este edificio en particular, el cual daba a esa pacífica plataforma, sería un plan tan positivo para mi vida.

Pasaron los meses. Las macetas del verano desaparecieron de la plaza, remplazadas por la nieve y el hielo suspendidos de los barandales.

Una ventosa mañana de febrero yo estaba lavando el parabrisas de mi coche cuando me puse a platicar con uno de mis nuevos vecinos de abajo. Era alto, amable, de mi edad, y no tardé mucho en notar su sonrisa de estrella de cine. Cuando nos cruzábamos en la escalera, él siempre me saludaba, y entablaba conmigo breves consversaciones. A decir verdad, comenzaba a gustarme, sin siquiera habernos presentado formalmente.

Esa mañana de febrero, a este guapo vecino le preocupaba la seguridad de los demás inquilinos, ya que la gruesa capa de hielo en las banquetas las volvía muy resbalosas. A cada persona que pasaba, él le advertía de los puntos más riesgosos, y yo pude comprobar lo amable que era. Hablábamos mientras limpiábamos nuestros coches, y él me preguntó dónde daba clases.

—En la Second Street School —respondí, al tiempo que sacudía pedacitos de hielo que se derretían en el techo caliente del auto.

Todo su rostro se iluminó con interés, activando su sonrisa perfecta.

—Mi madre daba clases ahí —dijo, con orgullo.

—¿De veras? —pregunté curiosa—. ¿La conoceré?

—No.

Con una voz serena que sonó lejana y teñida de tristeza, dijo:

—Murió en un accidente automovilístico.

Ese hombre alto y cortés se puso a describir entonces las hermosas cualidades de su madre, y a contarme de la beca que familia, estudiantes y amigos habían instituido en su honor. Sin embargo, sus palabras se escuchaban como en sordina, como si se abrieran paso por un largo túnel hasta mi cerebro. Me quedé sin aliento bajo el aire glacial. Mi vecino, quien dijo llamarse Jesse, era el hombre al que yo me había negado a conocer durante más de un año. Pero ahí estaba, parado frente a mí.

Muchas cosas han pasado en los nueve años transcurridos desde ese encuentro memorable. Mis alumnos y yo recaudamos dinero para el Sharon Lewis Scholarship Fund, reciclando latas de aluminio. Mi triste conjetura acerca de lo que sería de mi vida resultó equivocada. Mi apellido cambió después de todo, y no dejé de dar clases hasta dos días antes de que naciera nuestro bello hijo.

Ahora, en las mañanas heladas y ventosas, yo me acurruco entre los brazos de Jesse, mi esposo, en nuestra cálida casita, y siento que sigo siendo una Miracle, un milagro.

~Janeen Lewis

95

Lluvia de rosas

Con ilusión de ver el espectacular follaje otoñal, mi hermano Gene voló a New Hampshire desde Iowa para una visita. Después de instalarse, salimos a primera hora de la mañana del día de la fiesta de santa Teresita, 1º de octubre, para admirar la pintoresca belleza de nuestro estado. Yo le tengo especial afición a santa Teresita, quien prometió a sus devotos ayudarlos en momentos difíciles con una lluvia de rosas místicas. Mientras progresaba el largo día de contemplación del follaje, yo me sentía cada vez más débil y cansada, a causa de mi esclerosis múltiple. Gene tomó las llaves del coche, dijo que debíamos poner fin a nuestra excursión y me pidió que me relajara mientras él manejaba.

Mas yo os alentaría con mis palabras, y la consolación de mis labios apaciguaría el dolor vuestro.

~JOB 16, 5

Íbamos por una transitada autopista y nos faltaba una hora para llegar a casa cuando un sedán oscuro nos rebasó. Oí a mi hermano lanzar una exclamación mientras yo abría los ojos para mirar por el parabrisas. Con las luces de los frenos aún encendidas, el auto con exceso de velocidad alzó vuelo, rodando tres o cuatro veces en las alturas antes de caer en el bosque.

Mi hermano se detuvo a la orilla de la carretera y corrió hacia el coche volcado. Estaba oscureciendo, y ya no se veía casi nada. Él me gritó:

—¡No hay nadie en el coche!

Yo tomé mi celular y llamé al 911.

Gene hizo un recorrido entre la hierba crecida y el bosque, volviendo constantemente sobre sus pasos y buscando a alguien. Halló restos del auto en todas partes, pero no víctimas.

Otras personas se detuvieron asimismo para ayudarlo. Buscaron laboriosamente durante quince minutos. Luego, en la quietud, Gene oyó una respiración trabajosa. Encontraron a un joven a veinte metros del coche.

Mi hermano regresó a nuestro auto.

—¡Diana, te necesito! Todavía está vivo. Tú eres enfermera.

Avisé al 911 por el celular que ya habían encontrado al conductor. Gene me ayudó a bajar, cruzar la maleza y llegar al bosque. Un joven se tendía inmóvil frente a nosotros. Gene me ayudó a sentarme a un lado de la cabeza del chico y me recibió mis muletas, que puso junto al cuerpo de la víctima.

De baja estatura, el joven respiraba larga y entrecortadamente, y luego dejaba de respirar… síntomas todos ellos de trauma severo en la cabeza, con riesgo de morir.

Gene sacó del coche una lámpara de mano y la proyectó sobre el hombre. Éste parecía recién salido de la adolescencia.

Juré que no lo dejaría morir solo.

Le retiré de la cara un mechón café oscuro y miré sus ojos cafés, abiertos y sin expresión. Tenía hinchadas las venas del cuello y su pulso era rápido y sorpresivamente fuerte.

Luego, su respiración casi se detuvo.

—¡Respira, cariño! —le dije en voz alta.

Tomé su mano en la mía. Tenía la piel caliente todavía. Le froté la mejilla, y sentí la punzada de la barba oscura que empezaba a crecerle.

—Vamos, cariño, respira.

Hizo una aspiración trabajosa.

Yo daba la espalda a la carretera, así que era ajena a la conmoción detrás de mí. Mi hermano me dijo que habían llegado las patrullas. En cuestión de segundos, oí una voz apaciguadora que aseguró que la ambulancia venía en camino.

Acerqué mi rostro al del chico, le hablé suavemente, le acaricié la mejilla y chequé su pulso. Seguía siendo fuerte. Mi cabello rozaba su cara ilesa. No podía dejar de verlo.

—Respira, cariño.

Lo hizo. Le salía sangre por la boca y la nariz. Le limpié esta última para que pudiera respirar, le acaricié el brazo y apreté su mano en la mía. Vi su sangre en mi cuerpo.

Luego hubo silencio.

—¡Ya no respira! —grité.

Sus pupilas estaban fijas y dilatadas. El policía me dijo que la ambulancia acababa de llegar. Paramédicos bajaron corriendo por la pendiente.

Mientras ellos se hacían cargo de la situación, mantuve un dedo en el pulso del chico y mi otra mano en la suya. Su pulso era cada vez más débil. Su mano se enfrió.

Yo recé: "¡Señor, si es que no pueden salvar a este hombre, recíbelo entonces con los brazos abiertos!".

Cuando los paramédicos lo movieron para poder aplicarle resucitación cardiopulmonar (RC), las severas lesiones de su cabeza fueron evidentes.

Mi hermano me ayudó a pararme y me llevó a la ambulancia. Alguien salió de atrás, cubierto de plástico de pies a cabeza y con guantes de hule, para limpiarme la sangre viscosa del joven. Yo estaba temblando. Me preguntaron si necesitaba oxígeno, si me sentía bien. Les expliqué que tenía esclerosis múltiple, y que temblaba siempre.

—Me encuentro bien.

Hacía frío, así que nos dijeron que esperáramos en nuestro coche y llenáramos mientras tanto el reporte.

Cuando el policía recibió nuestro reporte, nos dijo que los paramédicos habían conseguido un pulso débil con la RC. La desconocida víctima sería transportada en estado crítico al hospital más cercano. Las cosas no lucían bien.

Pedí al oficial que informara a la familia del joven que, una vez que lo hallamos, no lo habíamos dejado solo un momento, que siempre había estado consciente o adolorido. Que habíamos rezado por él. Como madre, esta información era muy importante para mí.

Guardamos silencio durante casi todo el trayecto a casa. El episodio entero parecía surreal. Mi hermano alternaba entre el enojo y la aflicción, porque se sentía impotente. Pero afloraron también otros sentimientos... un profundo amor y compasión por el chico, a quien ni siquiera conocíamos.

Esa noche el policía llamó para agradecernos a mi hermano y a mí que hubiéramos llamado al 911, y buscado y atendido al muchacho. Él había transmitido mi mensaje a la familia del chico justo antes de que se le declarara muerto.

Los últimos días de la visita de Gene transcurrieron en las White Mountains, disfrutando de vistas espectaculares. Privaba paz y quieta comprensión entre mi hermano y yo. Sabíamos que, separados, habríamos hecho poco en ese horrible accidente. Pero que, juntos, habíamos ayudado a alguien en su paso a la otra vida. Quizá esto había dado consuelo a su familia. Aunque nunca lo sabríamos.

Un año después, el 1º de octubre, fiesta de santa Teresita, visité a mi buena amiga monja en el monasterio de la Divina Sangre. Ella escuchó con atención la historia del joven y su accidente. Luego se recostó en su asiento, fijó su vista en mí y dijo el nombre del muchacho.

Yo me asusté. Ella conocía esta historia.

—Espera un momento, no te vayas —me dijo.

Minutos después, llegó acompañada desde la capilla por los abuelos del chico que un año atrás yo había confiado al cuidado de santa Teresita. Ellos habían estado buscando a la enferma y su hermano que no se habían separado nunca de su nieto. Habían ido ese día a la capilla para darle gracias a santa Teresita de haber enviado a una persona de fe para asistirlo en tan duro trance.

Imaginé pétalos de rosas místicas cayendo delicadamente sobre nosotros.

~Diana M. Amadeo

96

Preciada pulsera de dijes

Cuando yo tenía dieciséis años, mis papás me compraron una pulsera de dijes en la mejor joyería de Syracuse, Nueva York. Yo estaba encantada. Era una pulsera de oro de catorce quilates, y cada dije que ellos eligieron tenía un significado especial para mí, y sólo para mí. Entre ellos se encontraba una porrista dorada, un zapatito con un minúsculo diamante dentro y un precioso círculo grabado en oro y peridoto que celebraba mi cumpleaños, en el mes de agosto. Me fascinaba esa pulsera, y sólo me la ponía en ocasiones muy especiales.

Y ahora Señor, ¿qué esperaré? Mi esperanza en ti está.

~SALMOS 39, 7

La alhaja se volvió aún más especial para mí después de que mamá murió. Aunque fui bendecida con el mejor padre del mundo, extrañaba mucho a mi madre, pero mi pulsera de dijes me hacía sentirme continuamente unida a ella.

Tras graduarme como enfermera, entré a trabajar en el piso de ortopedia de un hospital local. Se nos instruía usar pocas joyas, así que lo único que me ponía siempre era mi pulsera, presente en mi muñeca todos los días de mi vida. Formaba parte de mi madre, y yo me sentía triste y vacía si no estaba en contacto con ella. Mis pacientes elogiaban la belleza de la alhaja, y yo les contaba feliz su historia.

El hospital se ubicaba en un área montañosa de la ciudad, y los estacionamientos de las enfermeras estaban al pie de la colina. Una nevosa mañana de enero, estacioné mi coche e inicié el largo ascenso al edificio.

El frío era tan intenso que yo iba arropada como esquimal. El viento y la nieve dificultaban aún más la subida, y cuando llegué al lobby estaba prácticamente congelada. Me quité un rato los guantes para calentarme las manos.

Tras el reporte de la mañana, inicié la cuenta de los medicamentos, ¡y me disponía a pasar los medicamentos del día cuando me di cuenta de que no traía mi pulsera!

Devastada, corrí a los casilleros y la busqué frenéticamente. Busqué en mis guantes y mi gorra y sacudí absurdamente la bufanda con la esperanza de que apareciera la pulsera. Pero no estaba en ninguna parte. Creí morir.

Había perdido el mejor recuerdo de mi madre.

Apenas si podía concentrarme en el trabajo, pero llegué como pude al receso de las diez y media de la mañana. Me puse rápidamente mi atuendo de nieve y bajé por la nevosa colina hasta el estacionamiento, esperando que la pulsera se hubiera desprendido de mi muñeca y estuviera tirada junto a mi coche.

Cuando llegué al estacionamiento inmenso, me contrarié más todavía: lo habían paleado. Montones de nieve estaban apilados contra la cerca.

¡Mi preciosa pulsera se había perdido para siempre! Regresé al hospital llorando como una niña.

Una de las monjas, la hermana Anne, notó mi cara manchada de lágrimas e intentó consolarme. Le expliqué mi lamentable pérdida. Ella prometió orar por mí, y me sugirió rezarle a san Antonio, patrón de las cosas perdidas. Me puse a rezar de inmediato.

En abril ya me había resignado a que la pulsera había desaparecido para siempre. La joyería original no existía más, y niguna otra en el área tenía una pieza semejante. Para entonces, prácticamente ya me tuteaba con san Antonio. Varias veces al día pedía su intercensión para hallar mi pulsera tristemente perdida. Supuse que estaba ocupado con servicios más importantes.

Un martes en la mañana, una de mis compañeras me encontró en el cuarto de un paciente.

—El conserje quiere hablar contigo.

Estaba muy ocupada, así que le pedí que le dijera que yo lo buscaría más tarde. Por fin vi a Mike a la hora de la comida.

Él empezó explicando que había nevado mucho ese invierno. Los montículos de nieve aún se derretían. Yo no entendí qué tenía que ver eso conmigo.

—Al palear nieve ayer, vi algo brillante. Por alguna razón, lo recogí y me lo metí a la bolsa. Luego se lo enseñé casualmente a la hermana Anne, y ella me sugirió mostrártelo.

¡Ahí, colgando de su mano, estaba mi pulsera! Se hallaba un poco maltrecha, pero había sobrevivido al invierno y vuelto a mí.

Mis ojos se llenaron de lágrimas. Apenas si me fue posible susurrar "¡Gracias!" mientras abrazaba a Mike.

Mandé a reparar la pulsera para que quedara como nueva. Ya no me la pongo todos los días, por temor a volverla a perder, pero cuando la abrocho en mi muñeca recuerdo el milagro de haberla recuperado, gracias a la intercesión de mi madre y de san Antonio.

~Marianne LaValle-Vincent

97

Milagro en las Highlands

Todos mis parientes proceden del norte de Irlanda, pero el pretendiente de mi prima era escocés, así que decidieron casarse en Braemar, pequeña parroquia de importancia histórica que durante siglos ha sido hogar de reyes, nobles y luminarias del mundo del arte. Yo estaba feliz de asistir a la boda y pasear por la ciudad, rodeada por las legendarias e imponentes Highlands escocesas, repletas de cabañas con techos de paja, pasturas de color verde esmeralda, bosques profundos, rocosos acantilados y salientes, rica fauna y arcos de piedra sobre helados y susurrantes arroyos.

> Remítese a Jehová, líbrelo; sálvele, puesto que en él se complacía.
>
> ~SALMOS 22, 8

Ansiaba explorar las Highlands, pero los deberes de la boda y la familia consumieron la mayor parte de mi tiempo. La boda se celebró en una antiquísima iglesia de piedra llena de afecto y luces ambarinas. Al día siguiente pude disponer de un poco de tiempo para mí, así que me fui caminando a una tienda de bicicletas en la ciudad, renté una bicicleta de montaña y emprendí la marcha a las Highlands. Desde una caseta telefónica llamé a mi madre para avisarle que estaría ausente durante el día. Ella me dijo:

—Si ves brezo blanco, corta unas ramitas para mí. Es de buena suerte. El brezo púrpura también es de buena suerte, pero el blanco lo es más.

Tardé una hora en llegar a las montañas, pero las Highlands escocesas eran todo lo que yo siempre soñé. Me detuve junto a un río al lado de una cabaña encalada y vi peces saltando en el agua, conejos y ardillas grises retozando en la orilla, y un ciervo descansando a la sombra en la ribera contraria. Por doquier se veían también pájaros azules, mariposas y muchos otros insectos. Era como si yo hubiera entrado al mundo de Bambi, así que bauticé a uno de los conejos como Tambor.

Seguí mi viaje colina arriba por la orilla del río hasta llegar a un puente. Al atravesarlo, topé con pasturas verdeantes moteadas de luz. Sin querer me metí en un campo donde fui perseguido por una vacada, cuyas integrantes se asustaron tanto que comprendí que me temían más que yo a ellas, y que me seguían sólo por creer que podía darles comida. Cuando yo hacía alto, todas se paraban y me veían. Cuando me acercaba, todas daban un paso atrás. Habrían podido aplastarme fácilmente y hacerme papilla, pero me tenían miedo. Esto fue algo muy surreal para un chico urbanita.

Más adelante vi un erizo, así como babosas enormes, aves que no pude identificar, una cabra montés y un zorro rojo. El erizo se enrolló en una bola cuando me acerqué. Me senté a esperar a que se desenrollara y echara a andar. Por fin lo hizo, y me sorprendió tanto verlo que no me di cuenta de la densa niebla que empezaba a descender sobre la campiña. El día pasó de claro a tormentoso en menos de media hora, confirmando así la veracidad de un dicho famoso entre los británicos: "Si no te gusta el clima, espérate quince minutos".

Sin el sol, la temperatura bajó unos grados. Las nubes eran cada vez más oscuras y amenazantes. En mi apresurada salida esa mañana, no se me había ocurrido empacar un abrigo, pantalones largos, cobija ni agua. Me despedí entonces del erizo y enfilé en la que estaba seguro que era la dirección a casa. Sin embargo, los caminos, todos ellos de terracería, parecían iguales, y yo sencillamente no podía dar con el mismo camino por el que había llegado, pues para arribar adonde estaba había cruzado sin fijarme colinas y valles. El terreno era una montaña rusa natural. Las nubes habían cubierto el sol, así que éste no podía servirme de guía. Vagué una hora antes de admitir que estaba perdido. Pensé: "Sé que viajé al oeste, y luego al norte. ¡Si tuviera una brújula!".

Pero no la tenía. No tenía nada. Ésta era la fórmula perfecta para el desastre... sin ropa adecuada, sin agua ni comida, sin brújula, sin nadie cerca a quien pedir ayuda (no había visto alma viviente en horas) y, para rematar, bajo amenaza de una tormenta violenta. Me refugié en un granero abandonado hasta que escampó, frotándome los brazos para no congelarme. Pero no queriendo pasar la noche sobre paja helada, le di al pedal.

Cada vez oscurecía más y las etapas iniciales de la hipotermia empezaban a declararse cuando pasé junto a un cerro cubierto de brezo púrpura. En la cima había un pequeño brezal blanco, el único que había visto en todo el día. Pensé: "Bueno, al menos si hallan aquí mi cadáver, tendré entre mis yertas manos el brezo blanco que mi buena madre me pidió".

Tiré la bici y subí a la cumbre del cerro. Comenzaba a cortar una rama de brezo cuando vi que algo brillaba bajo ella. Hice el brezo a un lado y vi… ¡una brújula! Casi me caigo de tanta emoción que sentí al verla. ¡Era justo lo que había pedido!

Salvo por esa brújula, no había señal alguna de la presencia de otro ser humano ahí, ni siquiera una huella. Ésa era una brújula de plástico barata, pero que funcionaba a las mil maravillas.

La dirección en la que apuntó era la contraria a la que yo pensaba seguir. Cuando llegué a la ciudad, me enteré de que aquellas nubes amenazadoras habían dejado caer una de las peores tormentas en mucho tiempo. De no haber encontrado la brújula, yo habría estado en grave peligro de morir congelado. Pero entonces pensé: "¿Por qué no iba a ocurrir un milagro aquí? Éste es el país de Dios, uno de los territorios más espectaculares que él haya creado jamás".

Empapado y congelándome, llegué a casa, y le di a mi madre su brezo blanco. Más tarde, sentado con mi familia junto a la chimenea, caliente y a salvo del viento aullador y la lluvia que azotaba a nuestra cabañita, conté mi relato estrujante.

Le di gracias a mi madre por haberme pedido ese brezo blanco… y a Dios por proporcionarme la brújula oculta debajo.

~Mark Rickerby

98

Phil y Louie

"Phil, ¿me harías el favor de buscar a mi hijo en Vietnam?"

Sí, quien dijo eso era mi madre, hablando con un perfecto desconocido tras una ceremonia en nuestra iglesia rural en Cottonwood, Minnesota. En una de las cartas que me mandó a Vietnam, ella me contó de los hermanos Palermo, Phil y Louie. Estos hermanos habían hecho cinco viajes al sudeste asiático en los últimos tres años, desde 1969, y volverían allá de nueva cuenta. Patrocinados por World Vision, su misión era ejercer el ministerio religioso entre el personal militar, los refugiados, los prisioneros de guerra y los pacientes de hospitales, es decir entre todos aquellos que necesitaban que les subieran la moral.

> El hijo del hombre no vino para ser servido, sino para servir.
>
> ~MATEO 20, 28

Imaginé a mamá esperando ansiosamente la respuesta a su pregunta. ¿No se daba cuenta de que en Vietnam había decenas de miles de marines?

—Bueno, señora, ¿por qué no le escribe a su hijo y le dice que él nos busque a nosotros? Es posible que vayamos a su base —contestó Phil.

Él llevaba una libretita en la que escribía mensajes de familias en Estados Unidos por compartir con hijos o hijas en el ejército. Mamá lo vio escribir: "Terry Gniffke, Cottonwood, Minnesota".

Mi madre me proporcionó más información en sus cartas al tiempo que me espoleaba. "Tienes que estar al pendiente de dos chicos italianos de baja estatura que cantan con guitarra y acordeón."

Yo estaba más que escéptico de poder encontrarlos en Vietnam, o en cualquier otra parte.

Meses después me dirigía a una ceremonia en la capilla de la base aérea de Bien Hoa cuando creí oír una guitarra, un acordeón y gente que cantaba música gospel. Se me había hecho tarde armando bombas y cohetes con mis compañeros para su uso por aviones de combate de la infantería de marina, los que brindarían cerrado apoyo aéreo contra el sitio de la capital provincial, An Loc.

Hasta delante de la capilla, saltando con sus instrumentos, estaban dos chicos italianos de baja estatura que cantaban en el conocido dialecto de Minnesota. ¡Aquello fue como un trozo de mi hogar! Pero en mi carácter de marine insensible de dieciocho años de edad, me quedé al fondo de la capilla, viendo el espectáculo. Phil empezó a hablar entonces de la relación personal con Dios, y de cómo tener paz en este lugar desgarrado por la guerra.

Cuando él empezó a compartir la palabra de Dios, algo ocurrió en mi corazón y en mi cabeza.

Ansiaba hablar con ellos al terminar la ceremonia. Al acercarme a Phil y Louie, no pude contener las lágrimas.

—Soy Terry Gniffke, de Cottonwood, Minnesota. Mi madre me pidió buscarlos cuando vinieran. Ella ha rezado muchos años para que yo ponga a Dios en primer lugar en mi vida. ¿Orarían conmigo?

Esa noche ofrecí mi vida al Príncipe de la Paz. Las plegarias de mi madre habían sido respondidas, y mi vida cambió para siempre.

Trece años más tarde, ya lejos de la guerra de Vientam, yo vivía en el sur de California, donde trabajaba vendiendo máquinas de aire acondicionado. Un día me dieron los datos de una pareja interesada en mi producto y que vivía cerca de mi casa. Cuando me reuní con ellos, además de hablar de aire acondicionado nos pusimos a contar la historia de nuestras respectivas vidas. Lo primero que descubrimos fue que todos habíamos vivido en Minnesota. Cuando la conversación pasó a temas más serios, les platiqué cómo había llegado a tener fe en Dios.

—Era un marine en Vietnam, y una noche fui a una ceremonia en la capilla y ahí estaban dos chicos italianos de baja estatura…

Antes de que pudiera decir otra cosa, la mujer junto a mí rompió a llorar. Sollozando y enjugándose las lágrimas, soltó:

—Esos hombres eran mi papá y mi tío…

Fuimos entonces los tres quienes enjugamos lágrimas. Aquella mujer, Phyllis, era hija de Phil Palermo. Ella y su esposo, Jim, acababan de mudarse a California procedentes de Minnesota.

¿Una coincidencia? No: una cita divina. Un recordatorio de las perseverantes oraciones de una madre por su hijo lejos de casa.

—¿Dónde están ahora Phil y Louie Palermo? —pregunté.

—Como cantantes evangelistas, ellos viajaron a cincuenta y cinco países del mundo entero durante sesenta años de ministerio. Trabajaron para Youth for Christ durante treinta y siete años, e incluso participaron en cruzadas de Billy Graham.

Y continuó:

—Louie y su esposa aún viven en Minnesota, pero papá y mamá viven a unos minutos de aquí. Sé que les encantará volver a verte.

Phyllis sonrió.

Poco después de ese encuentro, Phil y yo volvimos a vernos, y después tuvimos varias oportunidades más de compartir lo que Dios había hecho en nuestra vida en los años subsecuentes.

Avance rápido a dieciocho años más tarde. En la ceremonia fúnebre de Phil Palermo, conté nuestra historia a cientos de amigos y familiares. Cerré con estas palabras: "De no haber sido por Phil y Louie Palermo, yo no estaría hoy aquí sabiendo que volveré a verlos en el cielo".

~Terry Gniffke, entrevistado por Darlene Palermo

99

Haré luz de la oscuridad

Aunque veo parcialmente, pues padezco ceguera nocturna, sabía que el chofer del autobús no me había dejado enfrente de la preparatoria para mi clase nocturna.

—¡Ay, no, todo está oscuro y estoy perdida! —exclamé, en medio de mi frustración—. ¿Qué voy a hacer ahora?

Mi pulso se aceleró. Traté de respirar más despacio, haciendo lo posible por no aterrarme.

Recé mientras el estómago se me revolvía: "¡Señor, estoy metida en un lío y tengo miedo! Tú sabes dónde me encuentro, y yo no. ¡Ayúdame a hallar mi camino!".

¿Cómo podía oír la respuesta de Dios con el corazón preso de ansiedad? Hice un esfuerzo por calmarme.

Cuando me tranquilicé un poco, en medio de mi agitación oí claramente lo siguiente: "Ve hacia donde veas luces".

Parpadeé, y donde antes no había habido ninguna, pude ver ahora una luz brillante, como un faro a la distancia. Sentí paz. Sentí que Dios me guiaba.

> Y guiaré los ciegos por camino que no sabían, haréles pisar por las sendas que no habían conocido; delante de ellos tornaré las tinieblas en luz, y los rodeos en llanura. Estas cosas les haré, y no los desampararé.
>
> ~ISAÍAS 42, 16

Mientras me aventuraba hacia la luz, mi bastón blanco pegaba sólo contra el cemento. Una fuerza invisible me ayudaba a permanecer en el centro de la banqueta.

Llegué por fin a lo que parecía un estacionamiento y me abrí paso hasta el frente de un edificio. Segundos después de haber cruzado la puerta, una voz conocida me llamó:

—Pam, ¿qué haces aquí en mi iglesia, tan lejos de tu casa?

—¡Oh, Susan! —grité, increíblemente aliviada de oír a mi cuñada—. ¡Me perdí camino a mi clase! El autobús me dejó en la parada equivocada. ¡Qué gusto me da verte!

Entonces, sin aliento, le conté mi historia.

Ella me abrazó.

—Es una casualidad que yo haya estado aquí, a causa de un círculo bíblico, justo cuando tú necesitabas que alguien te encontrara. Pero las dos sabemos que esto no fue una coincidencia.

Sonreí, asintiendo con la cabeza.

Mientras Susan me llevaba a la prepa para mi clase, le describí el lugar por el que había caminado. Al pasar por ese sitio, ella exclamó:

—¡Hay tramos de tres metros de hondo a ambos lados del camino que recorriste!

Guardé un silencio de pasmo. Dios me había librado de un peligro inminente, y me había guiado por caminos que yo no conocía.

~Pam Bostwick

100

Gracia navideña

La nieve continuaba su resuelto ataque contra las ventanas del centro de vivienda asistida. Ya era tarde, y a mí me preocupaba cada vez más cómo estarían las calles cuando me marchara a casa. Era la semana anterior a la navidad. Para ese momento, yo ya debía ir camino a casa. Pero la recepcionista de la noche que debía relevarme había llamado para decir que su coche no arrancaba.

¿Por qué tenía yo la mala suerte de tener que quedarme en la recepción cuando debía estar en casa sorbiendo un chocolate caliente y decorando el árbol de navidad?

El teléfono tintineó. Tras contestar un poco de malas, me preguntó un hombre:

—¿Llamo a Avis Rental Car?

Intenté mantener la calma.

—No, me temo que el número telefónico de este centro de vivienda asistida es distinto al de Avis por un dígito. Déjeme darle ese número para que no lo tenga que volver a buscar.

Suspirando, busqué rápidamente el conocido número de la compañía de renta de automóviles en la hoja frente a mí. Se lo di al caballero, y le deseé feliz navidad. Estaba a punto de colgar cuando lo oí decir:

—¡Espere un minuto, por favor!

—¿Sí?

> Haste hermoseado más que los hijos de los hombres; la gracia se derramó en tus labios: por tanto, Dios te ha bendecido para siempre.
>
> ~SALMOS 45, 2

—Sé que esto va a parecerle una locura, pero tengo que preguntarle lo siguiente: ¿cree usted en milagros?

Me erguí en mi silla, sorprendida de que un perfecto desconocido me preguntara algo así.

—¡Claro!, ¿por qué lo pregunta?

—Trataré de abreviar una historia larga: mis padres fallecieron recientemente en un accidente automovilístico. La única persona que me queda en el mundo es una abuela en algún lugar de Virginia, a la que no he visto desde chico. Un tío dejó a mi abuela en un centro de vivienda asistida cuando él enfermó demasiado para seguir cuidándola. Pero él también se fue al cielo ya. Así que me veo obligado a preguntar: ¿de casualidad tienen ustedes en su centro a una tal Grace Sheperd?

Mi corazón latió más rápido al reconocer ese nombre. Mientras oía el impacto del hielo en la ventana a mi derecha, me imaginé al caballero conteniendo la respiración en el otro extremo de la línea.

—¿Sigue usted ahí? —preguntó finalmente.

—Sí, aquí estoy. Me encantaría poder darle la información que busca, pero me temo que existe una política de privacidad que me prohíbe contestar. Sin embargo, podrá hallar al director del centro en su oficina el lunes por la mañana.

—Comprendo su responsabilidad de proteger a los residentes —dijo el joven, a quien se le oía muy triste—. Gracias por su tiempo, ¡y feliz navidad!

—¡Un momento!

—¿Sí?

—¡Virginia es un estado muy bello, y justifica una visita en navidad! ¡Permítame darle nuestra dirección por si viaja pronto a nuestra área!

—¡Bendita sea usted!

El día de nochebuena, llegué a trabajar más temprano que de costumbre. Luces de navidad parpadeaban en los árboles decorados, esparcidos por doquier en los pasillos. Villancicos emergían bajo la puerta cerrada de un residente mientras yo repartía los diarios de la mañana.

Pasaba por el cuarto de Grace Sheperd cuando de repente me congelé en mi sitio. Grace estaba sentada en su mecedora habitual, la Biblia abierta en su regazo. Sentado en un banco justo frente a ella estaba un joven apuesto de cabello oscuro y rizado. Su mano tomaba suavemente la de Grace mientras ella leía *The Christmas Story*.

Grace me vio de pronto.

—Paul, ¡ahí está la mujer que te ayudó a encontrarme! ¡Mary, ven por favor para que te presente a Paul, mi nieto!

Entré corriendo mientras las lágrimas empañaban mi vista. El joven se puso de pie lentamente, tomando mis manos entre las suyas.

—¿Cómo podré agradecerle que me haya usted conducido hasta mi abuela?

Sacudiendo la cabeza, intenté hablar pese al enorme nudo que se me había hecho en la garganta.

—¡Ambos sabemos que fue un milagro de navidad!

—Así es… ¡Feliz navidad!

—Feliz navidad, Paul. ¡Feliz navidad, Grace!

De regreso al área de recepción, envié una oración en silencio al cielo.

"¡Padre, ahora sé por qué tuve que quedarme hasta tarde la otra noche! Gracias por el milagro de la navidad, por tu inmensa gracia… ¡y por la Grace de Paul, también!".

No pude evitar sonreír. ¡Aquélla iba a ser una navidad gloriosa!

~Mary Z. Smith

101

Aire de familia

La señorita Martina Himes, una mujer a la que yo no había visto nunca, fijó en mí su mirada y pronunció ocho palabras que cambiaron mi vida para siempre. Menos de diez minutos después de mi arribo a la fiesta de una amiga, ella me echó aquel vistazo y anunció:

—¡Niña, pero si eres igualita a Sandra Penn!

> Fíate de Jehová
> de todo corazón,
> y no estribes en tu
> prudencia.
>
> ~PROVERBIOS 3, 5

Yo había estado buscando a mi madre biológica durante más de veinte años. Lo único que sabía de ella era que se apellidaba Penn. Tras una breve conversación con esa mujer encantadora, supe en mi corazón que esto no era una mera coincidencia. La señorita Himes comenzó a llorar cuando convinimos en que Dios nos había reunido para algo imponente. Podíamos sentirlo.

Aunque ella había pasado la mayor parte de su adolescencia en compañía de Sandra Penn, tenía quince años de no verla. Ni siquiera había pensado mucho en ella hasta ahora.

Nuestra búsqueda de Sandra Penn se inició entonces. La hermana de la señorita Himes era la que había estado últimamente en contacto con ella. Todo lo que tenía que hacer era buscar el teléfono de Sandra y llamarle.

Lo hizo dos semanas más tarde. Y eso fue todo. Diecisiete días después de haber conocido a la señorita Himes, mi imposible y vitalicia búsqueda de mi madre biológica había terminado, pues ella misma me llamó a mi celular.

Nos reunimos dos sábados más tarde, justo una semana después de mi cumpleaños número treinta y cuatro. Tan pronto como posé mis ojos en Sandra, mi madre biológica, comprendí el alboroto de la señorita Himes.¡Yo era idéntica a ella! Hasta donde mi memoria alcanzaba, siempre me había obsesionado el asunto del "aire de familia". Pese a los maravillosos regalos de mamá y papá (mis padres adoptivos), yo no compartía con ellos ese aire. No tenía los ojos de papá, la sonrisa de mamá ni ningún otro rasgo físico que les perteneciera. Cuando mi familia de nacimiento cruzó de golpe mi puerta ese día —mi madre, mi hermano, mi hermana y mi pequeña sobrina—, ¡el aire de familia era visible! No sólo me parecía a mi madre; también era la viva imagen de mi hermana menor. Mi hermano parece una combinación de todos nosotros, y mi sobrina se parece a mi hermana y a mí.

Dios realmente nos había reunido para algo imponente. Podíamos sentirlo.

~Pam Durant Aubry

Nuestros colaboradores

Bernadette Agronsky obtuvo su licenciatura en la Xavier University, Nueva Orleans, Louisiana, y la maestría en pedagogía en Lesley University, Cambridge, Massachusetts. Trabaja en una biblioteca e imparte talleres de periodismo. Cree que escribir es un medio eficaz para ordenar las verdades de la vida. Búscala en bagronsky712@gmail.com.

Diana M. Amadeo lleva treinta y cuatro años casada con Len. Tienen tres hijos y tres nietos. Además de escribir libros, artículos y cuentos, le gusta su perro, viajar y levantar la cosecha de su invernadero. Ésta es la séptima vez que publica en la serie *Caldo de pollo para el alma*. Haz contacto con ella en DA.autor@comcast.net.

Monica A. Andermann es escritora y vive en Long Island con Bill, su esposo/corrector de pruebas, y su gato, Charley. Ha publicado ampliamente tanto en internet como en libros impresos, entre ellos las colecciones *Caldo de pollo para el alma* y *A Cup of Comfort*.

Kim D. Armstrong tiene treinta años de experiencia como enfermera. Ha publicado dos libros de cuentos sobre milagros de curación de pacientes desahuciados. Vive en el oeste de Pennsylvania con su esposo, una hija adolescente y un hijo. Escribe a kimdarlenearmstrong@embarqmail.com o visita su página en internet, en www.kimarmstrong.net.

Pam Durant Aubry es escritora *freelance*, mamá y antigua modelo de tallas extra. Egresada de la Temple University, tiene una licenciatura en periodismo. También es instructora certificada de Microsoft y da clases en una escuela de computación. Trabaja en su primera novela. Su correo electrónico es pameladurant@comcast.net.

Mita Banerjee adora ser escritora, maestra, madre, esposa y amiga. Le apasiona proteger el medio ambiente y dedica mucho tiempo a transmitir ese entusiasmo a los niños de su vecindario. Su lema es hacer (al menos) una buena acción al día. Haz contacto con ella vía correo electrónico en mitabaner@gmail.com.

Steve Barr hace sus caricaturas en una pequeña cabaña en las montañas de Carolina del Norte. Su trabajo ha aparecido en una amplia variedad de periódicos y revistas, y también es autor e ilustrador de la serie de libros de instrucción artística *1-2-3 Draw*. Puedes escribirle a stevebarr@windstream.net.

Keisha Bass ha escrito artículos para dos publicaciones en internet, The Christian Pulse y sober24.com. También ha publicado en *Vista*, de Wesleyan Publishing House, y *Living Magazine*. Le gusta cantar, bailar y practicar deportes. Actualmente trabaja en su primera novela cristiana de ficción. Escribe a keishabass@att.net.

Cynthia Bilyk cursa actualmente su licenciatura en psicología. En fecha reciente dejó su empleo para convertirse en mamá. Le gusta la lectura, las actividades al aire libre y el trabajo voluntario. Puedes escribirle a ufodonkey@gmail.com.

Pam Bostwick ha publicado numerosos artículos en revistas, periódicos y antologías cristianos, como en *Caldo de pollo para el alma*. Aunque padece de la vista y el oído, disfruta su casa de campo, adora la playa y tocar guitarra y es orientadora voluntaria. Tiene siete hijos y once nietos y está felizmente casada. Su correo electrónico: pamloves7@verizon.net.

Connie Sturm Cameron es oradora y autora del libro *God's Gentle Nudges*. Ha publicado docenas de veces, muchas de ellas en libros de *Caldo de pollo para el alma*. Casada desde hace treinta y un años con Chuck, tienen tres hijos y tres nietos. Haz contacto con ella en www.conniecameron.com o connie_cameron@sbcglobal.net.

Theresa Chan es una empresaria, viajera por el mundo y autora publicada de Toronto, Ontario. Ésta es la segunda historia suya que aparece en la serie *Caldo de pollo para el alma*; la primera apareció en *Chicken Soup for the Bride's Soul*. Su relato es un tributo a todos los ángeles de su vida. Ponte en contacto con ella en tccsheba@yahoo.ca.

Jane McBride Choate terminó con honores su licenciatura en ciencias en la Brigham Young University. Dedicó los treinta y cinco años siguientes a ser madre de tiempo completo. Ahora disfruta de ser abuela de cuatro hermosos nietos. Cuando no está jugando con sus nietos, se pone a leer y escribir.

Jeri Chrysong reside en Huntington Beach, California, donde se le ve con frecuencia pasear con su Pug Mabel. Le encanta ser la abuela de Lucas y Clay. Le gustan Hawai y la fotografía. El tema actual de sus textos es su travesía de la pérdida de peso al bienestar. Visita su blog sobre pérdida de peso en http://jchrysong.wordpress.com.

Joan Clayton es maestra jubilada. Fue la "Mujer del año" de su ciudad en 2003 y ha aparecido dos veces en *Who's Who Among American's Teachers*. Es columnista de religión del periodico de su ciudad. Visita su página en internet, en www.joanclayton.com.

Bobbie Clemons-Demuth es originaria de Washington, pero en la actualidad "vive plenamente" con Tom, su esposo, en el área de la Bahía de California. Ambos adoran viajar y explorar juntos muchas de las zonas que los rodean, como el Lago Tahoe, Napa Valley y Santa Cruz.

Denise Colton-D'Agostino vive en Florida, donde trabaja en la oficina del sheriff. Ha sido voluntaria del Sexual Abuse Victim Services por más de veintitrés años. Tiene dos hijas, Shalane y Christina, a quienes adoptó en Rumania en 1991. Denise y Barbara Canale se volvieron amigas durante el proceso de adopción.

La historia de **Paula J. Coté** es real, y le ocurrió rezando por su nieta, de nueve años de edad.

Lisa Cox es madre viuda de una maravillosa adolescente, Breeanna. En la actualidad cursa estudios de informática. Trabaja en una escuela de educación preescolar en Spottsville, Kentucky. Le gusta leer, escribir y tejer a gancho, y le encantaría aprender a tejer con agujas. Puedes escribirle a Breezmom37@yahoo.com.

Jennifer Crites es una escritora y fotógrafa residente en Honolulu cuyas palabras e imágenes, que exploran los viajes, estilos de vida y culturas contemporáneos, comida, educación, naturaleza y ciencia, se han publicado en revistas y libros de todo el mundo. Conoce mejor su trabajo en www.jennifercritesphotography.com.

Leesa Culp reside en las afueras de las cataratas del Niágara, en Ontario, junto con su esposo y dos hijos. Le gusta escribir, correr, jugar hockey y pasar tiempo con su familia. En la actualidad trabaja en su primer libro de no ficción sobre un equipo de hockey del oeste de Canadá. Puedes localizarla vía correo electrónico en leesadculp@yahoo.ca.

Barbara Davey tiene una licenciatura y una maestría de Seton Hall University en literatura inglesa y pedagogía. Durante veinticinco años fue vicepresidenta de mercadotecnia y relaciones públicas de un hospital escuela. Le gusta ser escritora *freelance*, enseñar periodismo y frecuentar restaurantes étnicos con Reinhold Becker, su esposo. Haz contacto con ella en BarbaraADavey@aol.com.

Wendy Delaney tiene una licenciatura en pedagogía de la University of Wisconsin. Ha dado clases en escuelas públicas y privadas de Wisconsin y Chicago, donde vive ahora. Le encanta viajar, jugar golf, andar en bicicleta y ser mamá de Margaret, quien vive en Georgetown. Espera que su primer libro para niños aparezca pronto.

Deborah Derosier es madre de cuatro y abuela de dos. Le agrada ir de pesca, hacer álbumes de recortes y escribir poesía.

Kristy Duggan ha dado clases en secundarias y preparatorias durante más de catorce años. Le gusta la fotografía, hacer álbumes de recortes y pasar tiempo con sus hijos. Tanto su madre como su abuela son autoras publicadas.

La **ministra Mary Edwards** es autora y editora. Es fundadora de una asociación de escritores cristianos en Detroit, Michigan, www.the-calledandreadywriters.org. Colaboró anteriormente en *Chicken Soup for the African American Soul*. Puedes escribirle a edwardsmd@sbcglobal.net.

Diane Ganzer es escritora profesional desde hace cinco años. Vive en Minnesota con su esposo, hijos y mascotas. Su página en internet es www.dianeganzer.com.

Gene Giggleman obtuvo su licenciatura en veterinaria en la Texas A&M University en 1981. Es administrador universitario de tiempo completo, da clases de anatomía humana y tiene una pequeña clínica. Adora leer, andar en moto y en bici, ir de pesca, arreglar su jardín, excursionar y pasar tiempo con sus nietos.

Terry Gniffke participa activamente en su iglesia, y es director general de Caliber Media Group, Inc. y cofundador de Websites for Heroes. Tiene tres hijos adultos. El padre y el tío de Darlene Palermo fueron evangelistas itinerantes y viajaron por el mundo sesenta años. Sus historias son la herencia de Darlene.

Cindy Golchuk vive cerca de Las Vegas, Nevada, con su esposo, su no tan angelical nieto, Zack, y dos perros que gobiernan la casa con mano de hierro. En su tiempo libre le gusta leer, pasear con amigos, reescribir sus tres manuscritos dirigidos a mujeres y pulir sus tres series de libros para el público infantil y juvenil.

Rosemary Goodwin nació en la encantadora ciudad rural de Bury St. Edmunds, en Suffolk County, Inglaterra. Puedes ver su lugar de origen en su página en internet, www.Rosemary-Goodwin.com. Después de mudarse a Estados Unidos con su esposo, quien es militar, vivió en Nueva

Inglaterra, y en la actualidad vive en una ciudad histórica en el este de Pennsylvania.

Judy Lee Green es una premiada escritora y oradora cuyo espíritu y raíces están firmemente anclados a los Montes Apalaches. Educada en Tennessee y alimentada con pan de maíz, ha publicado cientos de veces y recibido docenas de premios por su trabajo. Su familia es la fuente de muchas de sus historias. Vive en Tennessee. Búscala en JudyLeeGreen@ bellsouth.net.

Heidi H. Grosch (www.heidigrosch.com) es una escritora y educadora internacional que celebra todos los días el milagro de aprender. Trabaja en el sistema escolar noruego, escribe para el *Norwegian American Weekly* (www.norway.com) y está desarrollando una nueva página en internet centrada en el inglés como idioma global (www.childrensliterture-network.org).

Elaine Hanson vive en Fort Collins, Colorado, cerca de Vaughn y su familia. Después de contar una historia suya en un círculo bíblico, le encantó que Linda L. Osmundson quisiera escribirla para un libro de *Caldo de pollo para el alma*. Historias suyas han aparecido en ocho libros de esta serie, así como en otras sesenta publicaciones.

Donna Hartley es oradora internacional, propietaria de Hartley International, exseñorita Hawai y autora de *Fire Up Your Life!* Sobrevivió a un accidente de aviación y superó un melanoma y una cirugía de corazón abierto. Adoptó a una edad relativamente avanzada una hija que le transmite enorme energía. Puedes escribirle a hartley@donnahartley.com.

Mandy Hastings es el seudónimo de Jennie Ivey, quien vive en Tennessee. Es columnista en un periódico y autora de tres libros. Ha publicado numerosos trabajos de ficción y no ficción, entre ellos historias en varios libros de *Caldo de pollo para el alma*. Haz contacto con ella en jivey@frontiernet.net.

Jonny Hawkins ha sido caricaturista profesional durante veinticuatro años. Su trabajo ha aparecido en más de seiscientas publicaciones y cientos de libros. Ha creado varios calendarios de caricaturas sobre medicina, pesca, maestros, etc. Vive en Sherwood, Michigan con Carissa, su esposa, y sus tres hijos. Contáctalo en jonnyhawkins2nz@yahoo.com.

Teresa Anne Hayden es escritora y vive en Cayce, Kentucky con su esposo, Mike. Tienen tres hijos y seis nietos. Sus trabajos han aparecido en *Catholic Digest*, el *Rural Kentuckian* y *The Western Kentucky Catholic*, donde publicó una columna, "Pray About It", durante una década.

David Heeren ha escrito numerosos libros, entre ellos una serie de cinco sobre basquetbol basados en el sistema estadístico Tendex, que él inventó. Su libro más reciente, *In His Steps Again*, es una puesta al día del clásico de Charles Sheldon, escrito en 1896. Puedes escribirle a enoch7@comcast.net.

Kristi Hemingway adora su vida en Denver, Colorado, donde trabaja como maestra, escritora y actriz. Su día perfecto incluye la jardinería, andar en bicicleta, la comida francesa, bailar y apapacharse con su esposo y su dos hijos. Recientemente terminó una autobiografía espiritual y su primera novela. Escribe a klheminway@comcast.net.

Autor reconocido en la televisón y el teatro, **Doug Heyes, Jr.**, se graduó en psicología en la UCLA. Ávido atleta y excursionista, participa con regularidad en triatlones, carreras del siglo y otros desafíos a la resistencia. También es paramédico de emergencia y guardia de esquí en el sur de California. Haz contacto con él en thelivingproof@earthlink.net.

Jeanne Hill es autora, oradora inspiracional y editora y colaboradora de la revista *Guideposts*. Sus premiados cuentos y artículos suelen ser elegidos para antologías. Ha sido autora de columnas mensuales en revistas y publicado dos libros inspiracionales, *Daily Breath* (Word Books) y *Secrets of Prayer Joy* (Judson Press).

Morgan Hill fue ejecutiva de radio y televisión, locutora y actriz. Tiene una maestría en educación especial. Profesora en Los Angeles, espera que lo que la experiencia le ha enseñado inspire a sus alumnos de preparatoria de barrios urbanos a conseguir su primer empleo y hacer planes positivos para después de graduarse. Puedes escribirle a mhwriter5@mail.com.

Warren F. Holland obtuvo su licenciatura en la Washington & Lee University en 1990, y su maestría en negocios internacionales en la University of South Carolina en 1993. Actualmente trabaja en Bank of America Merrill Lynch y vive en Charlotte, Carolina del Norte, con su esposa y tres hijos.

Kristen Hope recibió su maestría en literatura inglesa en la State University of New York College, en Brockport. Hoy reside con su hija en el sur de Florida y da clases de literatura en preparatorias y universidades. Le gusta leer, escribir y nadar, y actualmente escribe una novela para jóvenes. Puedes escribirle a athopekristen@hotmail.com.

Ellen Javernick es maestra de segundo año en Loveland, Colorado. Cuando no está dando clases o escribiendo, le gusta pasar tiempo con sus diez nietos. Su más recientes libros ilustrados son *The Birthday Pet* y *What If Everybody Did That?*

BJ Jensen, cantante, autora, oradora y dramaturga, ha sido Director of Love In Motion Signing Choir desde 1990 (www.signingchoir.com). Está casada con el doctor Doug Jensen, su porrista y entusiasta favorito. Viven felizmente en San Diego, California cerca de sus tres nietas maravillosas. Escríbele a jensen2@san.rr.com.

Pat Kane, quien vive en Joplin, Missouri con su esposo, Walter, y sus dos Yorkies, es una autora publicada que gusta de escribir cuentos y novelas para niños e historias inspiracionales de hechos reales. Pertenece a The Society of Children's Book Writers & Illustrators y The Missouri Writers Guild. Puedes escribirle a pat-curtis@sbcglobal.net.

Kathleen Rice Kardon se retiró de la enseñanza de lengua y literatura inglesas a alumnos de educación media en 2009. Es dramaturga y actriz, y forma parte de un grupo de escritores que se reúnen cada mes a escribir poesía, ficción y no ficción. Adora pasar tiempo con su hijo, su nieto y su bulldog, Angus. Puedes localizarla en kathkard@satx.rr.com.

Heidi Krumenauer ha publicado más de mil doscientos artículos en periódicos y revistas, es autora de nueve libros y ha colaborado en más de una docena de proyectos bibliográficos. Su carrera profesional, sin embargo, se desarrolló en la alta dirección de una compañía de seguros. Comparte con su esposo la crianza de sus dos hijos en el sur de Wisconsin.

Lynn Worley Kuntz es una escritora premiada con cinco libros para niños, artículos en revistas y periódicos, y ensayos y cuentos en varias antologías. Es coautora de cinco películas para niños y de un largometraje para toda la familia. Haz contacto con ella en saralynnk@hotmail.com.

Tom Lagana es orador profesional, autor, voluntario e ingeniero. Ha colaborado en *Chicken Soup for the Prisoner's Soul*, *Chicken Soup for the Volunteer's Soul*, *Serving Time*, *Serving Others* y *Serving Productive Time*. Haz contacto con él en P.O. Box 7816, Wilmington, DE 19803, Tom@TomLagana.com o en su página en internet, en www.TomLagana.com.

Marianne LaValle-Vincent es directora ejecutiva de un hogar para adultos en Auburn, Nueva York. Ha publicado tres extensas colecciones de poemas y cientos de cuentos. Vive en Syracuse, Nueva York con su hija, Jess, y su extensa familia, que incluye tres nietos.

Janeen Lewis es una escritora *freelance* residente en la región central de Kentucky, en compañía de su esposo y dos hijos. Ha publicado en periódicos, revistas y tres antologías de *Caldo de pollo para el alma*. Puedes escribirle a jlewis0402@netzero.net.

Jaye Lewis es una premiada escritora inspiracional que ve la vida desde una perspectiva única, celebrando los milagros de todos los días. Le gusta ser parte de la familia de *Caldo de pollo para el alma*. Vive y escribe en las montañas de Virginia. Visita su página en internet, en www. entertainingangels.org.

Sandra Life vive entregada a los cinco hijos que le quedan (y sus respectivos cónyuges), a uno de los cuales dio a luz mientras que a los otros cuatro, procedentes de Corea, los adoptó junto con Richard, su esposo. Hoy las "luces de su vida" son diez nietos, uno de ellos adoptado. Participa activamente como voluntaria en su iglesia y su comunidad.

Debra Manford tiene cincuenta y cinco años, tres hijos y muchos nietos. En la actualidad trabaja de tiempo completo con adultos con trastornos mentales. Ama su trabajo y su vida y está convencida de que lo mejor aún está por llegar. Haz contacto con ella en free_2bee@hotmail. com.

Tina Wagner Mattern es una escritora de Portland, Oregon que ha sido bendecida con todo tipo de milagros que no cesa de agradecer. Ésta es su tercera historia publicada en *Caldo de pollo para el alma*. Haz contacto con ella en freddiestina@gmail.com.

Monica Matzner es madre de dos preciosos niños, Colby (5 años) y Blake (3 años). Suele pasar su tiempo libre en los eventos deportivos de sus hijos, de cuyo equipo de beisbol es "mamá". Tiene una maestría en informática y trabaja como programadora de computación y diseñadora de páginas web.

Lynn McGrath ha compartido el ministerio de su querido esposo, el pastor Donald McGrath, durante más de veinte años. Adora a sus seis hijos: Sarah, Crystal, Josh, Jesse, Bethany y Annie. Le gusta reír, acampar, leer, cantar y ver al Señor en acción en la vida de la gente. Piensa vivir para Jesús.

Kimberly McLagan es esposa, madre de cuatro hijos, escritora y oradora cristiana con un testimonio elocuente de cómo sobrevivir a las penurias de la esterilidad. Exejecutiva corporativa, consultora y profesora universitaria de administración y mercadotecnia, su nuevo libro brinda apoyo, con oraciones y dirección, a las mujeres que padecen esterilidad. www.infertilityprayerresource.com.

Terri Ann Meehan creció en Ohio, donde tiene lugar la mayoría de sus historias. Desde que se mudó a Inglaterra, en 1999, le gusta escribir sobre sus familiares y amigos y los recuerdos que compartió con ellos. Colaboraciones suyas han aparecido en revistas y libros, entre ellos varios títulos de *Caldo de pollo para el alma*.

David S. Milotta, pastor retirado, ha tenido experiencias sobrenaturales, lo que lo ha llevado a investigar lo paranormal. Su próximo libro, *White Crows-God's Special Messengers*, detalla esos sucesos. Casado y residente en Hawai, le gusta surfear y criar perros gran danés. Haz contacto con él en milottad001@hawaii.rr.com.

Martha Moore enseñó literatura inglesa por muchos años. Es autora premiada de tres novelas para jóvenes: *Under the Mermaid Angel, Angels on the Roof* y *Matchit*. Cree que las experiencias de la infancia son importantes. Algunas son en sí mismas milagros. Otras se vuelven milagros al compartirlas.

Pat Tiernan Morris está casada y tiene tres hijos. Su historia "El ángel de las semillas de mostaza" es un mensaje de fe inspirado en su hija Tera, ya desaparecida, y en amigos que ambas hicieron a lo largo del camino. www.mycmsite.com/patmorris. Lisa Dolensky, la autora de la historia, es madre de tres milagros, maestra de educación preescolar y autora por encargo con una página en internet, en www.wingblots.com.

Yolanda Mortimer nació en Toronto y vive actualmente en Wildwood, Missouri, con su esposo, Doug, y su golden retriever, Baron. Tiene tres hijos: Steve, Dan y Bob. Ha participado en coros toda su vida, y siempre le ha gustado escribir. Ésta es la primera vez que publica.

Lava Mueller vive en Vermont. Le gusta excursionar con su hija, jugar con su hijo y tener citas con su esposo en buenos restaurantes. Despierta todos los días a las tres de la mañana para meditar y agradecer la maravillosa gracia que llena su vida. Puedes localizarla en lavamueller@yahoo.com.

Brittany Newell, apasionada cantante de ópera, acaba de escribir su primera novela. Ha publicado cuentos/ensayos en *Caldo de pollo para el alma*, *Dylan Times* y *The Ark Newspaper*. En 2008, una obra de teatro suya recibió una mención honorífica en la Young Playwrights Festival National Playwriting Competition. De 16 años de edad, es estudiante de preparatoria.

Herchel E. Newman escribe desde los diez años, pero se ha consagrado como narrador en su vida adulta. Es un fotógrafo hábil, le gusta andar en motocicleta con sus amigos, y como hombre de familia gusta de asesorar junto con su esposa a matrimonios jóvenes. Puedes escribirle a ZoomN500@juno.com.

Mary Treacy O'Keefe tiene una maestría en teología y es directora espiritual, conductora de un programa de radio, autora, oradora y presidenta de Well Within, centro no lucrativo de bienestar en St. Paul. Para información sobre sus libros y presentaciones, visita www.marytreacyokeefe.com o su correo electrónico, mary.treacy.okeefe@gmail.com.

Romona Olton se graduó con honores en química, área en la que después obtuvo una maestría en la University of the West Indies St. Augustine en 2005. Es maestra de ciencias en una escuela secundaria en el oeste de Trinidad. Le gusta el canotaje, pasear y trabajar con niños. Puedes escribirle a romona_olton@hotmail.com.

Sharon Patterson, educadora retirada, esposa de un militar de carrera y líder del ministerio femenino, ha escrito obras de aliento inspiracional durante más de treinta años. Sus publicaciones más recientes son *A Soldier's Strength from the Psalms* y *Healing for the Holes in Our Souls*.

Donna Paulson vive en la isla Martha's Vineyard con sus cuatro hijos, perro y gato. Trabaja en un Counsel On Aging local y le gusta escribir, leer una buena novela, ir a la iglesia, reír con amigos y familiares y asomarse al mirador marino. Puedes escribirle a dpaulson31@verizon.net.

Gisele Reis les inculcó a sus hijos la fe en los milagros y la alegría de vivir. Creció durante la segunda guerra mundial en Bélgica, donde sirvió en la resistencia junto con sus padres y hermanos. Permitió a Marie-Therese Miller escribir sobre la milagrosa curación de Mariette con la esperanza de inspirar a otros. Visita su página en internet: www.marietheresemiller.com.

Kelly Stewart Rich obtuvo su licenciatura y maestría en pedagogía en el College of the Southwest. Toda su vida ha vivido en Hobbs, Nuevo México, donde, junto con su esposo, educa a sus cuatro hijos. Puedes localizarla en krich@valornet.com.

Mark Rickerby es un escritor *freelance* residente en California. Trabajos suyos han aparecido ya en *Chicken Soup to Inspire the Body & Soul* y *Chicken Soup for the Soul: Older & Wiser*. Visita su página en internet, www.MarkRickerby.com, para información sobre sus obras publicadas y proyectos actuales. Puedes escribirle a markjrickerby@yahoo.com.

Courtney Rusk obtuvo su licenciatura (con honores) y maestría en educación para adultos en la Northwestern State University. Imparte literatura inglesa para decimosegundo grado en Pineville, Louisiana, donde vive con su esposo y dos hijos. Tiene pasión por leer, enseñar y pasar tiempo con su familia. Puedes escribirle a courtleerusk@yahoo.com.

Michelle Sedas es autora de *Welcome The Rain* y *Live Inspired*, y coautora de *The Power of 10%*. Es conductora del Inspired Living Café y cofundadora de Running Moms Rock. Se graduó en la Texas A&M University y vive en Texas con su esposo e hijos. Visita su página en internet, en www.michellesedas.com.

Veronica Shine inició su carrera como escritora profesional luego de exitosas carreras en los ramos de la moda, los viajes y los espectáculos. Es una ávida viajera, y vive en España y Estados Unidos. Trabajos suyos han aparecido en revistas y páginas en internet, y ha colaborado en dos libros. Puedes hacer contacto con ella en mediterraneandreams@msn.com.

David Michael Smith cree en los milagros, y en particular en tres de ellos: su esposa, Geri, y sus dos hijos, Rebekah y Matthew. Es especialista en mercadotecnia del Departamento de Agricultura, y escribe por las noches. Ya ha publicado en *Caldo de pollo para el alma*, así como en otros medios. Escríbele a davidandgeri@hotmail.com.

Lauren A. Smith reside en New Hampshire. Es autora de *The Quest for Quinnie* y *Pinboy*. Escribe junto con sus hijos una novela sobre la guerra de independencia de Estados Unidos basada en la experiencia de su familia. Tiene tres manuscritos adicionales en proceso. Haz contacto con ella en dwedcola@nhvt.net.

Mary Z. Smith vive en Richmond, Virginia con su esposo, Barry, con quien lleva treinta y tres años de casada. Ambos disfrutan las visitas de sus hijos y nietos. Cuando ella no está escribiendo para sus publicaciones favoritas, *Caldo de pollo para el alma*, *Guideposts* y *Angels on Earth*, se le puede ver caminando con su rat terrier, Frankie, o haciendo jardinería.

Marisa A. Snyder obtuvo su licenciatura en 1992. Fue maestra de diversas asignaturas y coordinó cursos religiosos. Ha sido bendecida con dos hijos y un prometido. Padece el mal de Stargardt, lo cual la motivó a poner una boutique, que ofrece collares para "ver con estilo". Escribe poesía, historias inspiracionales y novelas para niños y jóvenes. Haz contacto con ella en marisasboutique@yahoo.com.

Johnna Stein está felizmente casada y es madre de dos valientes adolescentes. Le encanta enseñar a leer a niños disléxicos. Es ávida lectora y escritora, e historias suyas han aparecido en *Caldo de pollo para el alma*, *Guide*, *Susie Magazine* y *Discipleship Journal*. Su primera novela humorística para adolescentes está casi lista para buscar una casa editora.

Dawn J. Storey es madre, escritora y analista de sistemas en una gran corporación. Aunque trabaja escribiendo textos técnicos, le gusta escribir historias inspiracionales, con la esperanza de levantar la moral a sus lectores. Sus textos reflejan el lado sentimental de la vida.

Marcia Swearingen es una escritora *freelance* de no ficción cuya columna, Transparent Thoughts, aparece con regularidad en www.madetomatter.org. Historias suyas han aparecido también en *Guideposts*, otros libros de *Caldo de pollo para el alma* y *A Coup of Comfort*, así como en numerosas publicaciones locales. Lleva treinta y nueve años de casada con Jim y tienen una hija casada. Su correo electrónico es mswearingen@comcast.net.

Amy Tate es miembro de SCBWI y American Christian Fiction Writers y ha escrito para revistas infantiles, publicaciones regionales y *Caldo de pollo para el alma: NASCAR*. Residente en Boones Mill, Virginia, en la actualidad escribe novelas para adolescentes. Le gusta bloguear (thevirginiascribe.blogspot.com) y pasar tiempo con su familia.

Donna Teti ha publicado en la revista *Guideposts* y en *Christmas Miracles*, de Cecil Murphey. En 2008 ganó el Guideposts Writers Workshop Contest. A través de sus textos inspiracionales, espera brindar consuelo a quienes sufren. Su página en internet es donnateti.com, y su correo electrónico donnateti@verizon.net.

R. J. Thesman escribe desde el corazón de Kansas, donde también imparte clases de inglés como segunda lengua. Disfruta de la jardinería, la cocina y la lectura, así como de editar y escribir. Vive en Olathe, Kansas con su hijo y un viejo gato.

Terrie Todd escribe desde Portage la Prairie, Manitoba, Canadá, de cuyo ayuntamiento es asistente administrativa. Tiene con Jon, su esposo, tres hijos y dos adorables nietos. Puedes localizarla en jltodd@mts.net.

Kristen Torres-Toro obtuvo su licenciatura en literatura inglesa en 2007 en el Toccoa Falls College, y despertó tres semanas después en la selva del Amazonas. Es misionera de Adventures In Missions y espera publicar un día una novela. Puedes escribirle a kristentorrestoro@gmail.com.

Connie Vagg es nativa de California y secretaria retirada, y tiene dos hijas y cuatro nietos. Su tradición navideña anual consiste en hacer casas personalizadas de pan de jengibre, motivo por el cual sus familiares y amigos la llaman cariñosamente "La dama del pan de jengibre". Su primera historia se publicó en *Chicken Soup for the Soul: Living Catholic Faith*. Ponte en contacto con ella en cvagg@netzero.net.

Mary Vaughn se formó cuidando de sus cinco hijos y su esposo. Sus motivaciones fueron su fe y amor por familiares y amigos. Para ella, cada día era una oportunidad de contribuir a la obra de Dios. Las historias de Sally O'Brien han aparecido en diferentes publicaciones. Haz contacto con Sally en sobrien95@msn.com.

Beverly F. Walker vive en Greenbrier, Tennessee con su esposo retirado. Le gusta escribir, tomar fotos y hacer álbumes con las fotografías de sus nietos. Ha publicado historias en muchos libros de *Caldo de pollo para el alma* y en *Angel Cats: Divine Messengers of Comfort*.

Emily Weaver es escritora *freelance* en Springfield, Missouri. Trabajos suyos pueden encontrarse en múltiples ediciones de *Caldo de pollo para el alma*. Tiene tres hijos y le gusta pasar tiempo con su esposo, cuidar su jardín y viajar.

Shannon Woodward escribe y edita en Marysville, Washington, donde vive con su esposo (pastor de Calvary Chapel) y sus dos hijos. Es columnista de Christian Women Online, colaboradora de varias antologías y autora de tres libros de no ficción. Visítala en www.shannonwoodward.com o www.windscraps.blogspot.com.

Elisa Yager es mamá de dos fabulosos adolescentes, dos gatos, la conejita Elmer y cuatro peces. Cuando no está escribiendo, sueña con tener éxito publicando. Trabaja de tiempo completo en el campo de los recursos humanos. Puedes localizarla en Proud2blefty@yahoo.com. ¡Recibirá con gusto tus comentarios!

Nuestros autores

Jack Canfield es el co-creador de la serie *Caldo de pollo para el alma*, que la revista *Times* llamó "el fenómeno editorial de la década". Es coautor, asimismo, de muchos otros bestsellers.

Es director general del Canfield Training Group, en Santa Barbara, California, y fundador de la Foundation for Self-Esteem, en Culver City, California. Ha impartido seminarios intensivos de desarrollo personal y profesional sobre los principios del éxito para más de un millón de personas en veintitrés países, pronunciado discursos ante cientos de miles de personas en más de mil corporaciones, universidades, conferencias profesionales y convenciones, y ha sido visto por millones de personas más en programas de televisión de escala nacional en Estados Unidos.

Ha recibido numerosos premios y honores, entre ellos tres doctorados honoríficos y un certificado de Guinness World Records por haber conseguido que siete libros de la serie *Caldo de pollo para el alma* hayan aparecido en la lista de bestsellers del *New York Times* el 24 de mayo de 1998.

Puede hacerse contacto con él en www.jackcanfield.com.

Mark Victor Hansen es cofundador, con Jack Canfield, de *Caldo de pollo para el alma*. Es un muy demandado orador, autor de bestsellers y experto en mercadotecnia. Sus eficaces mensajes sobre posibilidades, oportunidades y acción han producido importantes cambios en miles de organizaciones y millones de individuos en todo el mundo.

Es un prolífico escritor con numerosos bestsellers aparte de la serie *Caldo de pollo para el alma*. Ha ejercido profunda influencia en el campo del potencial humano a través de su biblioteca de audios, videos y artículos en las áreas de pensar en grande, metas de ventas, acumulación de riquezas, éxito editorial y desarrollo personal y profesional. También es fundador de la MEGA Seminar Series.

Ha recibido abundantes premios que honran su espíritu empresarial, corazón filantrópico y perspicacia de negocios. Es miembro vitalicio de la Horatio Alger Association of Distinguished Americans.

Puede hacerse contacto con él en www.markvictorhansen.com.

LeAnn Thieman es una aclamada oradora profesional, autora y enfermera que participó "por accidente" en el Vietnam Orphan Airlift en 1975. Su libro *This Must Be My Brother* detalla su audaz aventura en el rescate de trescientos bebés mientras Saigón caía en poder de los comunistas. Su increíble historia ha sido reportada en *Newsweek Magazine's Voices of the Century*, Fox News, CNN, PBS, BBC, *It's A Miracle* de PAX-TV y muchos otros programas de radio y televisión.

Hoy, como renombrada oradora motivacional, inspira a públicos de todo tipo a equilibrar su vida, vivir conforme a sus prioridades y hacer una diferencia en el mundo.

Tras la aparición de una historia suya en *Chicken Soup for the Mother's Soul* se convirtió en una de las colaboradoras más prolíficas de esta serie. Eso y sus treinta años dedicados a la enfermería hicieron de ella la coautora ideal de *Chicken Soup for the Nurse's Soul*. Después fue coautora de *Chicken Soup for the Caregiver's Soul*, *Chicken Soup for the Father and Daughter Soul*, *Chicken Soup for the Grandma's Soul*, *Chicken Soup for the Mother and Son Soul*, *Chicken Soup for the Christian Woman's Soul*, *Chicken Soup for the Christian Soul 2*, *Chicken Soup for the Nurse's Soul, Second Dose*, *Chicken Soup for the Adopted Soul* y *Chicken Soup for the Soul: Living Catholic Faith*.

Forma parte del grupo del diez por ciento de los oradores en todo el mundo que han obtenido el premio Certified Speaking Professional Designation, y en 2008 ingresó al Salón de la Fama de la Oratoria.

Vive en Colorado en compañía de Mark, su esposo, con quien lleva cuarenta años de casada.

Para más información sobre sus libros y cintas o para contratarla para una presentación, se puede hacer contacto con ella en:

LeAnn Thieman, CSP, CPAE
6600 Thompson Drive
Fort Collins, CO 80526
Estados Unidos
1-970-223-1574
www.LeAnnThieman.com
LeAnn@LeAnnThieman.com

Gracias

Nuestro primer agradecimiento debe dirigirse siempre a nuestros colaboradores. Sabemos que ustedes ponen todo su corazón en las historias que comparten con nosotros y, en última instancia, con el mundo. Apreciamos su disposición a abrir su vida a los lectores de *Caldo de pollo para el alma*. Sus historias de milagros sin duda bendecirán a muchas personas; lo sabemos porque hemos recibido incontables cartas en las que nos dicen que nuestros libros han cambiado su vida.

Sólo podemos publicar un reducido porcentaje de las historias que recibimos, pero las leemos todas, e incluso las que no aparecen en el libro ejercen influencia en nosotros y en el manuscrito final. Invitamos enfáticamente a todos a seguir enviando sus historias para futuros libros de *Caldo de pollo para el alma*.

Gracias especiales a los amigos y escritores cuyas aportaciones y observaciones finales contribuyeron a mejorar este libro: Karen Kishpaugh, Kerrie Flanagan, Peter Springberg, Ellen Javernick, Sally Engeman, Berniece Duello y Judy Danielson.

Gracias a D'ette Corona, nuestra editora asistente, quien maneja a la perfección una docena de proyectos a la vez mientras nos mantiene a todos optimistas, concentrados y bajo programa. Gracias también a Barbara LoMonaco, webmaster y editora de *Caldo de pollo para el alma*; a Kristiana Galvin, editora de *Caldo de pollo para el alma*, por su ayuda con el manuscrito final y la lectura de pruebas, y a Leigh Holmes por garantizar el fluido funcionamiento de nuestra oficina.

Gracias muy especiales a nuestro director creativo y productor Brian Taylor, de Pneuma Books, por su brillantez en nuestras portadas e interiores.

Gracias supremas a Amy Newmark, editora de *Caldo de pollo para el alma*, cuya visión, experiencia y esmero crean cada libro y lo vuelven excelente.

Por último, nada de esto sería posible sin el liderazgo administrativo y creativo de nuestro director general, Bill Rouhana, y de nuestro presidente, Bob Jacobs.

Gracias como siempre a Amy Williams, quien se ocupa de los compromisos oratorios de LeAnn mientras ella escribe… y escribe.

Un agradecimiento especial a la madre de LeAnn, Berniece Duello, cuyo ejemplo puso los cimientos de la fe y capacidades de LeAnn.

Y a Dios por su orientación divina y abundantes bendiciones.

Mejora tu vida todos los días

Personas reales que han compartido historias reales… durante diecisiete años. *Caldo de pollo para el alma* ha rebasado ya el ámbito de las librerías para convertirse en un líder mundial en mejorar la vida. Por medio de libros, películas, DVDs, recursos en internet y otras vías, brindamos esperanza, aliento, inspiración y amor a cientos de millones de personas alrededor del mundo. Los autores y lectores de *Caldo de pollo para el alma* pertenecen a una comunidad global única en su género, que comparte consejos, apoyo, orientación, consuelo y conocimientos.

Las historias de *Caldo de pollo para el alma* se han traducido a más de cuarenta idiomas y pueden encontrarse en más de cien países. Todos los días, millones de personas experimentan una historia de *Caldo de pollo para el alma* en un libro, revista, periódico o en internet. Al compartir nuestras experiencias de vida a través de esas historias, nos ofrecemos esperanza, consuelo e inspiración unos a otros. Las historias viajan de una persona a otra, y de un país a otro, y de esa manera ayudan a mejorar vidas en todas partes.

Comparte con nosotros

Todos hemos tenido momentos de *Caldo de pollo para el alma* en nuestra vida. Si tú quieres compartir tu historia o poema con millones de personas del mundo entero, entra a chickensoup.com y haz clic en "Submit Your Story". Quizá ayudes así a otro lector, y seas un autor publicado al mismo tiempo. ¡Algunos de nuestros colaboradores anteriores han iniciado su carrera como escritores u oradores con la publicación de sus historias en nuestros libros!

El volumen de colaboraciones que recibimos ha aumentado en forma sostenida; la calidad y cantidad de las colaboraciones son fabulosas. Sólo aceptamos colaboraciones vía internet, ya no por correo o fax.

Para hacer contacto con nosotros por otros motivos, envíanos un correo electrónico a webmaster@chickensoupforthesoul.com, o escríbenos o mándanos un fax a:

Chicken Soup for the Soul
P.O. Box 700
Cos Cob, CT 06807-0700
Estados Unidos
Fax: 203-861-7194

Una nota más de tus amigos de *Caldo de pollo para el alma*: en ocasiones recibimos de nuestros lectores manuscritos de libros no solicitados, así que deseamos informar respetuosamente que no aceptamos manuscritos no solicitados y debemos eliminar los que nos llegan.

Esta obra se imprimió y encuadernó
en el mes de noviembre de 2021,
en los talleres de Impregráfica Digital, S.A. de C.V.,
Av. Coyoacán 100–D, Col. Del Valle Norte,
C.P. 03103, Benito Juárez, Ciudad de México.